WISSEN FÜR KINDER

DER MENSCH

von
Trevor Day
Deutsch von Sebastian Vogel

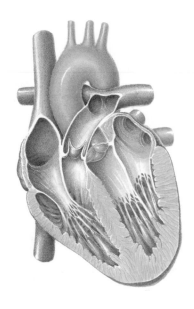

INHALT

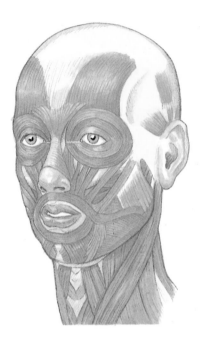

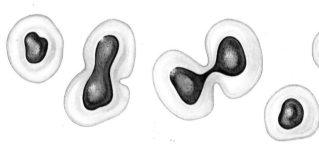

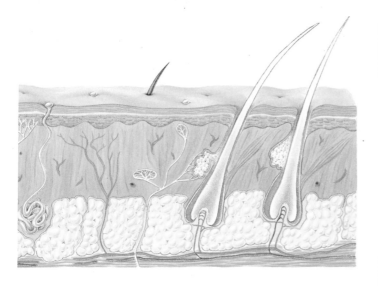

ZELLEN UND GEWEBE

Woraus besteht der menschliche Körper?

Rund zwei Drittel unseres Körpers bestehen aus Wasser, der Rest aus einer komplizierten Mischung aus Wasser und chemischen Verbindungen. Diese Mischung befindet sich in winzigen Gebilden, den Zellen. Sie sind nur mit dem Mikroskop zu erkennen.

Was ist eine Zelle?

Zellen sind die winzigen Bausteine des Körpers. Sie bestehen zum Großteil aus einer geleeartigen Substanz, dem Cytoplasma. Umgeben sind sie von einem Häutchen, der Zellmembran, die Nährstoffe eindringen und Abfallstoffe austreten läßt. Gesteuert wird die Zellaktivität vom Zellkern.

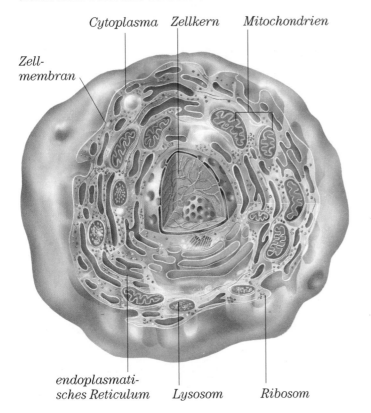

Zellmembran · Cytoplasma · Zellkern · Mitochondrien · endoplasmatisches Reticulum · Lysosom · Ribosom

Aus wie vielen Zellen besteht unser Körper?

Es gibt im menschlichen Körper etwa fünfzigtausend Milliarden Zellen. In jeder Sekunde sterben Millionen Körperzellen ab und werden durch neue ersetzt.

Was geschieht in einer Zelle?

Im Cytoplasma liegen die Organellen, winzige Körperchen, die jeweils ganz bestimmte Aufgaben erfüllen. Das Material für Wachstum und Reparatur (Proteine) entsteht zum Beispiel an kleinen Körnchen, den Ribosomen. Manche davon sind an eine gefaltete Membran geheftet, die man endoplasmatisches Reticulum nennt. Runde Organellen, Lysosomen genannt, enthalten Chemikalien, die gefährliche Substanzen und verbrauchte Zellbestandteile abbauen.

Was ist im Zellkern?

Der Zellkern ist die Steuerzentrale der Zelle. Er enthält 46 Molekülfäden, die Chromosomen. Jedes Chromosom trägt Anweisungen, welche Aufgaben die anderen Bestandteile der Zelle erfüllen sollen.

Welche Organellen nennt man Kraftwerke der Zelle?

Die winzigen, länglichen Mitochondrien sind die Kraftwerke der Zelle. Sie setzen Nährstoffe und Sauerstoff um und gewinnen daraus Energie, die andere Zellbestandteile für ihre Tätigkeit brauchen.

Die Zellen des menschlichen Körpers enthalten eine Vielzahl von Organellen. Sie führen ganz verschiedene chemische Prozesse aus, die für das Funktionieren des Körpers notwendig sind.

Wie lange lebt eine Zelle?

Manche Zellen leben nur ein paar Tage, andere viele Jahre. Die Zellen, die unseren Darm auskleiden, sterben zum Teil schon nach ein bis zwei Tagen, Knochenzellen nach 15 bis 20 Jahren. Die meisten abgestorbenen Zellen werden durch neue ersetzt, nur die Nervenzellen nicht.

Sehen alle Zellen gleich aus?

Zwar haben alle Zellen gemeinsame Eigenschaften, aber sie sehen nicht alle gleich aus. Es gibt im Körper mehrere hundert verschiedene Zellarten. Form und Größe richten sich nach ihrer Aufgabe. Nervenzellen sind lang und dünn, weil sie Nachrichten zwischen den Körperteilen übertragen. Die Zellen auf der Innenseite des Mundes sind rund und flach, da sie zu einer Schutzschicht zusammengepreßt sind. Rote Blutzellen sind tellerförmig, damit sie möglichst viel Sauerstoff binden und durch den Körper transportieren können.

verschiedene Zellarten

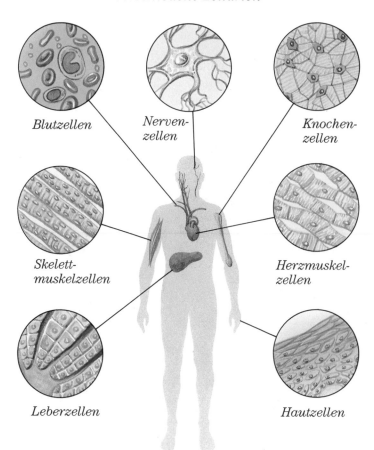

Blutzellen *Nervenzellen* *Knochenzellen*

Skelettmuskelzellen *Herzmuskelzellen*

Leberzellen *Hautzellen*

Die Zellen des Menschen sind je nach ihrer Funktion unterschiedlich geformt. Knochenzellen liegen zum Beispiel dicht nebeneinander.

Warum teilen sich Zellen?

Zellen teilen sich, wenn sie nicht mehr größer werden können. Der Körper wächst zum größten Teil durch Zellteilung.

Zellteilung

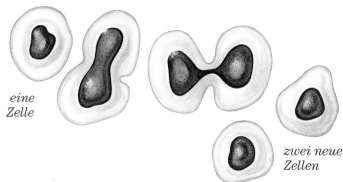

eine Zelle

zwei neue Zellen

Jeder Mensch geht aus einer einzigen Zelle hervor, die sich immer wieder teilt, bis die vielen Milliarden Körperzellen entstanden sind.

Welches ist die größte Zelle?

Die größte Zelle des Menschen ist die Eizelle der Frau. Ihr Durchmesser beträgt etwa 0,2 Millimeter, das ist etwas weniger als der Punkt am Ende dieses Satzes. Die längsten Zellen sind die Nervenzellen in den Beinen. Sie sind sehr dünn, aber bis zu einem Meter lang, und tragen Nachrichten vom Rückenmark zu den Füßen und zurück.

Wie klein ist die kleinste Zelle?

Am kleinsten sind die roten Blutzellen mit einem Durchmesser von 0,01 Millimeter. Auch die Samenzellen des Mannes sind sehr klein: Ihr Kopf mißt etwa 0,005 Millimeter.

Was brauchen Zellen zum Leben?

Zellen brauchen zum Leben drei Dinge: Nahrung, Sauerstoff und eine wässrige Umgebung, die die richtige Mischung an chemischen Substanzen aufweist. Nur so können sie ihre Aufgaben erfüllen. In diese flüssige Umgebung scheiden die Zellen auch Abfallstoffe aus.

Woher bekommen die Zellen ihre Nahrung?

Das Blut versorgt die Zellen mit Sauerstoff und Nährstoffen. Es transportiert Abfallstoffe ab und liefert lebensnotwendige Gewebeflüssigkeit.

Was sind Körperflüssigkeiten?

Die vier wichtigsten Körperflüssigkeiten sind Blut, Lymphe, Gewebeflüssigkeit und die Flüssigkeit in den Zellen. Ein erwachsener Körper enthält 30 bis 40 Liter Wasser, aber nur vier bis fünf Liter davon sind im Blut. Die meiste Flüssigkeit befindet sich in den Zellen und als Gewebeflüssigkeit um sie herum. Ein Teil der Gewebeflüssigkeit fließt als Lymphe ab.

Was ist ein Gewebe?

Jede Ansammlung von Zellen, die zusammen eine bestimmte Aufgabe erfüllen, nennt man Gewebe. Die meisten Körperzellen sind zu Geweben zusammengefaßt. Ein Beispiel dafür ist das Nerven- und das Muskelgewebe.

Der menschliche Körper

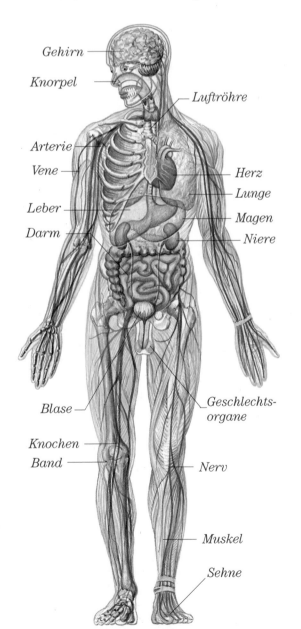

Gehirn

Knorpel

Luftröhre

Arterie

Vene

Herz

Lunge

Leber

Magen

Darm

Niere

Blase

Geschlechts-organe

Knochen

Band

Nerv

Muskel

Sehne

Wie viele Gewebetypen gibt es?

Es gibt Dutzende von Geweben, aber die meisten gehören zu vier Hauptgruppen: Das Hautgewebe oder Epithel bedeckt die äußeren und inneren Oberflächen. Bindegewebe verbindet die Körperteile und hält sie an ihrem Platz, auch Knochen sind eine Art Bindegewebe. Die beiden anderen Typen sind die Muskeln und das Nervengewebe, das sich z.B. im Gehirn findet.

Was ist ein Organ?

Ein Organ ist ein Gebilde aus mehreren Geweben, die zusammen eine bestimmte Aufgabe erfüllen. Das Herz enthält zum Beispiel Haut-, Nerven- und Muskelgewebe, und das Ganze wird von Bindegewebe zusammengehalten. Zusammen pumpen diese Gewebe das Blut durch den Körper. Auch Augen, Gehirn und Leber sind Organe.

Was ist ein Organsystem?

Meist arbeiten Organe nicht unabhängig voneinander, sondern sie gehören zu Organsystemen. Darm, Leber und Bauchspeicheldrüse verwerten zum Beispiel als Verdauungssystem gemeinsam die Nahrung, die wir zu uns nehmen, und gewinnen daraus nützliche Substanzen. Lunge und Atemwege bilden das Atmungssystem, Herz, Blutgefäße und Blut das Kreislaufsystem.

Wie viele Organsysteme haben wir?

Der Mensch hat neun Organsysteme. Das Skelett- und Muskelsystem sorgt für Stütze, Schutz und Bewegung. Nerven- und Hormonsystem koordinieren die Körpertätigkeiten. Das Kreislaufsystem transportiert Blut durch den Körper; das Atemsystem dient dem Gasaustausch. Im Verdauungssystem wird die Nahrung abgebaut, das Ausscheidungssystem beseitigt Abfallstoffe, und das Fortpflanzungssystem dient der Vermehrung.

Was ist ein Organismus?

Die Gesamtheit der verschiedenen Organsysteme bildet den Organismus des Menschen.

Wenn mehrere Organe gemeinsam eine bestimmte Aufgabe erfüllen, spricht man von einem Organsystem. Es gibt neun solcher Systeme, die die verschiedensten Aufgaben wahrnehmen. Skelett- und Muskelsystem bewegen z.B. den Körper, das Verdauungssystem baut Nahrung ab, und das Fortpflanzungssystem bringt neues Leben hervor.

Was ist eine Drüse?

Eine Drüse produziert eine Flüssigkeit, die der Körper braucht, damit er richtig funktioniert. Manche Organe, zum Beispiel Leber und Nebennieren, sind Drüsen. Es gibt aber auch winzige Drüsen, wie die Schweißdrüsen in der Haut und die Speicheldrüsen im Mund.

Was sind Gliedmaßen?

Als Gliedmaßen bezeichnet man Arme und Hände, Beine und Füße.

Was ist eine Schleimhaut?

Eine Schleimhaut ist eine dünne Gewebeschicht, die eine Oberfläche bedeckt oder einen Hohlraum im Körperinneren auskleidet.

Was ist Schleim?

Schleim ist eine klebrige Flüssigkeit, die von Drüsen in den Schleimhäuten gebildet wird. Er entsteht zum Beispiel im Mund, im Darm und in den Luftwegen, die zur Lunge führen. Schleim schützt diese empfindlichen Oberflächen vor Schäden.

Bei Anstrengung beschleunigt sich der Stoffwechsel, so daß die Zellen die zusätzlich benötigte Energie produzieren können. Das Diagramm zeigt, wieviel Energie man bei verschiedenen Tätigkeiten verbraucht.

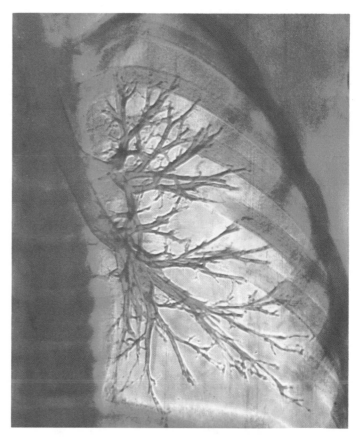

Diese farbveränderte Röntgenaufnahme zeigt die wichtigsten Blutgefäße in der Lunge.

Wie kann man ins Körperinnere sehen?

Mit Sonden und anderen Instrumenten kann man in den Körper „hineinsehen", ohne daß man ihn öffnen muß. Desweiteren benutzt man Röntgenstrahlen, Ultraschall und radioaktive Markierungssubstanzen. Außerden kann man Gewebeproben mit dem Mikroskop untersuchen: Es vergrößert die Zellen so, daß man sie genau betrachten kann.

Was ist der Stoffwechsel?

Stoffwechsel ist die Gesamtheit der Vorgänge im Körper. Dazu gehören auch die chemischen Reaktionen in den Zellen, durch die Energie und Rohmaterial zum Wachsen entstehen.

Was sind Enzyme?

Enzyme sind besondere Proteine, die chemische Reaktionen im Körper beschleunigen. Es gibt Tausende von verschiedenen Enzymen. Am bekanntesten sind die Verdauungsenzyme, die im Darm die Nahrung abbauen.

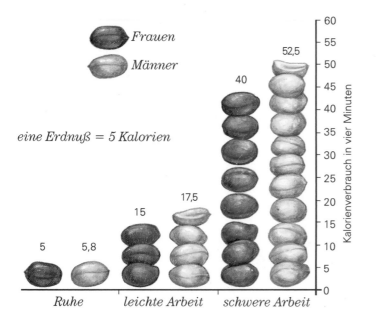

Frauen

Männer

eine Erdnuß = 5 Kalorien

Kalorienverbrauch in vier Minuten

5 | 5,8 | 15 | 17,5 | 40 | 52,5

Ruhe | *leichte Arbeit* | *schwere Arbeit*

SKELETT UND BEWEGUNG

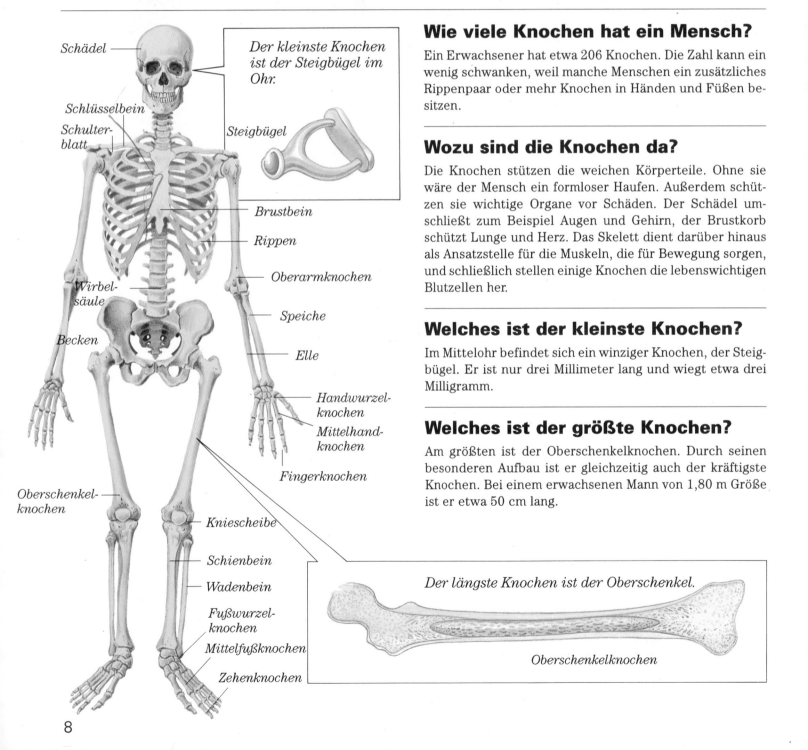

Schädel

Schlüsselbein

Schulter-
blatt

Der kleinste Knochen
ist der Steigbügel im
Ohr.

Steigbügel

Brustbein

Rippen

Oberarmknochen

Speiche

Wirbel-
säule

Becken

Elle

Handwurzel-
knochen

Mittelhand-
knochen

Fingerknochen

Oberschenkel-
knochen

Kniescheibe

Schienbein

Wadenbein

Fußwurzel-
knochen

Mittelfußknochen

Zehenknochen

Der längste Knochen ist der Oberschenkel.

Oberschenkelknochen

Wie viele Knochen hat ein Mensch?

Ein Erwachsener hat etwa 206 Knochen. Die Zahl kann ein wenig schwanken, weil manche Menschen ein zusätzliches Rippenpaar oder mehr Knochen in Händen und Füßen besitzen.

Wozu sind die Knochen da?

Die Knochen stützen die weichen Körperteile. Ohne sie wäre der Mensch ein formloser Haufen. Außerdem schützen sie wichtige Organe vor Schäden. Der Schädel umschließt zum Beispiel Augen und Gehirn, der Brustkorb schützt Lunge und Herz. Das Skelett dient darüber hinaus als Ansatzstelle für die Muskeln, die für Bewegung sorgen, und schließlich stellen einige Knochen die lebenswichtigen Blutzellen her.

Welches ist der kleinste Knochen?

Im Mittelohr befindet sich ein winziger Knochen, der Steigbügel. Er ist nur drei Millimeter lang und wiegt etwa drei Milligramm.

Welches ist der größte Knochen?

Am größten ist der Oberschenkelknochen. Durch seinen besonderen Aufbau ist er gleichzeitig auch der kräftigste Knochen. Bei einem erwachsenen Mann von 1,80 m Größe ist er etwa 50 cm lang.

Wie viele verschiedene Arten von Knochen gibt es?

Wenn man die Knochen nach der Form einteilt, gibt es vier Typen. Lange Knochen finden sich in Armen, Händen, Beinen und Füßen. Hand- und Fußgelenke bestehen aus kurzen Knochen. Rippen, Brustbein und Schädelknochen sind flach, und die Wirbel im Rückgrat sowie die Gesichtsknochen sind unregelmäßig geformt.

Wieviel wiegen die Knochen?

Knochen sind erstaunlich leicht und dennoch sehr stabil. Ein lebender Knochen besteht etwa zu gleichen Teilen aus Wasser und Feststoffen. Das Skelett macht etwa 12 Prozent des Körpergewichts aus: Die Knochen eines Menschen, der 50 Kilogramm wiegt, wiegen also nur ungefähr sechs Kilogramm.

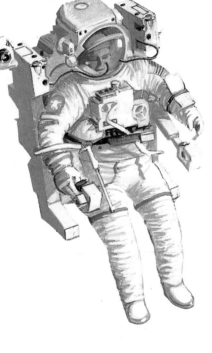

Im Weltraum brauchen die Knochen kein Gewicht zu tragen. Sie werden nicht belastet und verlieren deshalb langsam an Gewicht.

Können Knochen schwächer werden?

Ja. Wenn Knochen viel bewegt werden, wachsen sie und verstärken sich. Ohne Belastung werden sie hingegen leichter. Messungen ergaben, daß die Apollo-Astronauten in der Schwerelosigkeit des Weltraums vier Gramm Knochen pro Monat verloren.

Sind Knochen lebendig oder tot?

Knochen leben. Sie bestehen aus vielen tausend Knochenzellen, die wie alle lebenden Zellen von Blutgefäßen mit Nahrung und Sauerstoff versorgt werden und ihre Abfallstoffe ins Blut abgeben. Sie produzieren allerdings leblose Salze, die dem Knochen Festigkeit geben.

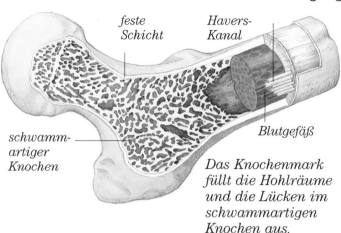

feste Schicht

Havers-Kanal

schwamm-artiger Knochen

Blutgefäß

Das Knochenmark füllt die Hohlräume und die Lücken im schwammartigen Knochen aus.

Was befindet sich in einem Knochen?

Die äußere Schicht eines Knochens ist hart und sehr kräftig. Im Inneren gibt es viele Hohlräume. Hier ist der Knochen ebenfalls kräftig, aber er ist leichter, so daß das Skelett als Ganzes nicht zu schwer wird und sich einfacher bewegen kann. Große Knochen haben im Inneren einen Hohlraum, der mit Knochenmark gefüllt ist.

Was ist Knochenmark?

Knochenmark ist ein geleeähnliches, fetthaltiges Gewebe im Inneren der großen Knochen. Es stellt jeden Tag bis zu fünf Milliarden rote Blutzellen her, und auch bestimmte weiße Blutzellen entstehen hier. Außerdem dient es als Fettspeicher.

Gibt es Blutgefäße in den Knochen?

Ja. In der äußeren, festen Knochenschicht bilden die Zellen winzige Röhren, die sogenannten Havers-Kanäle; in jedem einzelnen dieser Kanäle liegt ein Blutgefäß.

Haben Knochen eine Haut?

Ja. Jeder Knochen ist von einer dünnen Hülle überzogen, der Knochenhaut. Sie enthält besondere Zellen, die Osteoblasten, aus denen neue Knochenzellen hervorgehen. So trägt die Knochenhaut zum Wachstum und zur Regeneration der Knochen bei.

Wie kräftig sind Knochen?

Im Verhältnis zum Gewicht sind Knochen so kräftig wie Stahl, und sie halten viermal so viel aus wie die gleiche Menge Stahlbeton.

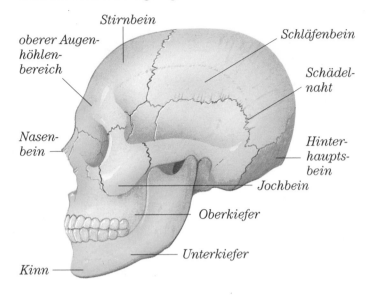

oberer Augen-
höhlen-
bereich

Stirnbein

Schläfenbein

Schädel-
naht

Nasen-
bein

Hinter-
haupts-
bein

Jochbein

Oberkiefer

Unterkiefer

Kinn

Die meisten Schädelknochen sind miteinander verwachsen und bilden eine Schutzkapsel für das Gehirn.

Aus wie vielen Knochen besteht der Schädel?

Den Schädel könnte man für einen einzigen Knochen halten, aber er besteht in Wirklichkeit aus 29 Teilen, einschließlich der Gesichtsknochen und der drei kleinen Knochen in den Ohren. Die meisten Schädelknochen sind durch unbewegliche Gelenke verbunden, die man Schädelnähte nennt. Beweglich sind allerdings nur der Unterkiefer und die Mittelohrknochen.

Warum sind Knochen so kräftig?

Der harte Teil der Knochen besteht vorwiegend aus Calciumphosphat, einem Mineralstoff, und eingelagerten Fasern aus dem Protein Kollagen. Calciumphosphat macht den Knochen hart, Kollagen gibt ihm Elastizität. Das läßt sich durch ein Experiment nachprüfen, nämlich indem man einen Hühnerknochen kocht. Das Kollagen wird herausgelöst, und der Knochen wird spröde. Legt man ihn dagegen in Essig, verschwindet das Calcium, und der Knochen wird biegsam wie Gummi.

Der Gipsverband hält den gebrochenen Knochen zusammen. Während dieser Zeit teilen die Zellen sich und lassen den Bruch heilen.

Auf welche Weise heilt ein gebrochener Knochen?

Wenn ein Knochen gebrochen ist, vermehren sich die Knochenzellen an der Bruchstelle, bis die Lücke geschlossen ist. Wenn man die gebrochenen Enden zusammenfügt und den Bruch in einem Gipsverband ruhigstellt, wächst der Knochen wieder zusammen. Bei Kindern und jungen Erwachsenen dauert das nach einem Arm- oder Beinbruch höchstens zwölf Wochen. Komplizierte Brüche können länger dauern.

Was ist die Kniescheibe?

Die Kniescheibe ist eine Knochenkappe, die vorn vor dem Kniegelenk liegt. Sie wird von Sehnen festgehalten, die sich in den Ober- und Unterschenkel erstrecken. Der wissenschaftliche Name der Kniescheibe ist Patella. Das bedeutet eigentlich „flache Schale".

Welche Knochen brechen am häufigsten?

Die häufigsten Knochenbrüche betreffen die Unterarmknochen, besonders in der Nähe des Handgelenks.

Was versteht man unter einem einfachen Bruch?

Bei einem einfachen Bruch ist der Knochen glatt durchgetrennt. Bei einem komplizierten Bruch ist der Knochen mehrfach gebrochen oder es sind gleichzeitig Haut und Blutgefäße verletzt.

Wo liegen die Wirbel?

Die Wirbel sind die Knochen, aus denen das Rückgrat besteht. Es sind insgesamt 33, die gemeinsam eine biegsame Säule bilden, die sich vom Hals bis zum unteren Ende des Rückens erstreckt. Die untersten neun Wirbel sind miteinander verwachsen. Die beiden obersten, Atlas und Dreher genannt, haben eine besondere Form, die es uns ermöglicht, den Kopf zu drehen und zu nicken.

Wozu sind die Rippen da?

Die Rippen bilden den Brustkorb, der Herz und Lunge schützt. Man kann die Rippen spüren: Sie verlaufen von dem Knochen in der Brustmitte seitlich bis zum Rückgrat. Die Rippen bewegen sich beim Atmen auf und ab. So kann die Lunge sich ausdehnen und wieder zusammenziehen.

Wie wachsen Knochen?

Bei einem ungeborenen Kind bestehen die Knochen aus Knorpel. Bis zur Geburt ist er zum größten Teil zu Knochen geworden. An den Enden der Knochen befinden sich aber noch die Wachstumszonen, in denen neue Knochenzellen entstehen. Sie verschwinden erst, wenn das Skelett ausgewachsen ist. Aber auch dann können Knochen ihre Form noch ein wenig verändern und z.B. nach einem Bruch wieder zusammenwachsen.

Haben Menschen einen Ziehknochen?

Eigentlich nicht. Der Ziehknochen der Vögel entsteht aus den miteinander verwachsenen Schlüsselbeinen. Zieht man an beiden Seiten daran, bricht der Knochen auf einer Seite. Beim Menschen sind die Schlüsselbeine nicht verbunden, deshalb haben wir keinen solchen Knochen.

Was ist der Engelsknochen?

Der Engels- oder Musikknochen ist der lange Knochen an der Außenseite des Oberarms. Der Name kommt daher, daß ein Stoß an diesem Knochen besonders schmerzhaft ist: Man „hört die Engel im Himmel singen", wenn man einen Schlag auf den Ellenbogen bekommt oder sich heftig stößt.

Wozu dienen die Finger- und Zehenknochen?

Finger und Zehen bestehen jeweils aus mehreren Knochen und sind deshalb sehr beweglich. Die Fingerknochen ermöglichen uns zum Beispiel das Schreiben.

Atlas

Dreher

Der Atlas dreht sich auf dem Dreher und ermöglicht dem Kopf die Drehung zur Seite.

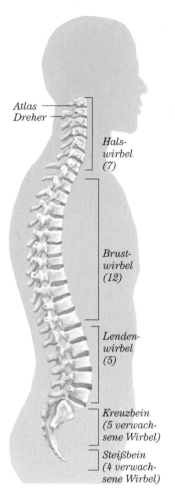

Atlas
Dreher

Hals-
wirbel
(7)

Brust-
wirbel
(12)

Lenden-
wirbel
(5)

Kreuzbein
(5 verwach-
sene Wirbel)

Steißbein
(4 verwach-
sene Wirbel)

Das Rückgrat, auch Wirbelsäule genannt, ist eine Säule aus kleinen Wirbelknochen. Jeder einzelne Wirbel kann sich nur wenig bewegen, aber die Wirbelsäule als Ganzes ist sehr biegsam.

Warum werden alte Menschen kleiner?

Mit zunehmendem Alter werden die Knorpelpolster zwischen den Wirbeln dünner, so daß die Körpergröße abnimmt. Außerdem werden die Muskeln schwächer: Die Körperhaltung ändert sich, so daß man ebenfalls kleiner aussieht.

Werden die Knochen im Alter spröde?

Am kräftigsten sind die Knochen wahrscheinlich im Alter zwischen 25 und 30. Im Alter nimmt ihre Elastizität ab, und die Gefahr von Knochenbrüchen wächst.

Was ist Osteoporose?

Viele ältere Menschen, vor allem Frauen, leiden an Osteoporose, einer Krankheit, bei der die Knochen Calcium verlieren und brüchig werden. In schweren Fällen kann man diesen Vorgang mit Medikamenten hinauszögern.

Gelenke

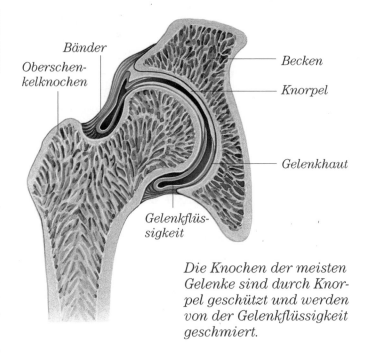

Die Knochen der meisten Gelenke sind durch Knorpel geschützt und werden von der Gelenkflüssigkeit geschmiert.

Was ist ein Gelenk?

An einem Gelenk treffen zwei oder mehrere Knochen zusammen. Die Verbindung kann unbeweglich sein (z.B. am Schädel) oder aber beweglich (wie am Knie). Da Knochen sich nicht biegen können, machen erst die Gelenke unsere Körperbewegungen möglich.

Wie sind die Knochen am Gelenk befestigt?

Die Knochen sind an den Gelenken durch kräftige Gewebestränge verbunden, die Bänder. Sie bestehen aus Faserbündeln und machen Skelettabschnitte zu einheitlichen Funktionsgruppen.

Was ist Knorpel?

Knorpel ist eine glatte, bläulichweiße Substanz. Sie findet sich an den Enden der Knochen und sorgt dafür, daß die Gelenke sich reibungslos bewegen können.

Wie werden die Gelenke geschmiert?

An den Gelenken, die am stärksten beansprucht werden, befindet sich die Gelenkflüssigkeit zwischen den Knochen. Sie dient als Schmierstoff und vermindert die Reibung, so daß eine glatte Bewegung möglich wird.

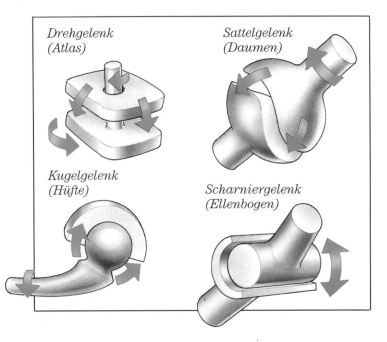

Ist der Knorpel in der Lage, Stöße abzufangen?

Knorpel ist ein biegsames Stützgewebe. Wegen seiner hohen Elastizität dient es als Stoßdämpfer zwischen den harten Knochen. Die Knorpelscheiben zwischen den Wirbeln im Rückgrat, die sogenannten Bandscheiben, wirken wie Kissen, die Stöße abfedern und die empfindliche Wirbelsäule vor Schäden schützen.

Wie viele Gelenke besitzt der Mensch?

Insgesamt hat der Mensch über 100 Gelenke. Es gibt fünf Haupttypen. Schulter und Hüfte sind Kugelgelenke, die viele Bewegungen in alle Richtungen ermöglichen. Scharniergelenke wie Knie und Ellenbogen und Sattelgelenke wie im Daumen sind nur in einer Richtung beweglich. Die Drehgelenke zwischen den Wirbeln erlauben kleine Kipp- und Drehbewegungen. Es gibt allerdings auch unbewegliche Gelenke. Diese verbinden z.B. die Knochen im Schädel und im Becken.

Gelenke machen das Skelett beweglich. Links sind einige Gelenktypen abgebildet. Das Daumengelenk ermöglicht uns, Gegenstände exakt zu greifen (rechts).

Wie kommt es, daß manche Menschen so gelenkig sind?

Die Zahl der Gelenke ist bei allen Menschen gleich. Wenn jemand seine Gliedmaßen stärker als andere oder in ungewöhnliche Richtungen biegen kann, dann liegt das daran, daß der Betreffende besonders dehnbare Bänder hat.

Warum knacken die Gelenke?

Bei plötzlichen Bewegungen knacken die Gelenke manchmal. Warum das so ist, weiß eigentlich niemand, man vermutet aber, daß sich in dem Gelenk winzige Luftblasen bilden. Wenn man ständig aus Gewohnheit mit den Gelenken knackt, können die Knorpeloberflächen Schaden nehmen. Manchmal entsteht ein knackendes Geräusch auch, wenn Sehnen und Bänder bei einer Bewegung über die Knochen rutschen.

Was ist eine Verrenkung?

Wenn ein Knochen im Gelenk aus seiner normalen Lage rutscht und dabei die Bänder gedehnt oder verdreht werden, ist das Gelenk verrenkt. Man muß den verrenkten Knochen wieder in die richtige Position bringen und das Gelenk ruhigstellen, damit die Bänder heilen können. Am häufigsten verrenkt man sich sehr bewegliche Gelenke wie die Schulter.

Was ist eine Verstauchung?

Eine Verstauchung entsteht, wenn die Bänder durch eine starke Dehnung überbelastet werden. Am häufigsten geschieht das am Hand- oder Fußgelenk, da diese Bänder besonders stark beansprucht werden.

Was ist das Besondere am Daumengelenk?

Viele Tiere haben fünf Finger an den Pfoten, aber nur Affen und Menschen haben einen Daumen, den sie abspreizen können. Der Daumen kann viel mehr Bewegungen ausführen als die anderen Finger, und das liegt am Daumengelenk. Es ermöglicht dem Daumen, die Spitzen aller anderen Finger zu berühren, so daß wir mit den Händen Gegenstände sehr sanft greifen und viele komplizierte Tätigkeiten ganz präzise ausführen können.

Was ist ein Schiebegelenk?

Das Kiefergelenk erlaubt eine Vorwärts- und Rückwärtsbewegung. Es ist ein Schiebegelenk.

Die „Schlangenfrau" verdankt ihre Gelenkigkeit ihren äußerst dehnbaren Bändern.

Was ist eine „herausgerutschte Bandscheibe"?

Die Bandscheiben sind Knorpelscheiben, die als Polster zwischen den Wirbeln liegen. Bei einer Überbelastung des Rückens kann eine Bandscheibe reißen, und dann drückt sie auf das Rückenmark oder einen anderen Nerven. Dies verursacht quälende Schmerzen. In manchen Fällen ist eine Operation nötig.

Warum hat das Knie zusätzliche Knorpelscheiben?

Das Knie muß starke Belastungen aushalten und verfügt deshalb über zwei Verstärkungsscheiben aus Knorpel, die Menisken. Wenn ein Meniskus reißt, können Knorpelstücke zwischen die Knochen geraten. Sie müssen dann meist operativ entfernt werden.

Was ist Arthritis?

Arthritis ist eine Gelenkerkrankung. Bei der rheumatoiden Arthritis wird der Teil, der die Gelenkflüssigkeit herstellt, vom Abwehrsystem des Körpers angegriffen. Ohne die Flüssigkeit nutzt sich das Gelenk stärker ab, und manchmal kleben die Knochen infolgedessen zusammen. Eine andere Form, die Osteoarthritis, tritt vor allem bei Leistungssportlern auf. Durch die starke Belastung nutzen sich die Knochenenden so stark ab, daß Bewegungen sehr schmerzhaft werden.

Muskeln

Wie sorgen Muskeln für Bewegung?

Die Muskeln erzeugen die Kraft, mit der die Knochen an einem Gelenk in eine neue Haltung gebracht werden. Ohne Muskeln ist Bewegung nicht möglich.

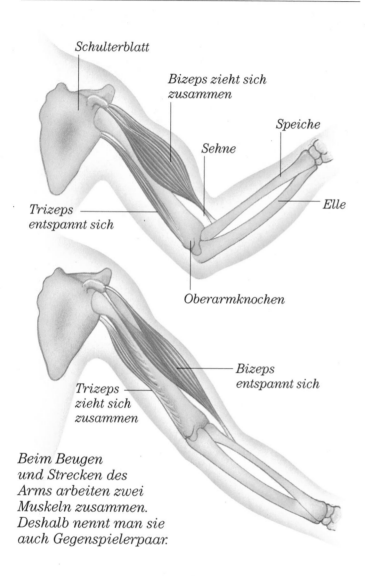

Schulterblatt

Bizeps zieht sich zusammen

Speiche

Sehne

Trizeps entspannt sich

Elle

Oberarmknochen

Trizeps zieht sich zusammen

Bizeps entspannt sich

Beim Beugen und Strecken des Arms arbeiten zwei Muskeln zusammen. Deshalb nennt man sie auch Gegenspielerpaar.

Wie beugt sich der Ellenbogen?

Zwischen dem Schulterblatt und einem Unterarmknochen spannt sich der Bizeps. Auch ein weiterer Muskel, der Trizeps, ist an Schulterblatt und Unterarm befestigt. Wenn sich der Bizeps zusammenzieht, entspannt sich der Trizeps, und der Ellenbogen beugt sich. Zur Streckung des Arms verkürzt sich der Trizeps, und der Bizeps wird länger.

Warum arbeiten die meisten Muskeln paarweise?

Muskeln können nur ziehen, aber nicht schieben. Wenn ein Muskel sich entspannt, muß entweder ein anderer Muskel oder die Schwerkraft ihn in die Länge ziehen. Deshalb sind die meisten Muskeln paarweise angeordnet. Zwei solche Muskeln nennt man auch Gegenspieler.

Wie sind die Muskeln an den Knochen befestigt?

Die Muskeln sind über Sehnen an die Knochen geheftet. Sehnen sind Stränge aus dem zugfesten Protein Kollagen. Wenn man die Faust ballt, sieht man die Sehnen im Handgelenk.

Wo liegen die Muskeln?

Muskeln befinden sich überall im Körper, nicht nur an den Knochen. Auch Herz, Magen und andere Organe enthalten Muskeln.

Was ist der Muskeltonus?

Meist sind Muskeln weder völlig locker noch völlig gespannt: Sie sind teilweise zusammengezogen und halten den Körper in seiner Position. Diese Spannung nennt man auch Muskeltonus. Die Fasern in den Muskeln ziehen sich dabei abwechselnd zusammen, so daß sie nicht ermüden.

Wie schwer sind die Muskeln?

Die Muskeln machen 40 Prozent des Körpergewichts aus. Damit wiegen sie viel mehr als die Knochen.

Wie viele Muskeln hat ein Mensch?

Ein Mensch hat mehr als 650 Muskeln, davon allein über 50 im Gesicht. Zum Lächeln braucht man 17 Muskeln, zum Stirnrunzeln über 40.

Welches ist der größte Muskel?

Am größten sind die äußeren großen Gesäßmuskeln, die zusammen mit den Fettpolstern das Gesäß bilden. Bei Frauen kann ein Muskel besonders stark anwachsen: Die Gebärmutter, in der das Baby heranwächst, vergrößert sich während der Schwangerschaft von 30 Gramm auf über ein Kilogramm, also um mehr als das Dreißigfache ihres ursprünglichen Gewichtes.

Hinterhauptstirnmuskel
(Heben der Augenbrauen)

Runzler des Brauenkopfs
(Stirnrunzeln)

Kaumuskel

großer Jochbeinmuskel
(Lächeln)

*Die Gesichtsmuskeln
sorgen für den Ge-
sichtsausdruck. Sie
bewegen u.a. die
Augenlider und ermög-
lichen das Kauen und
das Sprechen*

Welches ist der stärkste Muskel?

Am stärksten im Verhältnis zu ihrer Größe sind erstaunli-
cherweise die Kaumuskeln auf den beiden Seiten des Mundes. Zusammen können sie eine Beißkraft von etwa 70
Kilogramm erzeugen.

Welches ist der längste Muskel?

Am längsten ist der Schneidermuskel: Er erstreckt sich
vom Becken über die Vorderseite der Hüfte bis zum Schienbein unterhalb des Knies. Man benutzt ihn, wenn man im
Schneidersitz sitzt.

Welches ist der kleinste Muskel?

Am kleinsten ist der Steigbügelmuskel, der im Mittelohr
die Schwingungen des Steigbügels dämpft und so Gehör-
schäden im Mittel- und Innenohr verhindert. Der Steigbügelmuskel ist nur 0,27 Millimeter lang.

Welcher Muskel hat den längsten Namen?

Den längsten Namen hat der Musculus levator labii supe-
rioris alaeque nasi. Er verläuft im Gesicht zu Nasenlöchern
und Oberlippe. Zieht man ihn zusammen, hebt sich die
Oberlippe.

Welches sind die aktivsten Muskeln?

Nach Schätzungen bewegen sich die Augenmuskeln über
100 000mal am Tag. Viele dieser Bewegungen spielen sich
beim Träumen ab.

Wie viele Muskeln liegen in den Händen?

In Unterarm und Hand liegen etwa 30 Muskeln. Sie steuern die komplizierten Bewegungen der Finger.

Welche Muskeln ruhen sich nie aus?

Der Herzmuskel zieht sich etwa 70mal in der Minute zusammen. Auch die glatten Muskeln im Darm bewegen sich
ständig.

*Die Muskeln, die unseren Leib, die Arme und die
Beine bewegen, sind willkürliche Muskeln. Sie
werden von unserem Willen gesteuert.*

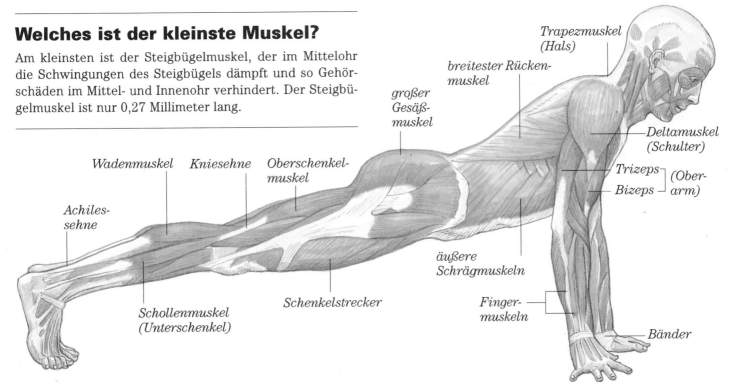

Trapezmuskel
(Hals)

breitester Rücken-
muskel

großer
Gesäß-
muskel

Deltamuskel
(Schulter)

Trizeps
Bizeps
(Ober-
arm)

Wadenmuskel   Kniesehne   Oberschenkel-
muskel

Achilles-
sehne

äußere
Schrägmuskeln

Schollenmuskel
(Unterschenkel)

Schenkelstrecker

Finger-
muskeln

Bänder

Woraus bestehen Muskeln?

Muskeln sind aus Tausenden von Zellen aufgebaut, den Muskelnfasern. Sie verkürzen sich, wenn sich der Muskel zusammenzieht. Die Zellen bilden Bündel, die jeweils von einer Schicht aus Bindegewebe umhüllt sind.

Verkürzen sich alle Fasern gleichzeitig?

Nein, nur ein Teil der Fasern zieht sich zusammen, je nach der erforderlichen Zugkraft. Das ist besonders für komplizierte Bewegungen wichtig.

Wie verkürzen sich die Fasern?

In den Muskelzellen liegen winzige Proteinfäden, die sich ineinanderschieben können und den Muskel verkürzen.

Welche Muskeltypen gibt es?

Es gibt drei Haupttypen: glatte Muskeln, den Herzmuskel und die Skelettmuskeln.

Was sind willkürliche Muskeln?

Willkürlich nennt man die Skelettmuskeln, die man mit dem Willen beeinflussen und steuern kann. Muskeln, die lebenswichtige Funktionen unterstützen, bewegen sich unwillkürlich. Die glatten Muskeln, die im Darm die Nahrung weitertransportieren, und der Herzmuskel, der für den Herzschlag sorgt, arbeiten zum Beispiel unwillkürlich. Sie unterliegen keiner bewußten Steuerung durch den Willen.

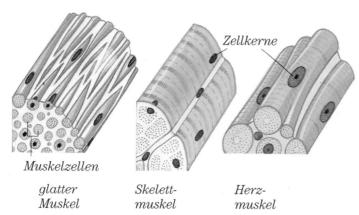

Die drei Arten von Muskeln bestehen aus unterschiedlichen Muskelzellen. Die der Skelettmuskeln sind lang und haben mehrere Zellkerne; die Zellen von Herz- und glatter Muskulatur besitzen nur einen Zellkern.

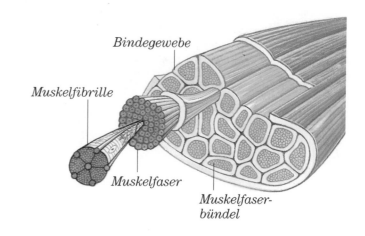

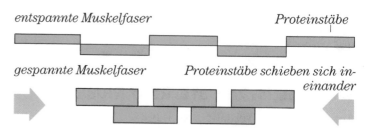

Muskeln bestehen aus Faserbündeln. In den Fasern befinden sich Proteinstäbe, die ineinandergleiten können, so daß der Muskel sich zusammenzieht.

Welche Form und Größe haben Muskeln?

Das ist sehr unterschiedlich. In Armen und Beinen sind die meisten Muskeln lang und dünn. Das Zwerchfell dagegen, das man zum Atmen braucht, ist eine flache Muskelschicht. Drei weitere flache Muskellagen befinden sich im Bauchraum.

Warum werden Muskeln bei starker Beanspruchung müde?

Bei großer Anstrengung produzieren die Muskeln einen Teil ihrer Energie, ohne dabei Sauerstoff zu verbrauchen. Bei diesem Vorgang, anaerobe Verbrennung genannt, entsteht Milchsäure, ein Abfallstoff, der sich im Muskel ansammelt und seine Arbeit hemmt.

Wie entsteht ein Krampf?

Wenn sich zuviel Milchsäure angesammelt hat, zieht der Muskel sich stark und schmerzhaft zusammen. Ein solcher Krampf kann entstehen, wenn man einen untrainierten Muskel stark beansprucht oder wenn man lange in einer unbequemen Haltung gesessen hat. In solchen Fällen hilft sanfte Massage und vorsichtiges Dehnen des verkrampften Muskels.

Wann ist man „körperlich fit"?

Bei einem Menschen, der körperlich fit ist, arbeiten Muskeln, Herz, Lunge und alle anderen Körperteile gut zusammen. Körperliche Fitness umfaßt drei Dinge: Kraft (die Muskeln arbeiten leicht), Gelenkigkeit (man kann sich gut beugen und dehnen) und Kondition (man kann sich lange anstrengen, ohne zu ermüden). Fitness steigert das körperliche Wohlbefinden.

Man kann die Muskeln mit verschiedenen Sportarten trainieren; das ist nicht nur gesund, es macht auch Spaß!

Wozu ist regelmäßige sportliche Betätigung gut?

Regelmäßiges Training, das den Körper nicht überfordert, tut gut. Man fühlt sich wohl, bleibt gesund und kann das Leben genießen. Muskeln und Muskeltonus werden stärker, Körperform und Haltung verbessern sich. Außerdem kräftigt Training das Herz und verbessert die Durchblutung. Es kann auch zum Streßabbau beitragen, verstärkt darüber hinaus das allgemeine Wohlbefinden und sorgt für besseren Schlaf.

Gymnastik

Baseball

Tennis

Fußball

Basketball

Radfahren

Warum soll man sich vor Anstrengungen aufwärmen?

Durch das Aufwärmen bereiten sich die Muskeln auf eine Anstrengung vor: Blut mit Nährstoffen und Sauerstoff fließt hinein, Abfallstoffe (z.B. Kohlendioxid) werden entfernt. Außerdem werden die Muskeln wirklich wärmer, so daß sie bei der Anstrengung leichter arbeiten und nicht so schnell überdehnt oder verstaucht werden.

Wie entsteht eine Muskelzerrung?

Eine Muskelzerrung entsteht, wenn ein Muskel übermäßig gedehnt wird, so daß die Muskelfasern teilweise reißen. Eine Zerrung ist sehr schmerzhaft.

Wie kann man seine Muskeln kräftigen?

Durch gymnastische Übungen, die die Muskeln beugen, dehnen, anspannen und entspannen. Übungen, wie z.B. Klimmzüge oder Liegestütze, sind gut für Kraft und Gelenkigkeit.

Wie entsteht Seitenstechen?

Seitenstechen ist ein plötzlicher Schmerz seitlich im Bauch. Er tritt manchmal bei ungewohnter Anstrengung auf, meist beim Laufen. Es entsteht, wenn viel Blut in die belasteten Muskeln strömt. Die Bauchmuskeln bekommen dann zu wenig Blut und ziehen sich schmerzhaft zusammen.

HERZ UND LUNGE

Was ist Atmung?

Atmung ist die Aufnahme von Sauerstoff durch den Körper und die Verwertung des Sauerstoffs in den Zellen. Gleichzeitig werden dabei Kohlendioxid und Wasser als Abfallprodukte ausgeschieden. Die Atmung ist unerläßlich für die Aufrechterhaltung der Lebensvorgänge.

Wie groß ist ein Lungenbläschen?

Ein Lungenbläschen mißt etwa 0,2 Millimeter. Seine Wand ist eine Schicht aus einzelnen Zellen. Diese Schicht ist nur 1/10000 Millimeter dick, so daß die Gase leicht zwischen dem Lungenbläschen und den Kapillaren ausgetauscht werden können.

Was geschieht beim Einatmen?

Beim Einatmen dringt Luft durch Nase oder Mund ein. Die Luft enthält 79 Prozent Stickstoff, 21 Prozent Sauerstoff und 0,04 Prozent Kohlendioxid. Dieses Gasgemisch strömt durch die Luftröhre und ihre Äste, die Bronchien. Von dort aus gelangt sie in die beiden Lungenflügel, die den größten Teil des Brustraums ausfüllen, und schließlich erreicht sie über kleinere Kanäle die vielen Millionen Lungenbläschen. Der Brustkorb ist beweglich, so daß sich die Lunge beim Atmen ausdehnen und wieder zusammenziehen kann.

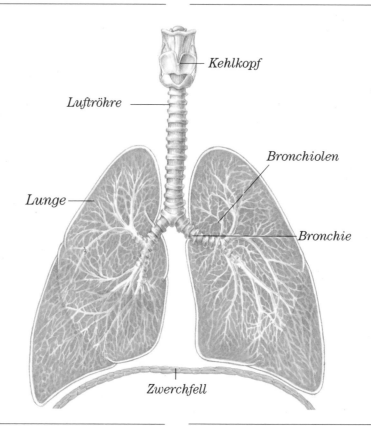

Kehlkopf

Luftröhre

Bronchiolen

Lunge

Bronchie

Zwerchfell

Die Lunge ist das wichtigste Atmungsorgan. In ihrem Inneren führen Bronchiolen zu vielen tausend Lungenbläschen, wo der Sauerstoff aus der Luft gegen das Kohlendioxid aus dem Blut ausgetauscht wird. Der Sauerstoff gelangt dann mit dem Blut zu allen Körperzellen

Was geschieht in den Lungenbläschen?

In den Lungenbläschen gelangt der Sauerstoff in winzige Blutgefäße (Kapillaren) und wird in alle Körperteile transportiert. Gleichzeitig gibt das Blut Kohlendioxid und Wasser ab, die dann ausgeatmet werden.

Was geschieht beim Ausatmen?

Beim Ausatmen strömt die Luft von den Lungenbläschen durch Nase oder Mund nach außen. Sie ist ein wenig anders zusammengesetzt als beim Einatmen: Sie enthält jetzt weniger Sauerstoff, aber mehr Kohlendioxid und Wasserdampf.

Wie liefern Pflanzen Sauerstoff?

Pflanzen stellen mit der sogenannten Photosynthese ihre Nährstoffe her und geben dabei Sauerstoff ab. Sie nehmen Wasser und Kohlendioxid auf, und mit der Energie aus dem Sonnenlicht machen sie daraus Sauerstoff und Zucker. Deshalb bleibt der Sauerstoffgehalt der Luft immer ziemlich gleich. Wir brauchen den Sauerstoff nicht auf, weil die Pflanzen ihn ständig nachliefern.

Warum sind die Lungenbläschen so klein?

Damit die Lunge ihre Aufgabe erfüllen kann, braucht sie im Inneren eine sehr große Oberfläche. Nur so kann sie den Sauerstoff aufnehmen und das nicht benötigte Kohlendioxid abgeben. Durch die vielen winzigen Bläschen entsteht in der Lunge eine riesige Fläche, an der die Kapillaren den Sauerstoff sammeln können.

Wie groß ist die Lunge?

Die innere Oberfläche der Lunge mißt etwa 70 Quadratmeter. Das ist mehr als die Fläche eines Squashfeldes.

Wie viele Lungenbläschen enthält die Lunge?

In jedem Lungenflügel befinden sich etwa 300 Millionen Lungenbläschen. Sie liegen in Gruppen, die wie kleine Trauben aussehen, um die Enden winziger Röhren, der Bronchiolen, herum. Jedes Bläschen wird von mehreren Kapillaren versorgt.

Beim Einatmen wird das Zwerchfell flach, und die Brusthöhle weitet sich. Die Lunge füllt sich mit Luft. Beim Ausatmen entspannt sich das Zwerchfell, und die Luft wird herausgedrückt.

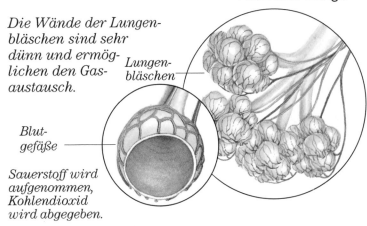

Die Wände der Lungenbläschen sind sehr dünn und ermöglichen den Gasaustausch.

Lungenbläschen

Blutgefäße

Sauerstoff wird aufgenommen, Kohlendioxid wird abgegeben.

Was ist das Zwerchfell?

Das Zwerchfell ist eine gewölbte Muskelfläche, die den Brustraum vom Bauchraum trennt. Gemeinsam mit den Muskeln zwischen den Rippen dient das Zwerchfell der Atmung. Beim Einatmen ist das Zwerchfell straff und flach: So trägt es dazu bei, den Brustkorb zu erweitern. Beim Ausatmen entspannt es sich und wölbt sich nach oben, so daß der Brustraum kleiner wird.

Wie tragen die Rippen zum Einatmen bei?

Durch Rippenbewegungen ändert sich die Größe des Brustkorbs. Beim Einatmen bewegen sich die Rippen nach oben und außen, so daß der Brustraum sich erweitert. Der Luftdruck in der Lunge wird dadurch geringer, und Luft wird von außen eingesogen.

Wie tragen die Rippen zum Ausatmen bei?

Beim Ausatmen bewegen sich die Rippen nach unten und hinten. Der Brustkorb zieht sich zusammen, und die Luft wird durch Mund und Nase nach außen gedrückt.

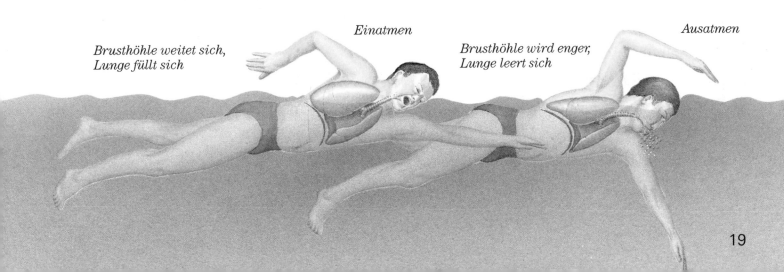

Einatmen

Brusthöhle weitet sich, Lunge füllt sich

Ausatmen

Brusthöhle wird enger, Lunge leert sich

Wieviel Luft paßt in die Lunge?

Die Lunge eines erwachsenen Mannes faßt durchschnittlich sechs Liter Luft, bei Frauen sind es etwa 4,5 Liter.

Verbrauchen wir die ganze Luft in der Lunge?

Im Sitzen oder Stehen atmen wir nur etwa zehn Prozent der Luft in der Lunge ein und aus. Bei starker Anstrengung steigt diese Menge auf bis zu 60 Prozent. Etwa 20 Prozent der Luft bleiben immer in den Lungenbläschen, gleichgültig wie stark man ausatmet.

Warum braucht man an die Atmung nicht zu denken?

An die Atmung brauchen wir nicht zu denken, weil uns ein bestimmter Gehirnteil diese Aufgabe abnimmt. Das Atemzentrum liegt im verlängerten Mark, einer Verdickung am Übergang vom Gehirn zum Rückenmark. Es ist ein verblüffend empfindlicher chemischer Sensor. Bei Anstrengung steigt die Kohlendioxidkonzentration im Organismus. Das Atemzentrum nimmt den Anstieg wahr und befiehlt Atemmuskeln und Zwerchfell, stärker zu arbeiten. Mit dem Willen können wir das Atemzentrum beeinflussen und den Atemrhythmus verändern.

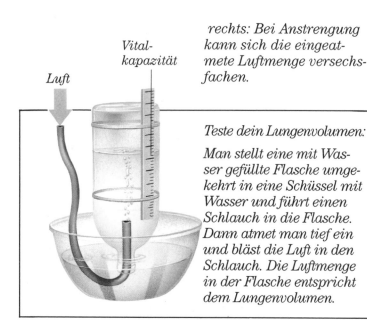

rechts: Bei Anstrengung kann sich die eingeatmete Luftmenge versechsfachen.

Teste dein Lungenvolumen:
Man stellt eine mit Wasser gefüllte Flasche umgekehrt in eine Schüssel mit Wasser und führt einen Schlauch in die Flasche. Dann atmet man tief ein und bläst die Luft in den Schlauch. Die Luftmenge in der Flasche entspricht dem Lungenvolumen.

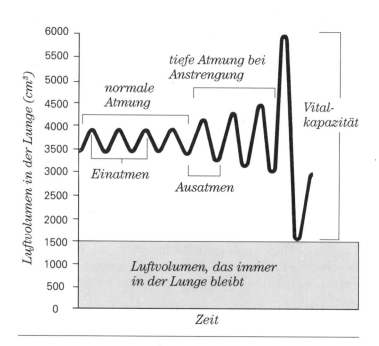

Was versteht man unter Vitalkapazität?

Die Vitalkapazität ist die größte Luftmenge, die man mit einem Atemzug ein- oder ausatmen kann. Sie liegt bei erwachsenen Männern etwa bei 4,5 und für Frauen bei 3,5 Litern.

Warum atmet man bei Anstrengung schneller?

Wenn man sich anstrengt, arbeiten die Muskeln mehr und benötigen deshalb auch mehr Energie. Ihre Energie beziehen die Muskeln aus dem Abbau von Nährstoffen. Dazu brauchen sie Sauerstoff, und um ihn heranzuschaffen, atmet man schneller.

Warum ist es besser, durch die Nase zu atmen und nicht durch den Mund?

Auf dem Weg durch die Nase wird die Luft angewärmt, angefeuchtet und gereinigt. Das ist für die Lunge angenehmer und gesünder als ungefilterte Luft, die durch den Mund einströmt. Winzige Haare in der Nase filtern Schmutz heraus. Er wird zum Teil vom Nasenschleim festgehalten und gelangt in den Rachen, wo er verschluckt wird.

Warum ist die Lunge nicht voller Schmutz?

Wie in der Nase, so befinden sich auch in allen Luftwegen der Lunge Schleim und winzige Haare, welche die eingeatmete Luft reinigen.

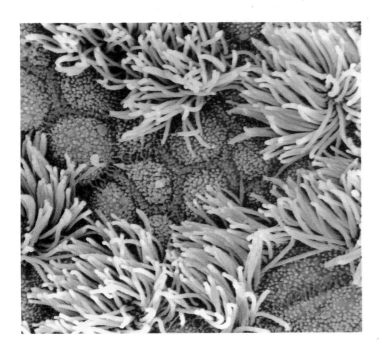

Die Flimmerhärchen in der Luftröhre sehen im Mikroskop wie Grasbüschel aus. Sie reinigen die eingeatmete Luft von Schmutz und Krankheitserregern.

Was ist der Kehldeckel?

Der Kehldeckel ist eine Knorpelklappe am oberen Ende der Luftröhre. Er sorgt dafür, daß keine Nahrung in die Luftwege gelangt. Beim Schlucken leitet er die Nahrung an der Luftröhre vorbei in die Speiseröhre. Wenn die Nahrung dennoch irrtümlich in die Luftröhre gelangt ist, haben wir uns verschluckt und müssen husten.

Warum fällt das Atmen im Hochgebirge schwerer?

Je höher man steigt, desto dünner wird die Luft. Sie enthält nicht mehr so viel Sauerstoff, und deshalb gelangt mit jedem Atemzug weniger Sauerstoff in den Körper. Das macht das Atmen auf hohen Bergen schwieriger. Vor allem bei Anstrengungen muß man viel stärker atmen, um die notwendige Menge Sauerstoff aufzunehmen.

Warum trainieren einige Sportler gerne in großer Höhe?

Bei Langstreckenwettbewerben wie dem Marathonlauf ist es vor allem wichtig, daß genügend Sauerstoff zu den Muskeln gelangt. Durch Training in großer Höhe gewöhnen sich die Sportler an dünne Luft: Ihr Blut kann mehr Sauerstoff aufnehmen. Deshalb sind sie später in geringerer Höhe zu besonders hohen Leistungen fähig.

Könnten die Astronauten auf dem Mond atmen?

Ohne besondere Ausrüstung könnten die Astronauten auf dem Mond nicht atmen. Der Mond hat nämlich keine Atmosphäre. Deshalb müssen die Astronauten ihren eigenen Sauerstoffvorrat mitnehmen.

Kann ein Mensch unter Wasser atmen?

Unter Wasser kann man nur mit Hilfe einer Taucherausrüstung atmen. Taucher tragen Stahlflaschen mit Preßluft auf dem Rücken und atmen unter der Oberfläche durch ein Atemgerät, das sie mit Atemluft versorgt.

Warum kann die Lunge eines Tauchers platzen?

Wenn ein Taucher an die Oberfläche kommt, dehnt sich die zusammengepreßte Luft in seiner Lunge aus, und wenn er nicht gleichmäßig ausatmet, kann die Lunge dabei platzen. Jeder Taucher muß lernen, wie man beim Hochsteigen aus großer Tiefe den Druck ausgleicht.

Atmen Taucher reinen Sauerstoff?

Nein, das wäre zuviel des Guten. Reiner Sauerstoff ist unter Druck giftig: Er kann Anfälle auslösen oder sogar tödlich sein.

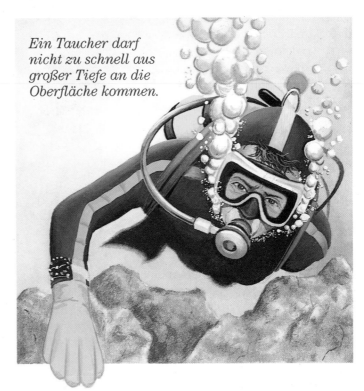

Ein Taucher darf nicht zu schnell aus großer Tiefe an die Oberfläche kommen.

Was ist Asthma?

Asthma ist eine Atemwegserkrankung mit Anfällen von Atemnot. Das Atmen wird zum Beispiel durch eingeatmete Reizstoffe erschwert, in manchen Fällen auch durch Streß oder durch einen Wetterwechsel. Bei einem Asthmaanfall verengen sich die kleinen Luftwege in der Lunge, und der Betreffende bekommt kaum noch Luft. Durch Inhalieren eines medizinischen Sprays kann man einen akuten Asthmaanfall mildern.

Was ist Bronchitis?

Bronchitis ist eine Entzündung der Bronchien, der beiden großen Luftwege. Sie entsteht, wenn Krankheitserreger in die Bronchien gelangen. Normalerweise klingt sie von allein ab, in schweren Fällen kann man sie mit Antibiotika behandeln.

Wozu dient das Stethoskop?

Mit dem Stethoskop hört der Arzt die Geräusche ab, die beim Ein- und Ausatmen entstehen. Das Stethoskop wird auf Brust und Rücken aufgesetzt. Normalerweise hört man ein leises Rauschen. Pfeifende oder quietschende Geräusche weisen auf eine Lungeninfektion hin.

Was ist eine eiserne Lunge?

Die eiserne Lunge ist eine Metallkammer, in der abwechselnd Unter- und Überdruck erzeugt wird. Sie dient der künstlichen Beatmung von Patienten mit gelähmten Atemmuskeln, die nicht mehr selber atmen können. Die eiserne Lunge dehnt und verengt die Lunge des Patienten. Heute verwendet man überwiegend elektronisch gesteuerte transportable Geräte.

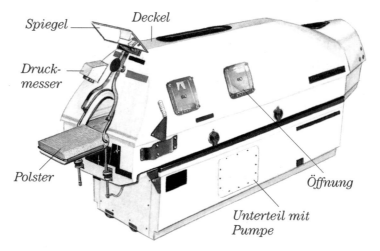

In der eisernen Lunge wechselt der Luftdruck, so daß Luft in die Lunge gesogen wird.

Wozu dient die Herz-Lungen-Maschine?

Die Herz-Lungen-Maschine übernimmt bei Operationen vorübergehend die Funktionen des Herzens und der Lunge. Sie nimmt das sauerstoffarme Blut aus den großen Venen des Patienten auf, entnimmt das Kohlendioxid, reichert das Blut mit Sauerstoff an und pumpt es in die Hauptschlagader des Patienten zurück.

Warum beeinträchtigt Rauchen die Atmung?

Tabakrauch enthält dicken, braunen Teer und andere Chemikalien, die in den Luftwegen und Lungenbläschen hängenbleiben. Das reizt die Atemwege und kann leicht zu Atemstörungen führen.

Wie entsteht Raucherhusten?

Zigarettenrauch lähmt die Bewegung der winzigen Haare in den Luftwegen. Deshalb wird der Schleim nicht mehr nach oben befördert und verschluckt, sondern sammelt sich in der Lunge an. Das Husten soll den Schleim hinausbefördern.

Warum beeinträchtigt Rauchen die Fitness?

Zigarettenrauch enthält Kohlenmonoxid, ein giftiges Gas, das die Sauerstoffaufnahme des Blutes vermindert. Außerdem sammeln sich Teer und andere Substanzen aus dem Rauch in den Lungenbläschen an, so daß der Sauerstoff nicht mehr so gut aufgenommen wird. Beides führt dazu, daß weniger Sauerstoff ins Blut und zu den Muskeln gelangt. Deshalb leisten die Muskeln weniger.

Was hat das Rauchen sonst noch für Wirkungen?

Beim Rauchen gelangt über die Lunge ein starkes Gift ins Blut, das Nikotin. Es läßt den Blutdruck steigen und macht süchtig. Rauchen erhöht unter anderem die Gefahr von Herzkrankheiten und das Risiko für Lungen-, Rachen- und Mundkrebs. Jedes Jahr sterben viele Menschen an Krankheiten, die mit dem Rauchen zusammenhängen.

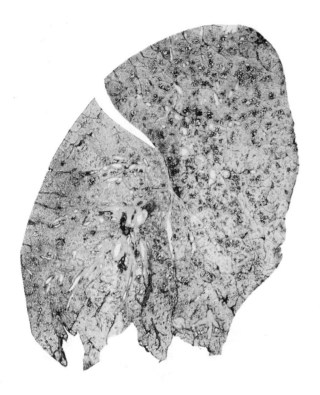

Dieser Querschnitt durch die geschwärzte Lunge eines Rauchers zeigt Ruß- und Teerablagerungen von Zigaretten. Eine gesunde Lunge ist rosa gefärbt.

Was zeigt eine Röntgenaufnahme des Brustkorbs?

Mit Röntgenaufnahmen sucht der Arzt nach Lungenkrankheiten. Dabei zeigen sich Infektionen wie Bronchitis, Lungenentzündung und Tuberkulose, aber auch schwerere Erkrankungen wie Lungenkrebs, als dunkle Bereiche oder „Schatten" auf der Lunge.

Was ist der Adamsapfel?

Der Adamsapfel, eine Verdickung vorn am Hals, ist der Kehlkopf am oberen Ende der Luftröhre. Bei Männern ist er deutlicher ausgeprägt als bei Frauen, daher die Bezeichnung Adamsapfel. In seinem Inneren liegen zwei Knorpelstreifen, die Stimmbänder.

Wie entsteht das Schnarchen?

Die am weitesten verbreitete Form des Schnarchens entsteht, wenn das weiche Gewebe im Rachen beim Schlafen zusammenfällt. Dabei werden die Luftwege zur Lunge teilweise blockiert, und es entstehen Schwingungen, die man als Schnarchgeräusch hört. Durch Veränderung der Schlaflage kann die Behinderung der Nasenatmung und damit das Schnarchen in manchen Fällen abgestellt werden.

Warum gähnt man?

Wenn man unter Sauerstoffmangel leidet, verschafft sich der Körper durch Gähnen mehr Sauerstoff, der ins Gehirn fließt und belebend wirkt. Beim Gähnen atmet man langsam tief ein und dann wieder aus. Am häufigsten gähnt man, wenn man müde oder gelangweilt ist oder wenn man in einem stickigen Raum sitzt.

Was geschieht beim Husten?

Kurz vor dem Husten ziehen sich die Stimmbänder stark zusammen, und die Brustmuskeln spannen sich. Dann entspannen sich die Stimmbänder plötzlich, und die Luft schießt aus der Lunge. Das Husten ist wichtig, denn es entfernt Reizstoffe aus Rachen und Luftwegen. Es sollte daher nicht unterdrückt werden.

Was ist ein Schluckauf?

Der Schluckauf entsteht, wenn das Zwerchfell sich unwillkürlich anspannt: Plötzlich schießt Luft in die Lunge, die Stimmbänder schließen sich und man hickst. Schluckauf entsteht bei Aufregung oder wenn man zu schnell ißt, und kann sehr unangenehm sein. Er hört auf, wenn man eine Zeitlang die Luft anhält.

Wenn die Nase von Staub gereizt wird, treibt ein Krampf der Atemmuskeln die Luft durch die Nase aus der Lunge. Das Niesen beseitigt den Reiz.

Warum niest man?

Durch Niesen wird eine Reizung der empfindlichen Bereiche in der Nase beseitigt. Nach tiefem Einatmen wird die Luft reflexartig durch die Nase aus der Lunge gepreßt. Das Niesen verhindert, daß Staub in die Lunge gelangt, und sorgt bei Entzündungen für Sekretabsonderung.

Wie schnell ist das Niesen?

Beim Niesen schießt die Luft mit etwa 160 Stundenkilometern aus der Nase.

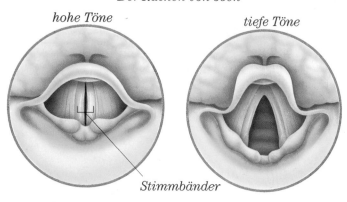

Der Rachen von oben

hohe Töne   tiefe Töne

Stimmbänder

Der Abstand der Stimmbänder bestimmt die Höhe des Tons

Wie funktioniert das Sprechen?

Beim Sprechen oder Singen strömt Luft aus der Lunge an den Stimmbändern vorbei. Ist der Spalt zwischen den Stimmbändern fast geschlossen, entsteht ein hoher Ton. Je weiter sich der Zwischenraum öffnet, desto tiefer wird die Tonlage. Die Geschwindigkeit des Ausatmens bestimmt die Lautstärke: Je schneller, desto lauter. Lippen und Zunge formen die Töne zu Worten.

Warum ist die Stimme manchmal heiser?

Heiserkeit kann durch zuviel Sprechen oder Singen entstehen, wenn die Stimmbänder überanstrengt sind. Auch eine Kehlkopfentzündung führt zur Heiserkeit, ebenso wie ein rauher Hals oder trockener Husten. Hält die Heiserkeit tagelang an, sollte man zum Arzt gehen und sich untersuchen lassen.

Was geschieht beim Lachen?

Lachen ist ein Luftstrom, der durch eine Reihe von „ha"-Lauten unterbrochen wird. Es drückt bei allen Menschen Glück und Vergnügen aus. Obwohl es manchmal den Anschein hat, können Tiere nicht lachen. Das Lachen ist allein dem Menschen eigen.

Was versteht man unter Hyperventilation?

Als Hyperventilation bezeichnet man sehr schnelles, tiefes Atmen, das meist durch Angst entsteht. Es entfernt viel Kohlendioxid aus dem Körper und kann zu Schwindel- und Schwächegefühlen, Muskelkrämpfen und Ohnmacht führen. Um es zu beenden, sollte der Betroffene sich entspannen und bewußt ruhiger atmen.

Was ist anaerobes Training?

Anaerob bedeutet soviel wie „ohne Luft". Bei anaerobem Trainig wird in kurzer Zeit sehr viel Energie gebraucht. Die Muskeln verbrauchen den Sauerstoff schneller, als er nachgeliefert wird, und deshalb erzeugen sie eine Zeitlang Energie ohne Sauerstoff. Anaerobes Training stärkt die Muskeln, aber es wirkt sich kaum auf Herz und Lunge aus. Anaerobe Anstrengungen sind z.B. Gewichtheben oder Kurzstreckenlauf, die kurzfristig viel Kraft erfordern.

Nach dem Rennen muß die Läuferin weiter tief durchatmen, um den Sauerstoffmangel in den Muskeln zu beseitigen und die Milchsäure abzubauen.

Wie wird der Sauerstoff ersetzt?

Wenn man nach dem Laufen keucht, wird der Sauerstoff nachgeliefert. Beim anaeroben Trainig entsteht Milchsäure als Abfallstoff. Sie wird nach dem Ende der Anstrengung in der Leber unter Sauerstoffverbrauch abgebaut. Um die Milchsäure zu beseitigen, muß man also nach dem Training mehr Sauerstoff aufnehmen.

Was ist aerobes Training?

Aerobes Training ist jede Übung, die dazu beiträgt, daß mehr Sauerstoff aufgenommen und im Körper verteilt wird. Es stärkt Herz und Lunge. Diese Wirkung hat jede einigermaßen heftige Anstrengung, die mehr als 20 Minuten dauert, zum Beispiel Joggen oder Schwimmen. Auch Aerobic gehört, wie der Name bereits andeutet, zu den aeroben Trainingsarten, die für die Gesundheit von Bedeutung sind.

Herz und Kreislauf

Was ist der Kreislauf?

Der Kreislauf ist das System, das Blut durch den Körper transportiert. Es besteht aus dem Herzen als Pumpe und den vielfach verzweigten Blutgefäßen.

Sind alle Blutgefäße gleich?

Nein. Es gibt drei Haupttypen: Arterien, auch Schlagadern genannt, leiten das Blut vom Herzen weg, Venen transportieren es zum Herzen hin, und Kapillaren sind die winzigen Blutgefäße, die Arterien und Venen verbinden.

Ist das Blut in den Arterien anders als in den Venen?

Ja, in den meisten Fällen. Das Blut in den meisten Arterien kommt aus der Lunge und ist hellrot, da es viel Sauerstoff und wenig Kohlendioxid enthält. Das Blut in den meisten Venen ist sauerstoffarm, reich an Kohlendioxid und dunkelrot.

Was geschieht in den Kapillaren?

In den Kapillaren findet der Stoffwechsel zwischen Blut und Gewebe statt. Sauerstoff gelangt von den roten Blutzellen durch die Kapillarwände zu den Zellen. Kohlendioxid und andere Abfallstoffe gehen den umgekehrten Weg. Andersherum ist es in der Lunge: Hier nimmt das Blut Sauerstoff auf und gibt Kohlendioxid ab.

Wie dick ist eine Kapillare?

Ein Bündel aus zehn Kapillaren wäre dünner als ein Haar. Jede Kapillare hat einen Durchmesser von sieben bis zehn Tausendstel Millimeter. Die Wand einer Kapillare besteht aus einer einzelnen Zellschicht und ist etwa einen Zehntausendstel Millimeter dick. Durch so dünne Wände können Substanzen die Kapillare leicht verlassen oder in sie eindringen. Das ist wichtig für den Stoffwechsel, denn das Blut muß Nährstoffe ans Gewebe abgeben und Abfallstoffe aufnehmen können.

Welche Gesamtlänge haben die Kapillaren?

Die Gesamtlänge der Kapillaren beträgt bei einem mittelgroßen Menschen etwa 100 000 Kilometer, ihre Oberfläche etwa 6 000 – 7 000 Quadratmeter.

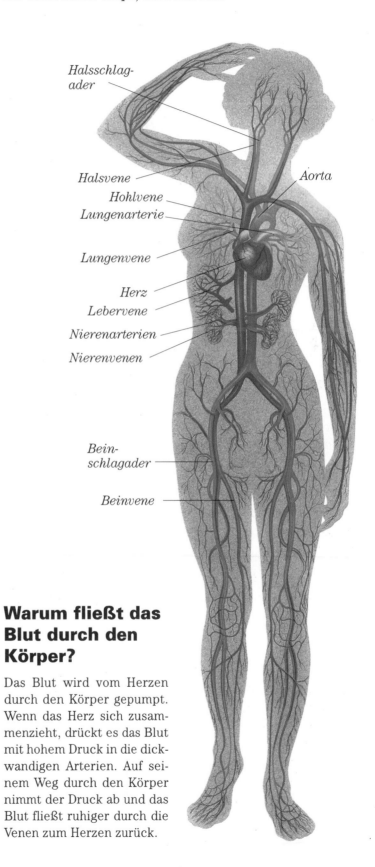

Die wichtigsten Blutgefäße, Arterien sind rot, Venen blau dargestellt. Angetrieben wird der Kreislauf von der zentralen Pumpe, dem Herzen.

Halsschlagader

Halsvene

Hohlvene

Lungenarterie

Lungenvene

Herz

Lebervene

Nierenarterien

Nierenvenen

Aorta

Beinschlagader

Beinvene

Warum fließt das Blut durch den Körper?

Das Blut wird vom Herzen durch den Körper gepumpt. Wenn das Herz sich zusammenzieht, drückt es das Blut mit hohem Druck in die dickwandigen Arterien. Auf seinem Weg durch den Körper nimmt der Druck ab und das Blut fließt ruhiger durch die Venen zum Herzen zurück.

25

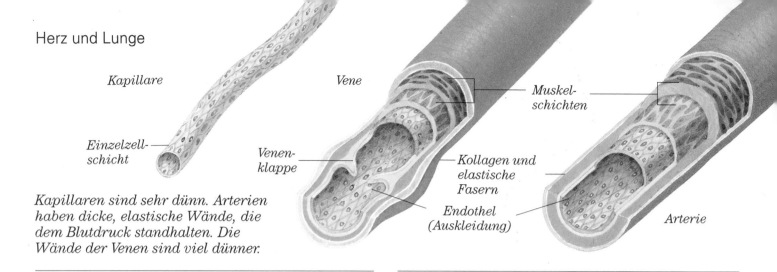

Kapillare

Einzelzell-
schicht

Vene

Venen-
klappe

Muskel-
schichten

Kollagen und
elastische
Fasern

Endothel
(Auskleidung)

Arterie

Kapillaren sind sehr dünn. Arterien haben dicke, elastische Wände, die dem Blutdruck standhalten. Die Wände der Venen sind viel dünner.

Was ist der Unterschied zwischen Arterien und Venen?

In den Arterien fließt das Blut unter hohem Druck vom Herzen weg, deshalb haben sie dicke Wände, die den Druck aushalten. In den Venen fließt das Blut langsam zum Herzen, deshalb sind ihre Wände dünner. Klappen in ihrem Innern sorgen dafür, daß das Blut nur in eine Richtung strömt.

Auf welchem Weg fließt das Blut durch den Körper?

Aus der rechten Herzhälfte gelangt das Blut in die Lunge. Dort wird es mit Sauerstoff beladen und fließt dann in die linke Herzhälfte. Anschließend wird es durch die Arterien in den Körper gepumpt. Im Gewebe gibt es den Sauerstoff ab und kehrt als sauerstoffarmes Blut über die Venen in die rechte Herzhälfte zurück.

Wie schnell fließt das Blut durch den Körper?

Das Blut strömt mit etwa einem Meter pro Sekunde aus dem Herzen, aber in den kleinen Arterien wird es langsamer. Ein Tropfen Blut braucht für den Weg vom Herzen durch den Körper zum großen Zeh und wieder zurück etwa eine Minute.

Wie funktioniert das Herz?

Jede Herzhälfte besteht aus zwei Kammern. Durch die großen Venen gelangt das Blut in die oberen Kammern, die Vorhöfe. Wenn sich die Vorhöfe zusammenziehen, wird das Blut in die unteren Kammern gepumpt. Diese Hauptkammern pumpen das Blut weiter in die großen Arterien. Klappen im Herzen sorgen dafür, daß das Blut nur in eine Richtung fließen kann, wobei das Blut die Klappen faßt wie der Wind die Segel.

Ist das Herz eine Pumpe?

Eigentlich besteht das Herz sogar aus zwei getrennten Pumpen, der rechten und der linken Herzhälfte. Die linke bewegt das Blut durch den ganzen Körper, die rechte befördert es zur Lunge.

Das Herz ist ein Muskel, der das ganze Leben lang ununterbrochen arbeiten muß.

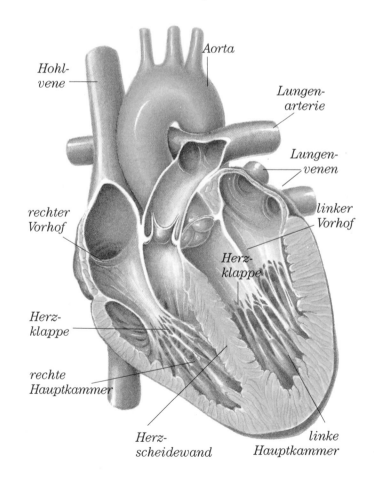

Hohl-
vene

Aorta

Lungen-
arterie

Lungen-
venen

rechter
Vorhof

linker
Vorhof

Herz-
klappe

Herz-
klappe

rechte
Hauptkammer

Herz-
scheidewand

linke
Hauptkammer

Warum hat das Herz mehrere Kammern?

Das Herz hat vier Kammern, zwei auf jeder Seite. Deshalb kann das Blut gleichzeitig ein- und ausströmen. Die Vorhöfe dienen vorübergehend als Blutspeicher: Sie füllen sich und entlassen das Blut dann in die Hauptkammern.

Wie groß ist das Herz?

Das Herz eines Erwachsenen ist etwa so groß wie eine Faust und wiegt ungefähr 300 Gramm. Es liegt fast in der Mitte des Brustkorbs, leicht nach links verschoben.

Ist das Herz herzförmig?

Eigentlich nicht – das „Liebesherz" mit seiner charakteristischen Form ähnelt nur entfernt einem wirklichen Herzen. Das Herz liegt schräg im Körper, und die linke Hälfte ist größer als die rechte. Außerdem setzen oben am Herzen Blutgefäße an, so daß man die „Herzform" kaum erkennt.

Woraus besteht das Herz?

Das Herz besteht vorwiegend aus einem besonderen Muskelgewebe, der Herzmuskulatur, die sich automatisch zusammenzieht und Blut durch den Körper pumpt. Die Herzklappen bestehen aus einem speziellen Fasergewebe, und ein wenig Nervengewebe steuert Geschwindigkeit und Kraft des Herzschlages.

Wie funktionieren die Herzklappen?

Die Herzklappen liegen in den beiden Herzhälften jeweils zwischen Vorhof und Hauptkammer und sorgen dafür, daß das Blut nur in eine Richtung fließt, nämlich aus dem Vorhof in die darunterliegende Hauptkammer. Kräftige Sehnen verhindern, daß sie nach außen umklappen.

Was ist ein Herzschlag?

Der Herzschlag ist das Geräusch, das beim Öffnen und Schließen der Herzklappen entsteht. Ein Herzschlag entspricht einem Zusammenziehen von Vorhof und Hauptkammer. Der Arzt kann diese Geräusche mit dem Stethoskop auf der Brust genau abhören und so feststellen, ob das Herz gesund ist.

Wie oft schlägt das Herz pro Minute?

Durchschnittlich schlägt das Herz beim Erwachsenen 60- bis 80mal pro Minute, bei Anstrengung oft über 150mal.

Was ist der Schrittmacher?

Der Schrittmacher ist eine Gruppe besonderer Zellen auf dem Herzen. Er steuert die Schlaggeschwindigkeit. Der Schrittmacher erhält seine Befehle von Nerven und Hormonen und ändert den Herzschlag entsprechend. Die gleiche Aufgabe erfüllen künstliche elektronische Herzschrittmacher.

Wie kann man die Schlaggeschwindigkeit messen?

Die einfachste Möglichkeit ist die Pulsmessung. Der Puls ist ein regelmäßiger Schlag, den man an manchen Stellen auf der Haut spüren kann. Die Schlaggeschwindigkeit ist die Zahl der Pulsschläge pro Minute.

Wie entsteht der Puls?

Wenn das Herz Blut in die Arterien drückt, dehnen diese sich vorübergehend aus. Diese Dehnung, die bei jedem Herzschlag stattfindet, ist der Puls. An Stellen, wo die Arterien dicht unter der Haut liegen, zum Beispiel am Handgelenk oder am Hals, kann man ihn fühlen.

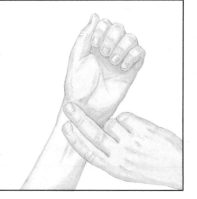

Pulsmessung

Wenn man die Finger locker auf die Innenseite des Handgelenks legt, fühlt man das Pulsieren unter der Haut. Der Puls ist die Anzahl der Schläge in einer Minute.

Schlägt das Herz nach dem Essen schneller?

Ja, nach einer Mahlzeit beschleunigt sich der Herzschlag, weil der Darm zusätzliches Blut braucht, um die Nahrung zu verdauen.

Was sind die Herzkranzgefäße?

Die Herzkranzgefäße sind Blutgefäße, die sich netzförmig über das Herz erstrecken. Das Herz ist zwar voller Blut, aber seine Muskulatur muß auch selbst durch Blut mit Sauerstoff und Nährstoffen versorgt werden. Dieses Blut liefern die Herzkranzgefäße.

Woraus besteht Blut?

Blut besteht aus einem flüssigen Anteil, dem Blutplasma, sowie den roten und weißen Blutzellen (oder Blutkörperchen) und den Blutplättchen. Im Plasma sind Tausende von Substanzen gelöst.

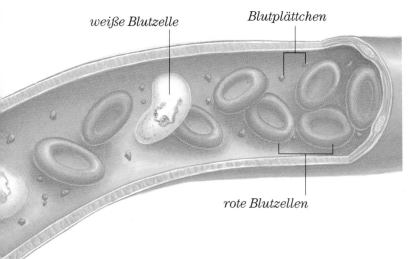

weiße Blutzelle   *Blutplättchen*

rote Blutzellen

Die Zellen, die Sauerstoff transportieren und Krankheitserreger bekämpfen, schwimmen in dem flüssigen Blutplasma.

Welche Aufgaben hat das Blut zu erfüllen?

Blut hat vier wichtige Aufgaben: Stofftransport, Abwehr, Nachrichtenübermittlung und Temperaturregulierung. Es liefert nützliche Substanzen und beseitigt Abfallstoffe. Es trägt chemische Botenstoffe, die Hormone, durch den Körper und wirkt so bei der Nachrichtenübermittlung mit. Es schützt vor Krankheitserregern durch Wundverschluß (Gerinnung) und indem die weißen Blutzellen eingedrungene Erreger angreifen. Und schließlich reguliert der Organismus seine Temperatur, indem er mehr oder weniger Blut durch die Haut fließen läßt.

Warum ist Blut rot?

In den roten Blutzellen befindet sich ein roter Farbstoff, das sogenannte Hämoglobin. Hämoglobin enthält Eisen, und dieses Eisen gibt dem Blut seine rote Farbe.

Kann sich die Farbe des Blutes verändern?

Ja, sie schwankt zwischen hell- und dunkelrot. Wenn das Blut wenig Sauerstoff enthält, ist das Hämoglobin dunkelrot. In sauerstoffreichem Blut färbt sich das Hämoglobin hellrot.

Was tun die roten Blutzellen?

Die Hauptaufgabe der roten Blutzellen (oder Blutkörperchen) besteht darin, den Körper mit Sauerstoff zu versorgen. Das Hämoglobin in ihrem Inneren verbindet sich in der Lunge mit dem Sauerstoff und trägt ihn dann in alle Gewebe. Mit Hilfe des Hämoglobins kann das Blut sehr viel Sauerstoff aufnehmen, etwa 60mal mehr als sich im Blutplasma lösen könnte.

Wie sind die roten Blutzellen geformt?

Rote Blutzellen sind kreisrund und auf beiden Seiten in der Mitte tellerförmig eingedellt. Ihr Durchmesser beträgt etwa sieben Tausendstel Millimeter. Durch ihre eigenartige Form haben die roten Blutzellen eine große Oberfläche, so daß sie viel Sauerstoff aufnehmen können. Außerdem sind sie elastisch und können sich auch durch die engsten Kapillaren zwängen.

Was ist das Besondere an den roten Blutzellen?

Die roten Blutzellen sind die einzigen Zellen des Menschen, die keinen Zellkern besitzen. Ihr Inneres ist ganz und gar mit Hämoglobin ausgefüllt. Da der Zellkern fehlt, leben sie aber auch nicht lange, sondern sterben ab und werden dann durch neue ersetzt.

Was ist die Aufgabe der weißen Blutzellen?

Die weißen Blutzellen schützen den Körper vor Krankheiten, indem sie Erreger bekämpfen. Etwa zwei Drittel von ihnen sind Freßzellen, die eingedrungene Krankheitserreger vernichten. Die übrigen sind Lymphocyten: Sie produzieren Antikörper, besondere Substanzen, die ebenfalls gefährliche Keime zerstören. Weiße Blutzellen sind größer als rote, aber ihre Zahl ist geringer.

Weiße Blutzellen können Bakterien umschließen und zerstören.

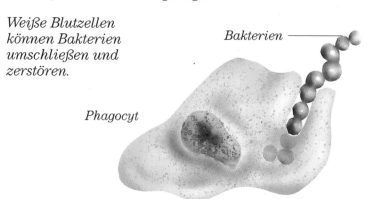

Bakterien

Phagocyt

Was sind Blutplättchen?

Blutplättchen, die kleinsten festen Bestandteile des Blutes, sind Zelltrümmer. Sie werden zur Blutgerinnung gebraucht: Dabei beginnen die Bluttplättchen zu verkleben und ein feines, faseriges Netz zu bilden. Aus diesem entsteht schließlich eine Kruste.

Welche Substanzen enthält das Blutplasma?

Das Blutplasma besteht zu 90 Prozent aus Wasser. In ihm sind Tausende von Substanzen gelöst, unter anderem Nähr- und Abfallstoffe, Antikörper und Hormone, die chemischen Botensubstanzen des Körpers.

Woher kommt das Blut?

Blut wird ständig verbraucht und neu gebildet. Das Wasser des Blutplasmas stammt aus Nahrung und Getränken. Rote Blutzellen, Blutplättchen und ein Teil der weißen Blutzellen entstehen im Knochenmark im Inneren der großen Knochen. Die übrigen weißen Blutzellen werden in den Lymphknoten gebildet, besonderen Gewebeklumpen, die über den ganzen Körper verteilt sind.

Wieviel Blut besitzt ein Mensch?

Ein Baby hat etwa einen Liter Blut, bei einem Kind sind es ungefähr drei und bei einem Erwachsenen fünf Liter.

Wohin geht das meiste Blut?

Im Verhältnis zur Größe fließt in die Nieren mehr Blut als in andere Organe. Die Nieren haben die Aufgabe, das Blut zu reinigen und zu filtern.

Haben die Nieren immer die beste Blutversorgung?

Nein, nicht immer. Bei starker Anstrengung werden die Muskeln fünfmal stärker mit Blut versorgt als im Ruhezustand. Das Blut wird dann aus anderen Organen abgezogen. Nur die Blutversorgung des Gehirns bleibt immer gleich.

Das Diagramm zeigt, wie das Blut bei Anstrengung von anderen Organen zu den Muskeln umgeleitet wird.

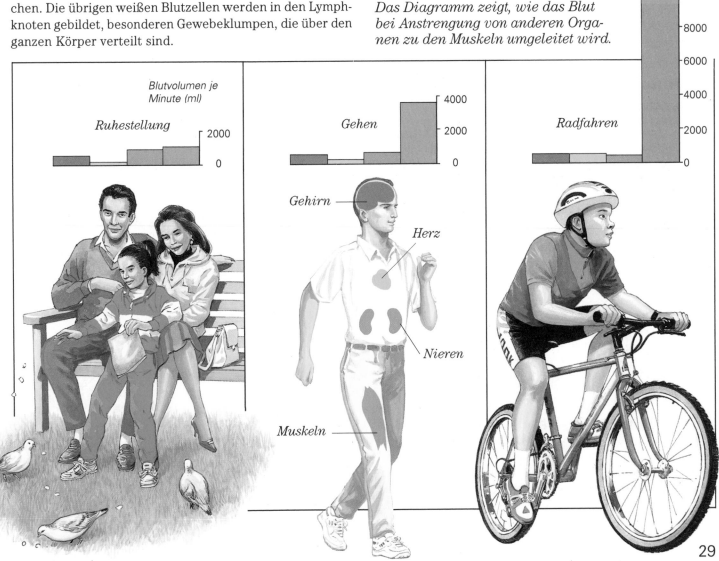

Wo liegt die große Hohlvene?

Die große Hohlvene liegt unmittelbar über der rechten Herzhälfte. Sie besteht eigentlich aus zwei Gefäßen, der oberen und der unteren Hohlvene. Diese beiden sind die größten Venen des Körpers.

Wie dick ist die Aorta?

Die Aorta ist mit etwa drei Zentimetern Durchmesser die größte Arterie des Körpers. Wenn man ruht, fließen in jeder Minute etwa fünf Liter Blut durch die Aorta. Sie verläuft vom Herzen zunächst nach oben und wendet sich dann im Aortenbogen nach unten.

Was ist das Besondere an der Lungenarterie?

Die Lungenarterie befördert als einzige Arterie sauerstoffarmes Blut. Sie leitet das Blut vom Herzen zur Lunge, wo es wieder Sauerstoff aufnimmt. Umgekehrt ist die Lungenvene die einzige Vene, die sauerstoffreiches Blut transportiert, denn sie trägt das Blut von der Lunge zum Herzen, nachdem es in der Lunge wieder mit Sauerstoff angereichert wurde.

Wie lang sind alle Blutgefäße zusammen?

Alle Kapillaren, Venen und Arterien eines Menschen sind zusammen etwa 95 000 Kilometer lang – sie würden fast zweieinhalbmal um die Erde reichen.

Warum hören Wunden auf zu bluten?

Eine Wunde hört auf zu bluten, weil sich recht schnell ein Gerinnsel bildet, das die Wunde verschließt und die beschädigten Blutgefäße abdichtet.

Warum gerinnt das Blut?

An einer Verletzungsstelle kleben die Blutplättchen zusammen. Sie heften sich z. B. an die Ränder eines Schnitts, so daß ein feines Netz entsteht. Gleichzeitig setzen die Blutplättchen und die Zellen an der Verletzungsstelle Substanzen frei, die andere Stoffe im Blut zur Gerinnung anregen. Es entsteht ein Geflecht aus Fasern und Blutplättchen, in dem sich die Blutzellen verfangen, bis sich eine feste Kruste bildet. Ohne die Blutgerinnung hört eine Wunde nicht auf zu bluten, wodurch schon kleine Verletzungen lebensgefährlich werden.

Was macht das Blut mit Krankheitserregern?

Bei Hautverletzungen werden auch Blutgefäße geschädigt. Das herausquellende Blut wäscht viele Erreger von der Verletzungsstelle. Das Blut gerinnt, bildet eine Kruste und dichtet die beschädigte Stelle ab. Erreger, die dennoch eingedrungen sind, werden von den Freßzellen vernichtet. Die Lymphocyten bilden Antikörper, die ebenfalls Krankheitserreger zerstören.

Was ist eine Blutgruppe?

Eine Blutgruppe bezeichnet bestimmte gemeinsame Merkmale und ererbte Eigenschaften des Blutes. Die beiden wichtigsten Einteilungssysteme für Blutgruppen sind das AB0-System und das Rhesussystem.

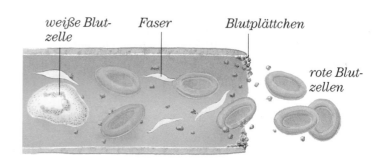

An der Verletzungsstelle tritt Blut aus, und Krankheitserreger dringen ein.

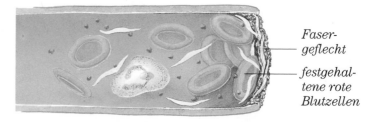

Die Blutplättchen verschließen die Öffnung und veranlassen das Blut, Fasern zu bilden.

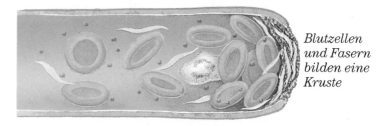

Rote Blutzellen, die von den Fasern festgehalten werden, verschließen die Verletzungsstelle.

Wie viele Blutgruppen gibt es?

Nach dem bekanntesten Einteilungsschema für Blutgruppen, dem AB0-System, gibt es vier Hauptgruppen: 0, A, B und AB. Die Bezeichnungen benennen Substanzen auf der Oberfläche der roten Blutzellen.

Was passiert, wenn sich Blutgruppen mischen?

Wenn man Blut verschiedener Blutgruppen mischt, können sich Klumpen bilden. Geschieht so etwas bei einer Bluttransfusion, kann der Tod eintreten. Deshalb wird Blut vor einer Übertragung immer geprüft, und nur wenn sich keine Klumpen bilden, nimmt man die Transfusion vor.

Was ist ein Blutspender?

Ein Blutspender läßt sich freiwillig Blut abnehmen, damit es in Krankenhäusern für Operationen und Notfälle aufbewahrt werden kann. Man kann etwa einen halben Liter spenden, ohne sich krank zu fühlen. Das Blut wird aus einer Vene am Arm entnommen.

Was ist eine Bluttransfusion?

Eine Bluttransfusion ist die Übertragung von Blut eines gesunden Spenders an einen Patienten, der wegen einer Krankheit oder Verletzung nicht genug Blut hat. Die Blutgruppen von Spender und Empfänger müssen zusammenpassen. Gespendetes Blut wird auf Krankheitserreger untersucht, bevor es übertragen wird, zum Beispiel darauf, ob es mit Erregern der Immunschwächekrankheit AIDS infiziert ist.

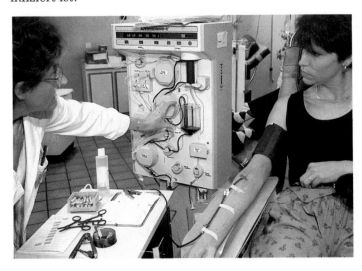

Das Blut der Spender wird für Transfusionen aufbewahrt.

Blutgruppe	reagiert mit	kann Blut spenden an	verträgt Blut von
A	B	A AB	A O
B	A	B AB	O B
AB	KEINEM	AB	A B AB O
O	AB	A B AB O	O

Blut der Blutgruppe 0 kann man jedem Menschen geben, ohne daß Verklumpungsgefahr besteht. Patienten mit der Blutgruppe AB können Blut aller Gruppen empfangen. Manche Menschen tragen für Notfälle einen Ausweis bei sich, aus dem die Blutgruppe hervorgeht.

Was ist Blutserum?

Blutserum ist Blutplasma ohne die Gerinnungsfaktoren. Die klare Flüssigkeit, die nach einer kleinen Verletzung aus der Haut sickert, ist Blutserum. Man kann es für bestimmte Arten der Bluttransfusion verwenden.

Was ist der Rhesusfaktor?

Man kann Blutgruppen auch nach dem Rhesusfaktor (Rh) einteilen. Etwa 85 Prozent aller Menschen sind Rh-positiv, der Rest ist Rh-negativ. Das Mischen der beiden Typen kann gefährlich sein. Ist eine Rh-negative Frau beispielsweise zum zweitenmal mit einem Rh-positiven Kind schwanger, braucht das Kind sofort nach der Geburt eine Bluttransfusion.

Was ist der Blutdruck?

Blutdruck ist die Kraft, die das Herz dem Blut mit auf den Weg gibt. Der Arzt mißt ihn mit einer Armmanschette und einem Druckmeßgerät. Man erhält dabei zwei Meßwerte: Der erste entspricht dem Blutdruck, wenn das Herz sich zusammenzieht, der zweite ist der Druck zwischen den Herzschlägen. Der Blutdruck zeigt an, ob Herz und Kreislauf gesund sind.

Was ist Anämie?

Anämie ist eine Krankheit, die durch Eisenmangel entsteht; ohne genügend Eisen können sich keine gesunden roten Blutzellen bilden, und deshalb wird zu wenig Sauerstoff durch den Körper transportiert. Kranke mit Anämie sehen häufig blaß aus und fühlen sich ständig müde. Ausgewogene Ernährung oder eisenhaltige Medikamente können den Mangel beheben.

Was ist die Bluterkrankheit?

Bei der Bluterkrankheit gerinnt das Blut nicht richtig. Eine kleine Verletzung kann lebensgefährlich werden, weil sie nicht zu bluten aufhört. Bevor es Bluttransfusionen gab, konnten solche Menschen kein normales, aktives Leben führen. Heute spritzt man ihnen besondere Medikamente, damit das Blut bei einer Verletzung gerinnen kann.

Was ist ein Blutsturz?

Starke Blutungen aus Mund und Nase werden auch Blutsturz genannt. Sie deuten auf innere Verletzungen der Lunge oder des Magens.

Die Bluterkrankheit wird in Familien weitervererbt. An ihr litten zum Beispiel Leopold, der Sohn der Königin Victoria, und einige ihrer Enkelkinder.

Was ist Leukämie?

Leukämie bedeutet „Weißblutigkeit" und ist eine Krebserkrankung, bei der zu viele weiße Blutzellen gebildet werden. Manche Formen der Leukämie kann man heute mit besonderen Medikamenten und durch Knochenmarksübertragung behandeln.

Was ist eine Blutvergiftung?

Bei einer Blutvergiftung oder Sepsis haben sich Bakterien im Blut ausgebreitet, z.B. durch eine verschmutzte Wunde. Früher waren Blutvergiftungen oft lebensbedrohlich, heute kann man sie mit Antibiotika behandeln.

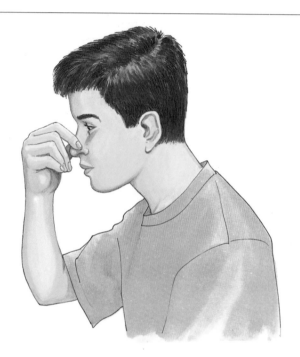

Wenn man die Nase unten kräftig zusammendrückt, hört das Nasenbluten normalerweise bald auf.

Warum bekommen manche Menschen oft Nasenbluten?

Nasenbluten kann viele Ursachen haben, denn die Blutgefäße in der Nase sind besonders empfindlich. Durch starkes Schneuzen, einen Schlag oder sogar einen Wetterwechsel kann eines davon platzen und Nasenbluten verursachen.

Was tun bei Nasenbluten?

Bei Nasenbluten setzt man sich hin und beugt sich nach vorn. Dann drückt man den unteren Teil der Nase zehn Minuten lang zu, damit das Blut gerinnen kann. Hält die Blutung an, muß man zum Arzt gehen.

Was ist ein Schlaganfall?

Ein Schlaganfall ist eine plötzliche Unterbrechung in der Blutversorgung des Gehirns. Er entsteht, wenn ein Blutgefäß im Gehirn verstopft ist oder platzt. Der betroffene Gehirnbereich erhält keinen Sauerstoff mehr und stirbt ab. Beim Schlaganfall tritt eine plötzliche Bewußtlosigkeit auf, der in den meisten Fällen eine Lähmung derjenigen Körperseite folgt, die der betroffenen Hirnhälfte gegenüberliegt.

Was ist eine Blutung?

Wenn ein Blutgefäß beschädigt ist und das Blut austritt, steht es dem Kreislauf nicht mehr zur Verfügung. Es kann dann Sauerstoff und Nährstoffe nicht mehr zu den Körperzellen transportieren. Bei starkem Blutverlust besteht deshalb Lebensgefahr.

Was ist ein „Loch im Herzen"?

Alle Babys werden mit einem Loch im Herzen geboren, das sich aber meist nach den ersten Atemzügen schließt. Es ist eine Öffnung in der Scheidewand zwischen den Herzhälften. Schließt das Loch sich nicht, mischen sich sauerstoffreiches und sauerstoffarmes Blut, und das Herz pumpt dann nicht mehr ausreichend. Durch eine Operation kann der Arzt das Loch verschließen.

Wenn sich das Loch in der Herzscheidewand nicht schließt, mischt sich das Blut aus den beiden Herzkammern, was die Lunge stark belastet.

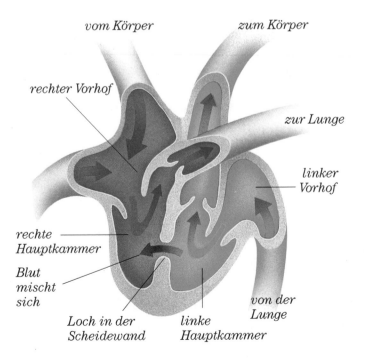

vom Körper   zum Körper

rechter Vorhof

zur Lunge

linker Vorhof

rechte Hauptkammer

Blut mischt sich

Loch in der Scheidewand

linke Hauptkammer

von der Lunge

Wie entsteht ein Herzinfarkt?

Ein Herzinfarkt entsteht, wenn das Herz seinen Belastungen nicht mehr gewachsen ist und seinen normalen Rhythmus verliert. Die Ursache ist meist eine Verstopfung der Herzkranzgefäße. Ein Teil der Herzmuskelzellen wird nicht mehr mit Sauerstoff und Nährstoffen versorgt und stirbt ab. Ein Herzinfarkt kann tödlich sein, aber oft erholt sich der Betroffene auch wieder.

Was ist Arterienverkalkung?

Fett und andere Stoffe können sich an den Innenwänden der Arterien ablagern. Die Arterien verengen sich und lassen nicht mehr genügend Blut durch. Als Folge können Herzinfarkte und andere Herzkrankheiten auftreten.

Warum kann Cholesterin Herzkrankheiten hervorrufen?

Cholesterin, eine fettähnliche Substanz, kommt in manchen Lebensmitteln vor und entsteht auch im Körper selbst. Es kann sich in den Arterien ansammeln wie Kesselstein in einem Topf. Schließlich entstehen Blutgerinnsel, die andere Gefäße verstopfen. Geschieht das in einem Herzkranzgefäß, ist ein Herzinfarkt die Folge.

Wie entsteht Herzflattern?

Das Herzflattern, ein hämmernder oder rasender Herzschlag, kann durch Angst oder Aufregung entstehen. Es ist eine ganz natürliche Reaktion. Bei manchen Herzkrankheiten tritt es besonders oft und ohne besonderen Grund auf.

Was ist Angina pectoris?

Angina pectoris ist ein Schmerz in der Brust, der meist durch unzureichende Sauerstoffversorgung des Herzens entsteht. Sie tritt vorwiegend bei älteren Menschen auf und ist oft ein Zeichen für eine Verhärtung der Herzkranzgefäße.

Was ist ein Herzschrittmacher?

Ein Herzschrittmacher ist ein elektronisches Gerät, das den Herzmuskel elektrisch anregt und damit die Herztätigkeit gewährleistet.

Was ist eine Herztransplantation?

Eine Herztransplantation ist die Übertragung eines Herzens von einem gerade verstorbenen Menschen auf einen unheilbar herzkranken Patienten.

VERDAUUNG

Warum braucht der Mensch Nahrung?

Die Nahrung enthält viele Substanzen, die der Körper braucht, um Energie zu gewinnen, zu wachsen und sich zu erneuern.

Was ist Verdauung?

Verdauung ist der Abbau der Nahrung zu Bausteinen, die der Körper aufnehmen und verwerten kann. Die Lebensmittel werden zu kleinen Stücken zerkaut und dann in Magen und Darm chemisch zerlegt. Dafür sind besondere Proteine zuständig, die Verdauungsenzyme.

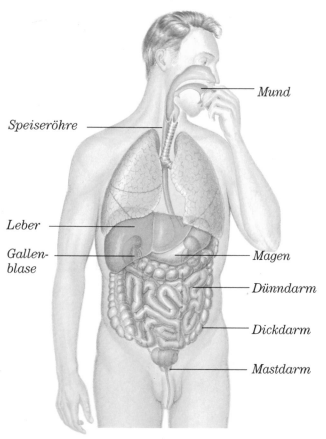

- Mund
- Speiseröhre
- Leber
- Gallenblase
- Magen
- Dünndarm
- Dickdarm
- Mastdarm

Was ist der Verdauungskanal?

Der Verdauungskanal ist ein langer Schlauch, der in verschiedene Abschnitte unterteilt ist und sich vom Mund bis zum After durch den Körper zieht. In ihm findet die Verdauung der aufgenommenen Nahrung statt.

Was geschieht, wenn man nichts ißt?

Wer keine Nahrung zu sich nimmt, wird recht schnell teilnahmslos. Bei längerem Nahrungsentzug verliert man an Gewicht, und schließlich funktioniert der Organismus nicht mehr normal, so daß der Mensch stirbt.

Woraus besteht die Nahrung?

Die Nahrung enthält sieben bedeutsame Nährstofftypen. Die Hauptgruppen sind Fette, Proteine und Kohlenhydrate. In kleinen Mengen kommen Vitamine und Mineralstoffe (Spurenelemente) vor. Die meisten Lebensmittel enthalten Wasser, und in pflanzlicher Kost finden sich die unverdaulichen Ballaststoffe.

Warum brauchen wir Proteine?

Proteine (auch Eiweiße genannt) sind für alle Lebewesen unentbehrlich, denn sie sind die Bausteine des Körpers. Man findet sie unter anderem in Käse, Eiern, Fisch, Fleisch und Sojabohnen. Proteine bestehen aus chemischen Einheiten, den Aminosäuren. Wenn das Protein verdaut ist, gelangen die Aminosäuren mit dem Blut zu den Zellen, wo sie dem Aufbau neuer Proteine und damit dem Wachstum des Körpers dienen.

Im Verdauungssystem werden aus den Lebensmitteln die Nährstoffe freigesetzt, die der Körper zur Energiegewinnung und zum Wachsen nutzen kann.

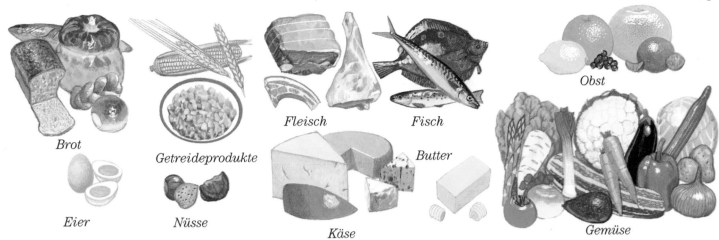

Brot

Getreideprodukte

Eier

Nüsse

Käse

Fleisch

Fisch

Butter

Obst

Gemüse

Fleisch, Fisch, Nüsse, Eier und Käse liefern Proteine und Fette. Brot und Getreideprodukte enthalten viele Kohlenhydrate. Obst und Gemüse versorgen uns mit Vitaminen, Mineralien und Ballaststoffen.

Welche Lebensmittel liefern Energie?

Eine gute Energiequelle sind Kohlenhydrate wie Zucker und die Stärke, die zum Beispiel in Brot und Kartoffeln enthalten ist. Auch Fette liefern Energie. Butter, Margarine und Speiseöl enthalten viel Fett, deshalb ißt man sie am besten nur in kleinen Mengen.

Was sind Ballaststoffe?

Ballaststoffe sind der unverdauliche Anteil der Nahrung. Vorwiegend handelt es sich um Zellwände von Pflanzenzellen. Sie fördern die Absonderung von Verdauungssäften und regen die Darmtätigkeit an. So kann der Speisebrei leichter transportiert werden.

Welche Lebensmittel enthalten die meisten Ballaststoffe?

Ballaststoffreich sind Obst und Gemüse sowie alle Vollkornprodukte (zum Beispiel Vollkornbrot und ungeschälter Reis).

Wozu brauchen wir Vitamine und Mineralstoffe?

Vitamine und Mineralstoffe brauchen wir nur in winzigen Mengen, aber sie sind auch in kleinsten Dosierungen für viele Körperfunktionen unentbehrlich. Eisenmangel führt zum Beispiel zur Anämie, einem Mangel an roten Blutzellen.

Welches Vitamin läßt die Knochen wachsen?

Zur Knochenentwicklung trägt Vitamin D bei. Fehlt es, kommt es bei Säuglingen und Kleinkindern zu Rachitis, einer Krankheit, die zu Skelettverformungen führt. Vitamin D ist in Fisch, Eiern und Lebertran enthalten, und es entsteht in der Haut durch Sonnenlicht.

Was ist Skorbut?

Skorbut ist eine recht seltene Krankheit. Sie entsteht durch einen Mangel an Vitamin C. Bei den Betroffenen blutet das Zahnfleisch sehr leicht, Wunden und Blutergüsse heilen nicht richtig. Vitamin C findet sich in frischem Obst, Salat und Gemüse.

Was ist ausgewogene Ernährung?

Ausgewogene Ernährung ist so zusammengesetzt, daß der Körper alle notwendigen Nahrungsbestandteile (Proteine, Fette, Kohlenhydrate, Vitamine und Mineralstoffe) in den richtigen Mengen erhält. Sie liefert das Rohmaterial, das ein Mensch für ein gesundes, aktives Leben braucht.

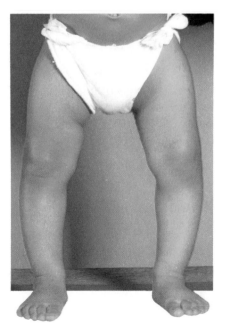

Dieses Kind leidet an Rachitis, einer Krankheit, die durch Vitamin-D-Mangel entsteht. Erhält der Körper nicht genügend Vitamin D, nimmt er zu wenig Calcium aus der Nahrung auf. Die Folge ist: Die Knochen werden weich und können das Körpergewicht nicht mehr tragen.

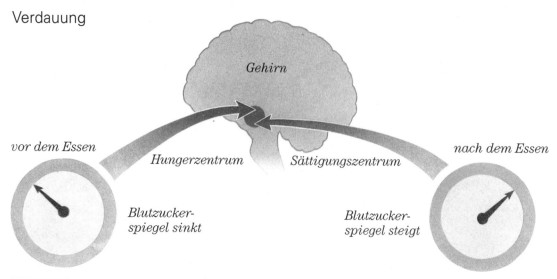

vor dem Essen

Hungerzentrum *Sättigungszentrum* *nach dem Essen*

Blutzucker-spiegel sinkt *Blutzucker-spiegel steigt*

Gehirn

Wenn der Blutzucker-spiegel sinkt, entsteht im Hungerzentrum ein Signal. Nach dem Essen senden Dehnungsrezep-toren im Magen eine Nachricht an das Sätti-gungszentrum, so daß man weiß, wann man satt ist. Nach der Nah-rungsaufnahme steigt der Blutzuckerspiegel wieder an.

Wieviel Nahrung braucht ein Mensch?

Die täglich benötigte Nahrungsmenge ist abhängig von Alter, Größe und Geschlecht. Ein Jugendlicher, der sehr aktiv ist und viel Sport treibt, braucht wesentlich mehr Nahrung als ein älterer Mensch, der weniger aktiv ist.

Was ist eine Kalorie?

Die Kalorie ist eine Energieeinheit, die zur Messung des Energiegehalts von Lebensmitteln dient. Eine Erdnuß enthält z.B. etwa fünf Kalorien. Ein Erwachsener braucht zwischen 2500 und 3000 Kalorien am Tag.

Warum werden manche Menschen zu dick?

Ganz einfach: Sie nehmen mit der Nahrung mehr Energie auf, als sie verbrauchen. Der Überschuß wird in Fett umgewandelt und im Körper – vor allem unter der Haut – gespeichert.

Warum können manche Menschen viel essen, ohne dick zu werden?

Manche Menschen können offenbar in ihrem Körper viel Nahrung umsetzen, so daß nichts übrigbleibt, das als Fett gespeichert werden könnte. Solche Menschen besitzen meist viele braune Fettzellen, die das Fett abbauen, sie haben einen hohen Grundumsatz.

Wieviel ißt ein Mensch während seines Lebens?

Ein Mensch in einem wohlhabenden Industrieland nimmt während seines Lebens im Durchschnitt etwa 30 Tonnen Lebensmittel zu sich.

Warum wird man hungrig?

Die Nahrungsaufnahme wird von einem bestimmten Gehirnbereich gesteuert. Wenn dieses „Hungerzentrum" aus dem Körper ein entsprechendes Signal erhält, stellt sich Hungergefühl ein, und man spürt das Bedürfnis zu essen.

Warum fühlt man sich satt?

Wenn der Magen mit Nahrung oder Getränken gefüllt ist, dehnen sich seine Wände. Daraufhin läuft ein Signal zum Gehirn, das dann den Befehl gibt, mit Essen aufzuhören.

Warum essen wir dreimal am Tag?

Zum Teil aus Gewohnheit, aber auch, weil das Verdauungssystem die Nahrung gut verarbeiten kann, wenn die Mahlzeiten gleichmäßig über den Tag verteilt sind. In kürzeren Abständen kleine Mahlzeiten einzunehmen, ist viel gesünder als sehr viel auf einmal zu essen.

Wie entsteht Durst?

Durst entsteht, wenn die Wassermenge im Blut absinkt, so daß das Blut ein wenig dicker wird. Ein bestimmter Gehirnbereich spürt das und signalisiert dem Körper, daß er ausreichend Flüssigkeit aufnehmen soll.

Warum wird man nach dem Essen müde?

Man fühlt sich müde, weil alle Energien auf den Verdauungsvorgang gerichtet sind.

Wieviel Wasser braucht ein Mensch?

Ein Erwachsener braucht am Tag 1,5 bis 2 Liter Wasser. Ein großer Teil davon stammt aus der Nahrung. Brot besteht z.B. zu 40 Prozent aus Wasser.

Zähne

Wozu brauchen wir Zähne?

Ohne Zähne könnte der Mensch keine Nahrung essen, die zerkleinert werden muß. Man könnte dann nur weiche Speisen und Flüssigkeiten aufnehmen.

Warum sind die Zähne unterschiedlich geformt?

Die Zähne haben unterschiedliche Formen, weil sie unterschiedliche Aufgaben erfüllen. Die meißelförmigen Schneidezähne vorn im Mund dienen zum Beißen. Unmittelbar dahinter stehen die Eckzähne; sie sind spitz und eignen sich zum Zerreißen von Nahrung. Die Backenzähne kauen und zermahlen die Lebensmittel.

Arbeiten die Zähne zusammen?

Ja, die Zähne arbeiten beim Zerkleinern der Nahrung zusammen. Mit Schneide- und Eckzähnen beißt man ein Stück ab, das dann von den Backenzähnen zermahlen wird.

Sind Zähne lebendig?

Der Zahnschmelz lebt nicht, die Schichten darunter aber sehr wohl. Deshalb ist der innere Teil der Zähne sehr empfindlich.

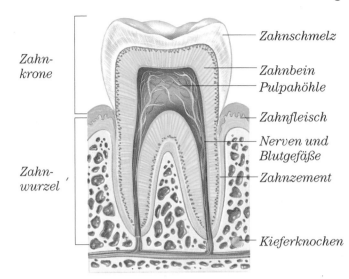

Der Zahnschmelz schützt das empfindliche Zahninnere.

Woraus bestehen Zähne?

Jeder Zahn besteht aus einem sichtbaren Teil, der Zahnkrone, und einer Wurzel, mit der er im Kiefer befestigt ist. Der äußere, weiße Teil besteht aus Zahnschmelz, der härtesten Körpersubstanz. Unter dem Schmelz liegt das Zahnbein. Es ähnelt den Knochen, ist aber härter. Im Inneren des Zahns liegt eine weiche Masse mit Blutgefäßen und Nervenenden.

Wie wachsen Zähne?

Zähne entstehen aus kleinen Gewebeabschnitten des Ober- und Unterkiefers. Ihre Entwicklung beginnt schon vor der Geburt, aber erst ungefähr im sechsten Lebensmonat beginnen sie, durch das Zahnfleisch zu brechen. Für das Kleinkind ist das Zahnen mit Schmerzen verbunden.

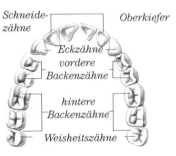

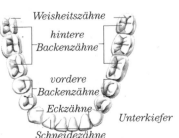

links: das vollständige Gebiß eines Erwachsenen besteht aus 16 Zähnen in jedem Kiefer. Die Weisheitszähne brechen nicht bei allen Menschen durch.

rechts: Die flachen Schneidezähne zerteilen die Nahrung, die Eckzähne dienen zum Reißen, und die höckerigen Backenzähne zermahlen die Speisen zu Brei.

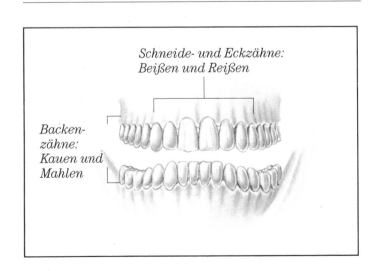

37

Warum kauen wir die Nahrung?

Durch das Kauen wird die Nahrung zu Brei zerkleinert und mit Speichel angefeuchtet, der von den Speicheldrüsen abgesondert wird, so daß man sie leichter schlucken kann. Das Kauen ist der erste Schritt der Verdauung.

Was sind Milchzähne?

Die Milchzähne sind die ersten Zähne, die man bekommt. Sie beginnen mit etwas 6 Monaten durchzubrechen, und sie sind gewöhnlich bis zum zweiten Lebensjahr vollständig vorhanden. Ein sechsjähriges Kind hat etwa 20 Zähne. Ungefähr von sechsten Lebensjahr an fallen die Milchzähne aus, und das Dauergebiß tritt an ihre Stelle.

Was sind Weisheitszähne?

Die Weisheitszähne sind die letzten Dauerzähne, die durchbrechen. Bei manchen Menschen fehlen sie, bei anderen verursachen sie Probleme und müssen vom Zahnarzt entfernt werden. Die Weisheitszähne stehen ganz hinten im Ober- und Unterkiefer und werden oft erst beim jungen Erwachsenen sichtbar. Daher der Name – angeblich hat man in diesem Alter schon ein wenig Weisheit erworben!

Was ist Speichel?

Speichel ist die farblose Flüssigkeit im Mund. Er wird von den Speicheldrüsen gebildet, die unter der Zunge und in den Wangen liegen. Speichel besteht vor allem aus Wasser und etwas Schleim. Außerdem enthält er spezielle Enzyme, die Stärke (ein Kohlenhydrat) abbauen und so den Verdauungsprozeß einleiten.

Warum läuft einem das Wasser im Mund zusammen?

Der Geschmack und Geruch von Essen, manchmal auch schon der Gedanke daran, veranlaßt die Speicheldrüsen, mehr Speichel in den Mund abzugeben. Deshalb läuft einem „das Wasser läuft im Mund zusammen". Dieser Vorgang verläuft ohne Steuerung durch den Willen.

Was geschieht beim Schlucken?

Schlucken ist ein komplizierter Vorgang. Die Zunge drückt gegen den Gaumen und schiebt die Nahrung oder die Flüssigkeit nach oben und hinten. Gleichzeitig bewegt sich der weiche Teil des Gaumens nach oben: Er verschließt den Weg in die Nase, so daß dort nichts eindringen kann. Schließlich klappt der Kehldeckel nach unten, und der Kehlkopf schiebt sich nach vorn und oben. Dadurch schließt sich die Luftröhre, die Speiseröhre öffnet sich und Nahrung oder Getränk werden durch den Rachen und die Speiseröhre in den Magen befördert. Manchmal gelangt Nahrung bei hastigem Essen in die Luftröhre, dann hat man sich verschluckt!

Kann man auch im Kopfstand schlucken?

Ja, aber man kann sich dabei verschlucken! Das Schlucken im Kopfstand funktioniert, weil die Nahrung nicht in den Magen fällt, sondern von Muskelringen in der Wand der Speiseröhre dorthin gedrückt wird. Diese Ringe ziehen sich hinter der Nahrung zusammen und schieben sie weiter, ein Vorgang, den man auch Peristaltik nennt. Der gleiche Mechanismus bewegt die Nahrung durch den gesamten Verdauungskanal.

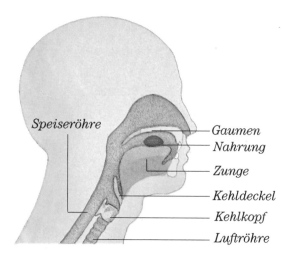

Speiseröhre — Gaumen — Nahrung — Zunge — Kehldeckel — Kehlkopf — Luftröhre

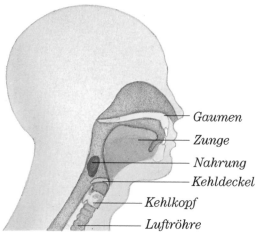

Gaumen — Zunge — Nahrung — Kehldeckel — Kehlkopf — Luftröhre

Die Zunge formt die Nahrung zu einer Kugel und schiebt sie zum Schlucken in den Rachen. Der Kehldeckel klappt nach unten und verschließt die Luftröhre, damit die Nahrung nicht in die falsche Kehle gerät.

Verdauung

Wo beginnt die Verdauung?

Die Verdauung beginnt im Mund. Von dort wandert die Nahrung in den Magen und dann durch einen langen Schlauch, den Dünndarm. Dort findet die Verdauung zum größten Teil statt. Anschließend wird der Nahrung im Dickdarm das Wasser entzogen.

Wie sieht der Magen aus?

Der Magen ist eine gebogene Tasche. Er hat muskulöse Wände und wird durch Klappen verschlossen.

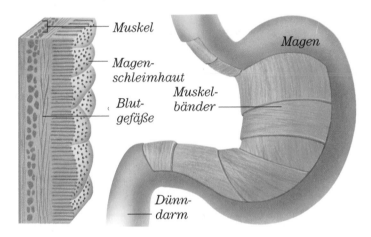

Der Magen faßt etwa 1,5 Liter. Bewegungen seiner Muskelwände sorgen dafür, daß die Nahrung sich mit den Verdauungssäften durchmischt.

Was geschieht im Magen?

Im Magen wird die Nahrung durchgemischt und mit Magensaft versetzt, der Verdauungsenzyme und Säure enthält. Diese Stoffe bauen die Nahrung chemisch ab und machen daraus eine breiige Flüssigkeit. Außerdem tötet die Säure die meisten Krankheitserreger ab. Die Flüssigkeit gelangt dann nach und nach in den Dünndarm.

Warum verdaut der Magen sich nicht selbst?

Die Magenwände sind gegen die Enzyme und die starke Säure des Magensaftes durch eine dicke Schleimschicht geschützt. Diese Schutzschicht verhindert, daß der Magen sich selbst verdaut.

Warum knurrt der Magen manchmal?

Magen und Darm sind immer in Bewegung – der Magen mischt die Nahrung, und der Darm befördert sie weiter. Diese Tätigkeit läuft meist nicht ganz geräuschlos ab. Wenn man Hunger hat, enthält der Magen nur ein wenig Flüssigkeit und viel Gas. Je mehr Gas sich im Magen befindet, desto lauter wird das Rumoren.

Was geschieht im Dünndarm mit der Nahrung?

Im Dünndarm findet der größte Teil der Verdauung statt, und hier gehen die meisten Nährstoffe ins Blut über. Verdauungssäfte, die von Drüsen in den Dünndarm ausgeschüttet werden, bauen die Proteine, Kohlenhydrate und Fette zu kleineren Bausteinen ab, die durch die Darmwand ins Blut aufgenommen werden.

Wie gelangen die Nährstoffe ins Blut?

Die Darmwand ist mit Millionen winziger, fingerähnlicher Ausstülpungen besetzt, den Zotten. Sie enthalten Blutgefäße, die die Nährstoffe aufnehmen.

Wie groß ist der Dünndarm?

Der erste Teil des Dünndarms, der Zwölffingerdarm, ist etwa 30 Zentimeter lang und hat einen Durchmesser von 2,5 Zentimetern. Der übrige Dünndarm hat eine Länge von ungefähr sechs Metern und liegt in zahlreichen Windungen in der unteren Hälfte des Rumpfes.

Die Verdauungsenzyme bauen Fette, Proteine und Kohlenhydrate zu kleinen Molekülbausteinen ab, die durch die Darmwand ins Blut übergehen können.

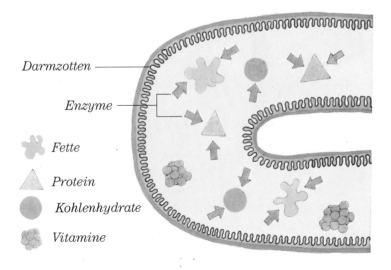

Wohin gelangen die Nährstoffe aus dem Darm?

Die Nährstoffe gelangen in Form einfacher chemischer Verbindungen ins Blut und von dort aus in die Leber.

Was tut die Leber?

Die Leber hat viele Aufgaben. Besonders wichtig ist, daß sie die verdaute Nahrung weiterverarbeitet und speichert oder an andere Körperbereiche verteilt. Die Leber baut Fette ab, beseitigt Giftstoffe, stellt wichtige Blutproteine her und speichert Vitamine und Eisen.

Die Nährstoffe, die im Darm absorbiert wurden, gelangen in die Leber; die sie weiterverarbeitet und Giftstoffe entfernt. Außerdem produziert die Leber den Gallensaft, der in der Gallenblase gespeichert und über den Gallengang in den Darm abgegeben wird.

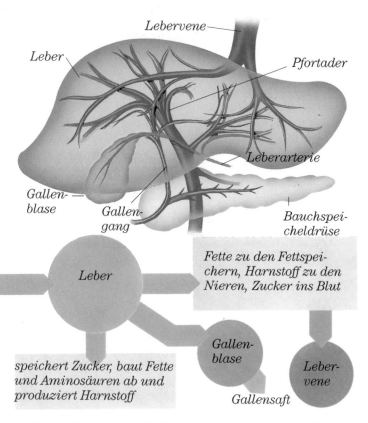

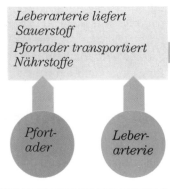

Welche Nährstoffe verarbeitet die Leber?

Die Leber verarbeitet die verdauten Bestandteile der drei Hauptnährstoffgruppen. Ist die Nahrung sehr proteinreich, kann der Körper die überschüssigen Aminosäuren nicht speichern: Die Leber baut sie ab und gewinnt daraus Energie; als Nebenprodukt fällt dabei Harnstoff an. Überschüssige Kohlenhydrate speichert die Leber in Form von Glykogen, einer Art Stärke, um bei Bedarf daraus Energie zu gewinnen. Manche Fette werden ebenfalls zur Energiegewinnung abgebaut, andere werden chemisch umgewandelt und ins Blut entlassen.

Was geschieht in der Leber mit den Giftstoffen?

Bei manchen chemischen Reaktionen im Körper entstehen Giftstoffe als Nebenprodukte. Auch unsere Nahrung kann giftige Bestandteile enthalten. Die Leber macht aus vielen derartigen Substanzen ungefährliche Verbindungen, die dann entweder weiterverwertet oder über die Nieren ausgeschieden werden. Ein Giftstoff, der auf diese Weise abgebaut wird, ist der Alkohol. Einige Stoffe, die inhaliert oder eingenommen werden, kann die Leber nicht verarbeiten. Tetrachlorkohlenstoff wirkt z.B. als Lebergift.

Was ist Gallensaft?

Gallensaft entsteht in der Leber unter anderem aus verbrauchten roten Blutzellen. Er wird in der Gallenblase gespeichert und fließt durch den Gallengang in den Dünndarm. Gallensaft zerlegt Fette zu kleinen Tröpfchen, die leichter verdaulich sind.

Welche Farbe hat der Gallensaft?

Die Farbe des Gallensaftes schwankt von braun bis grünlichgelb. Sie besteht aus zwei Farbstoffen, einem roten (dem Bilirubin) und einem grünen (dem Biliverdin). Beide Farbstoffe entstehen, wenn die Leber das rote Hämoglobin aus den verbrauchten Blutzellen abbaut. Sie werden über die Gallenflüssigkeit ausgeschieden.

Was ist Gelbsucht?

Gelbsucht selbst ist keine Krankheit, sondern ein Zeichen für einen Leberschaden. Bei dem Betroffenen färben sich die Haut und das Weiße im Auge gelblich, weil sich Bilirubin und Biliverdin im Blut ansammeln. Der Grad der Gelbfärbung hängt von der Konzentration der Gallenfarbstoffe ab. Normalerweise scheidet die Leber beide Farbstoffe mit der Galle aus.

Was ist Leberzirrhose?

Leberzirrhose entsteht, wenn das Innere der Leber geschädigt ist, zum Beispiel weil jemand regelmäßig sehr viel Alkohol trinkt. Eine chronische Entzündung zerstört funktionstüchtige Leberzellen und funktionsunfähiges Bindegewebe vermehrt sich. Dadurch kann die Leber ihre Aufgaben nicht mehr richtig erfüllen.

Was ist die Bauchspeicheldrüse?

Die Bauchspeicheldrüse, auch Pankreas genannt, liegt neben dem Magen. Sie produziert den Verdauungssaft, der viele Enzyme enthält und in den Dünndarm fließt, wo er die Nahrung abbaut.

Wo liegen die Langerhansschen Inseln?

Die Langerhansschen Inseln liegen in der Bauchspeicheldrüse und produzieren Insulin (siehe Seite 51).

Wir groß ist der Dickdarm?

Der Dickdarm trägt seinen Namen zu Recht. Er ist kürzer und dicker als der Dünndarm. Seine Länge beträgt etwa 1,8 Meter, der Durchmesser 7,5 Zentimeter.

Was geschieht im Dickdarm?

Im Dickdarm tragen Bakterien dazu bei, die Nahrungsreste aus dem Dünndarm weiter abzubauen. Die Wände des Dickdarms nehmen Wasser und Mineralstoffe aus der Nahrung auf. Die festen Überreste sammeln sich im Mastdarm und werden schließlich durch den After ausgeschieden.

Warum haben wir einen Blinddarm?

Der Blinddarm ist vermutlich ein übriggebliebenes Organ, das für unsere frühesten Vorfahren nützlich war. Er ist ein etwa 10 cm langer Fortsatz des Dickdarms. Bei manchen Säugetieren, die viel pflanzliche Nahrung fressen, wie z.B. Kaninchen, ist der Blinddarm größer und von Bakterien besiedelt, die die Zellwände von Pflanzen abbauen können. Beim Menschen erfüllt er keinen Zweck.

Was ist eine Blinddarmentzündung?

Bei der Blinddarmentzündung ist das Ende des Blinddarms (der Wurmfortsatz) entzündet. Er muß dann durch eine harmlose Operation entfernt werden.

Wie lange dauert die Verdauung einer Mahlzeit?

Etwa 24 Stunden bei einer durchschnittlichen Mahlzeit. Vier Stunden bleibt die Nahrung im Magen, dann durchläuft sie in sechs Stunden den Dünndarm und in sechs bis sieben Stunden den Dickdarm. Nach weiteren sechs bis sieben Stunden im Mastdarm werden die Reste in Form von Kot ausgeschieden.

Eine Mahlzeit passiert den Verdauungstrakt in 24 Stunden. Das Frühstück bleibt vier Stunden im Magen und wandert kurz vor dem Mittagessen in den Dünndarm. Am späten Nachmittag haben die Reste der Nahrung den Dickdarm erreicht, und in der Nacht wandern sie in den Mastdarm, wo sie bis zum Morgen bleiben.

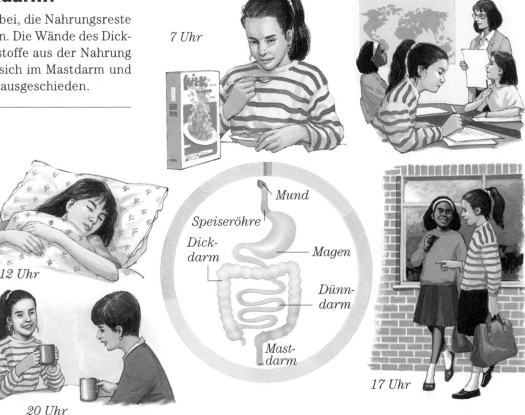

11 Uhr
7 Uhr
12 Uhr
20 Uhr
17 Uhr

Mund
Speiseröhre
Dickdarm
Magen
Dünndarm
Mastdarm

Ausscheidung

Was ist Ausscheidung?

Ausscheidung ist der Mechanismus, mit dem der Körper die Abfallstoffe aus seinen Zellen beseitigt.

Welches sind die Abfallstoffe des Körpers?

Die wichtigsten Abfallstoffe sind Kohlendioxid (das bei der Zellatmung entsteht), Harnstoff (aus dem Abbau überschüssiger Proteine) sowie Wasser und Salze, die der Körper nicht braucht.

Welches sind die Ausscheidungsorgane?

Ausscheidungsorgane, die Abfallstoffe beseitigen, sind Lunge, Nieren, Leber und Haut. Die Haut sondert Schweiß ab, die Lunge befördert das Kohlendioxid nach außen und die Nieren scheiden u.a. Wasser und Salze aus. Die Abbauprodukte aus der Leber gelangen entweder über die Nieren in den Urin oder über die Gallenblase in den Darm und von dort ebenfalls nach außen.

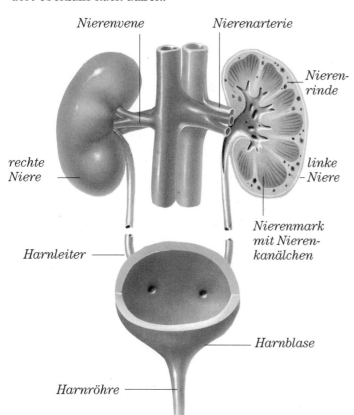

Nierenvene   Nierenarterie

Nierenrinde

rechte Niere

linke Niere

Nierenmark mit Nierenkanälchen

Harnleiter

Harnblase

Harnröhre

Ist der Darm ein Ausscheidungsorgan?

Seltsamerweise gilt der Darm manchmal nicht als Ausscheidungsorgan, denn die Abfallstoffe in seinem Inneren stammen zum größten Teil nicht aus den Zellen, sondern aus unverdaulichen Nahrungsresten. Bei solchen Abfällen, die nicht aus den Zellen selbst stammen, spricht man nicht von Ausscheidung.

Wo liegen die Nieren?

Die Nieren sind paarförmig angeordnet und liegen beiderseits der Wirbelsäule an der Rückwand der Bauchhöhle. Eine Niere hat eine Länge von zehn Zentimetern und eine Breite von sechs Zentimetern.

Wozu dienen die Nieren?

Die Nieren sind zwei Hochleistungsfilter. Sie reinigen das Blut, entziehen ihm Abfallstoffe und sorgen dafür, daß nützliche Stoffe im Körper bleiben.

Wieviel Blut filtern die Nieren?

Die Nieren filtern das gesamte Blut, das durch den Körper fließt etwa 300mal am Tag. Das entspricht einer Menge von etwa 1500 Litern.

Was ist Urin?

Urin ist die Flüssigkeit, die in den Nieren entsteht. Sie enthält die aus dem Blut gefilterten Abfallstoffe. Der Urin fließt aus den Nieren über die Harnleiter in die Blase und von dort durch die Harnröhre nach außen. Urin hat desinfizierende Wirkung.

Woraus setzt sich der Urin zusammen?

Urin besteht vorwiegend aus Wasser mit vielen gelösten Abfallstoffen und Salzen. Die Abfallstoffe würden den Körper vergiften, wenn sie nicht ausgeschieden würden. Die gelbe Farbe des Urins entsteht durch Substanzen, die in der Leber beim Abbau von Hämoglobin aus verbrauchten Blutzellen gebildet werden.

Der Urin fließt durch die Harnleiter aus den Nieren in die Harnblase, einen Muskelsack, der etwa einen halben Liter Urin aufnehmen kann.

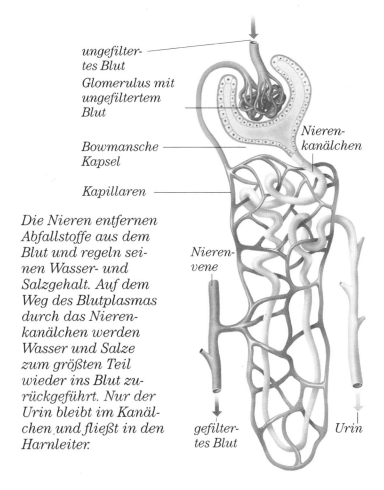

ungefilter-
tes Blut

Glomerulus mit
ungefiltertem
Blut

Bowmansche
Kapsel

Kapillaren

Nieren-
kanälchen

Nieren-
vene

gefilter-
tes Blut

Urin

Die Nieren entfernen Abfallstoffe aus dem Blut und regeln seinen Wasser- und Salzgehalt. Auf dem Weg des Blutplasmas durch das Nierenkanälchen werden Wasser und Salze zum größten Teil wieder ins Blut zurückgeführt. Nur der Urin bleibt im Kanälchen und fließt in den Harnleiter.

Was ist ein Glomerulus?

Die Millionen winziger Filtereinheiten in der Niere (Nephronen) tragen auf der Oberseite ein Bündel von Kapillaren, das man Glomerulus nennt.

Was ist die Bowmansche Kapsel?

Die Bowmansche Kapsel wurde im 19. Jahrhundert von dem englischen Anatomen B. W. Bowman entdeckt. Sie ist ein mikroskopisch kleines, becherförmiges Gebilde, das den Glomerulus in den Nieren umgibt. Sie ist mit einem U-förmigen Nierenkanälchen verbunden, das ebenfalls zur Blutreinigung erforderlich ist.

Wie filtert die Niere das Blut?

Das Blut kommt im Glomerulus unter Druck an, so daß ein Teil des Plasmas in die Bowmansche Kapsel sickert. Auf dem Weg durch das Nierenkanälchen, das von Kapillaren umgeben ist, wandern Wasser und Salze wieder ins Blut zurück. Abfälle und ein kleiner Teil des Wassers bleiben im Kanälchen und fließen als Urin in die Mitte der Niere. Von dort verläßt die Flüssigkeit die Niere durch den Harnleiter und wird ausgeschieden

Was ist ein Nierenstein?

Ein Nierenstein ist eine harte Mineralablagerung in der Niere. In der Nierenflüssigkeit sind viele Substanzen gelöst, beispielsweise Calcium und Harnsäure. Da der Urin auf dem Weg durch das Nierenkanälchen immer konzentrierter wird, können diese Stoffe sich manchmal am Eingang des Harnleiters absetzen und einen Stein bilden. Solch ein Stein verursacht Schmerzen beim Wasserlassen.

Kann man mit einer Niere leben?

Ja, und viele Menschen tun das auch. Wenn eine Niere durch Krankheit oder Verletzung geschädigt ist, übernimmt die andere die ganze Arbeit. Sind beide Nieren defekt, ist manchmal eine Nierentransplantation erforderlich. Dabei wird die gesunde Niere eines Spenders an den Kreislauf des Patienten angeschlossen.

Wie funktioniert die künstliche Niere?

Die künstliche Niere filtert das Blut durch die sogenannte Dialyse. Durch eine Nadel im Arm des Patienten fließt das Blut in die Maschine. Dort wird es durch Spezialschläuche gepumpt, die sich in einer Flüssigkeit befinden. Die Abfallstoffe wandern aus dem Blut in die Flüssigkeit, und Stoffe, die der Körper braucht, gehen den umgekehrten Weg. Anschließend wird das gereinigte Blut wieder in den Kreislauf des Patienten zurückgeleitet. Dieses Prinzip nennt man auch Blutwäsche.

Bei Nierenversagen wird das Blut in der künstlichen Niere gefiltert. Es muß 20mal durch die Maschine laufen, bis es richtig sauber ist.

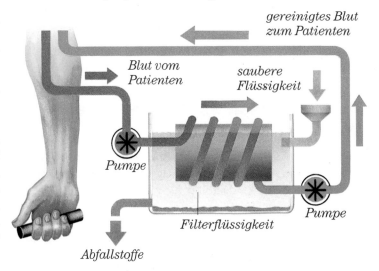

gereinigtes Blut zum Patienten

Blut vom Patienten

saubere Flüssigkeit

Pumpe

Pumpe

Filterflüssigkeit

Abfallstoffe

HAUT UND HAARE

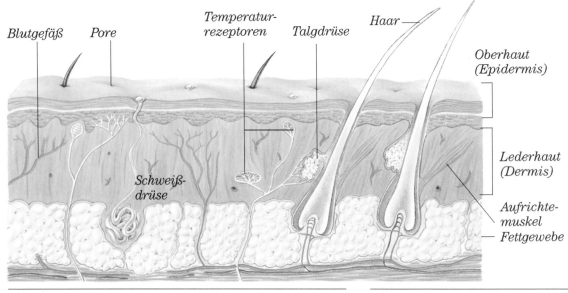

Blutgefäß Pore Temperatur-rezeptoren Talgdrüse Haar

Schweiß-drüse

Oberhaut (Epidermis)

Lederhaut (Dermis)

Aufrichte-muskel

Fettgewebe

Die Haut hat zwei wichtige Schichten: Die äußere, schützende Oberhaut oder Epidermis und darunter die Lederhaut oder Dermis. Sie enthält Nerven, Sinnesrezeptoren für Druck und Temperatur, Blutgefäße, Haarwurzeln sowie Schweiß- und Talgdrüsen.

Wozu haben wir eine Haut?

Die Haut ist eine wasserdichte, elastische Hülle, die den Körper gegen die Umgebung abgrenzt und gefährliche Krankheitserreger fernhält. Sie ist sehr vielschichtig, obwohl sie an keiner Stelle des Körpers dicker ist als 6 mm, und nimmt Berührungen, Wärme, Kälte und Schmerz wahr, so daß wir merken, was um uns herum vorgeht. Außerdem schützt sie vor den schädlichen UV-Strahlen der Sonne und trägt zur Bildung von Vitamin D durch Licht sowie zur Regulation der Körpertemperatur bei.

Aus wie vielen Schichten besteht die Haut?

Die Haut ist das oberflächengrößte Organ des menschlichen Körpers und hat zwei wichtige Schichten: die Oberhaut (Epidermis) und darunter die dickere Lederhaut (Dermis). In der Lederhaut liegen Nerven, Sinnesorgane, Blutgefäße, Haarwurzeln, Talg- und Schweißdrüsen. Eine Fettschicht unter der Lederhaut trägt zur Wärmeisolierung bei und dient als Energiespeicher.

Wo entsteht neue Haut?

Die Haut ist in ständiger Erneuerung begriffen. Neue Haut entsteht auf der Unterseite der Oberhaut, wo sich ständig Hautzellen teilen. Die neu entstandenen Zellen drücken die älteren nach oben zur Oberfläche. Bis sie dort angelangt sind, vergehen drei bis vier Wochen, dann sind die Zellen abgestorben und flachgedrückt. Die toten Zellen werden an der Oberfläche ständig abgestoßen und durch neue Hautzellen ersetzt, die von unten, aus der sogenannten Keimschicht, nachwachsen.

Warum ist Haut so widerstandsfähig?

Eine elastische Substanz namens Keratin macht die Hautzellen hart und undurchlässig, so daß sie eine gute Schutzschicht gegen Krankheitserreger bilden. Die neuen Hautzellen füllen sich auf ihrem Weg an die Oberfläche immer mehr mit Keratin. Elastisch wird die Haut durch dehnbare Proteinfasern in der Lederhaut. Besonders widerstandsfähig ist sie an Händen und Füßen.

Wozu dienen die Talgdrüsen in der Haut?

Der Talg, den die Talgdrüsen in der Haut produzieren, bedeckt Haut und Haare und hält sie geschmeidig. Außerdem enthält er Stoffe, die Krankheitserreger abtöten.

Ist die Haut wirklich wasserdicht?

Ja, dafür sorgt der Talg auf der Hautoberfläche. Wenn man allerdings zu lange in der Badewanne bleibt, wird diese wasserdichte Schicht abgewaschen. Dann sickert Wasser in die Oberhaut, so daß sie Runzeln bildet. Nach dem Abtrocknen stellt sich der Normalzustand wieder ein.

Warum muß die Haut wasserdicht sein?

Die Haut muß wasserdicht sein, damit das darunterliegende Gewebe geschützt ist und damit die Flüssigkeiten aus dem Körper nicht entweichen können.

Wenn Wasser die Fettschicht auf der Haut durchdringt, entstehen Schwellungen und Falten.

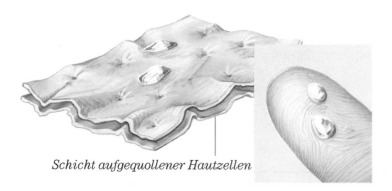

Schicht aufgequollener Hautzellen

Wie sorgt die Haut für Kühlung?

Wenn einem warm wird, schwitzt man stärker, und der verdunstende Schweiß sorgt für Kühlung. Gleichzeitig erweitern sich die kleinen Blutgefäße in der Lederhaut, so daß mehr warmes Blut an die Oberfläche gelangt und Wärme an die Luft abgeben kann.

Wie hält die Haut uns warm?

Wenn man friert, verengen sich die Blutgefäße in der Lederhaut, so daß weniger Wärme an die Körperoberfläche gelangt. Außerdem richten sich am ganzen Körper feine Haare auf, so daß eine warme Luftschicht am Körper festgehalten wird.

Die Hautfarbe hängt von der Pigmentmenge in der Oberhaut ab.

Was ist Melanin?

Melanin ist ein dunkelbrauner Farbstoff (Pigment) in der Haut. Er wird von den Melanocyten gebildet, besonderen Pigmentzellen an der Unterseite der Oberhaut. Melanin schützt die Haut vor der gefährlichen Ultraviolettstrahlung der Sonne.

Warum haben die Menschen unterschiedliche Hautfarben?

Die Hautfarbe hängt davon ab, wieviel Melanin die Oberhaut enthält. Farbige Menschen besitzen viel Melanin. Bei Weißen ist es in geringerer Menge vorhanden, und kleine Blutgefäße unter der Hautoberfläche geben ihr ihre rosa Färbung. Menschen mit gelblicher Haut besitzen Karotin, ein weiteres Pigment, in größerer Menge.

Woraus besteht Schweiß?

Schweiß besteht aus Wasser, Salzen und geringen Mengen von Abfallsubstanzen des Körpers. An einem sehr heißen Tag kann der Körper bis zu zehn Liter Schweiß ausscheiden, darin sind dann etwa 30 Gramm Salz gelöst. Durch Trinken wird der Flüssigkeitsverlust ausgeglichen.

Woher kommt der Schweiß?

Schweiß entsteht in Drüsen in der Lederhaut und wird durch winzige Öffnungen, die Poren, nach außen geleitet. Besonders viele Schweißdrüsen liegen unter den Armen, in der Leistenbeuge sowie auf Handflächen, Fußsohlen und Gesicht.

Was ist ein Bluterguß?

Ein Bluterguß oder blauer Fleck entsteht, wenn winzige Blutgefäße in der Haut reißen. Die Ursache ist meist ein starker Schlag, Stoß oder Fall, eine Verrenkung, Verstauchung oder ein Knochenbruch. Da die Haut fester ist als das darunterliegende Gewebe, können die Blutgefäße Schaden nehmen, ohne daß die Haut selbst verletzt ist. Das Blut sickert aus den Blutgefäßen in das sie umgebende Gewebe und färbt es dunkel. Oft sind Blutergüsse schmerzhaft und geschwollen. Kalte Umschläge bringen Linderung.

Warum ändert ein Bluterguß die Farbe?

Ein Bluterguß ist zunächst bläulichrot, später wird er blau, grün und gelb, um schließlich zu verschwinden. Die Farbänderung entsteht, weil das Blut abgebaut und aus dem Gewebe beseitigt wird. Der Blutfarbstoff Hämoglobin ist zunächst sauerstoffarm und deshalb bläulichrot. Im Verlauf einiger Tage oder Wochen wird er in grüne und gelbe Farbstoffe zersetzt und schließlich vollständig vom Organismus aufgenommen oder resorbiert.

Wie heilt die Haut?

Hautverletzungen heilen von selbst. Wenn man sich zum Beispiel geschnitten hat und blutet, bildet sich kurz darauf ein Wundverschluß, der weiteren Blutverlust verhindert. Er trocknet zu einer Kruste und verhindert, daß Krankheitserreger in die Wunde eindringen können. Unter der Kruste wachsen in der Zwischenzeit neue Hautzellen um die Wunde herum. Wenn die Wunde verheilt ist, fällt die Kruste schließlich ab.

Die Haut produziert zwar das schützende Melanin, das sie dunkler macht, zuviel Sonnenlicht ist dennoch schädlich: Es kann Hautkrebs erzeugen.

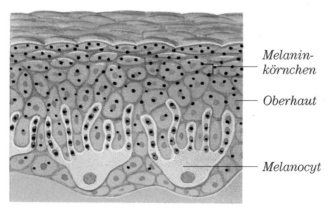

Melanin-körnchen

Oberhaut

Melanocyt

Ein Bluterguß entsteht, wenn Blut aus einem beschädigten Blutgefäß in das umliegende Gewebe sickert.

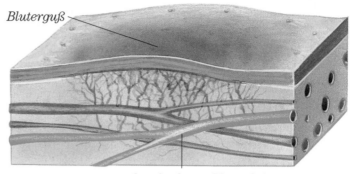

Bluterguß

beschädigtes Blutgefäß

Warum bekommt die Haut Falten?

Wenn man älter wird, sitzt die Haut weniger straff am Körper. Bei jungen Menschen ist sie elastisch und nimmt nach einer Dehnung wieder die Ausgangsform an. Ab etwa dem dreißigsten Lebensjahr wird die Haut trockener, dünner und weniger elastisch. In höherem Alter entstehen Falten und Runzeln.

Wie dick ist die Haut?

Die Dicke der Haut hängt davon ab, wie elastisch sie sein muß und gegen welche Belastungen sie schützen muß. An den Augenlidern ist die Haut nur 0,5 Millimeter dick; an den meisten übrigen Körperteilen sind es zwei Millimeter, an den Handflächen drei und an den Fußsohlen bis zu sechs Millimeter.

Was ist Gänsehaut?

Die sogenannte Gänsehaut ist eine Reaktion des Körpers auf Kälte. Wenn es kalt ist, richten sich die Körperhaare auf, um eine warme Luftschicht an der Haut festzuhalten. Die winzigen Muskeln, die dafür zuständig sind, ziehen sich zusammen, und es entstehen kleine Hauterhebungen, die Gänsehaut.

Wie wird die Haut braun?

Bei starker Sonnenbestrahlung produziert die Haut mehr Melanin zum Schutz vor der ultravioletten Strahlung. Das Melanin verteilt sich in Form winziger schwarzer Körnchen in der Oberhaut. Dadurch wird die Haut dunkler, und Sonnenbräune entsteht. In der Sonne werden Menschen aller Hautfarben dunkler.

Wieviel Haut besitzt ein Mensch?

Könnte man die Haut eines achtjährigen Kindes ausbreiten, würde sie eine Fläche von 1,5 Quadratmetern bedecken und etwa drei Kilogramm wiegen. Beim Erwachsenen sind es durchschnittlich zwei Quadratmeter und ungefähr vier Kilogramm.

Wozu haben wir Fingernägel?

Die Fingernägel sind eine feste Stütze für die Haut, wenn wir etwas festhalten oder berühren. Außerdem ermöglichen sie besondere Tätigkeiten wie z.B. das Lösen von Knoten. Die Fingernägel entsprechen den Klauen und Krallen der Säugetiere, Vögel und Kriechtiere.

Woraus bestehen die Nägel?

Nägel bestehen aus abgestorbenen Zellen, die Keratin enthalten, das gleiche Protein, das sich auch in der Oberhaut findet. Die Nägel entstehen im Nagelbett, das waagerecht unter der Haut liegt. Der wachsende Nagel schiebt sich über das Nagelbett bis zur Fingerspitze. Er sieht zum größten Teil rosa aus, weil die darunterliegenden Blutgefäße hindurchscheinen. Nagelveränderungen können durch Nagelerkrankungen verursacht sein, aber auch auf krankhafte Vorgänge im Organismus hinweisen.

Wie schnell wachsen die Nägel?

Nägel wachsen etwa 0,1 Millimeter am Tag, das sind rund drei Millimeter im Monat. Fingernägel wachsen im allgemeinen schneller als Zehennägel. Da sie aus totem Material bestehen und keine Nervenenden enthalten, kann man sie schmerzlos abschneiden.

Unter dem weißen Halbmond am Fingernagel liegt eine Zellschicht, die den Nagel in gerader Richtung herauswachsen läßt.

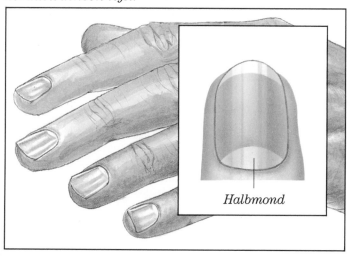

Halbmond

Wie entstehen Pickel?

Viele Jugendliche bekommen Pickel auf der Haut, das liegt an der erhöhten Talgproduktion. Der Talg, der die Haut elastisch hält, wird während der Pubertät in größerer Menge produziert. Manchmal verstopft er die Drüsen, die sich dann oft entzünden, und dabei entstehen Pickel.

Fingerabdrücke

Bogen   *Schleife*

Wirbel   *Mischform*

links: Einige häufige Fingerabdruckmuster. Um die eigenen Fingerabdrücke zu nehmen, drückt man die Finger auf ein Stempelkissen und dann auf ein sauberes Blatt Papier.

Gibt es Leute mit identischen Fingerabdrücken?

Nein. Die Fingerabdrücke sind selbst bei eineiigen Zwillingen verschieden. Sie entstehen durch winzige Hautleisten auf den Fingerspitzen und ändern sich auch nach einer Verletzung nicht.

Was ist ein Albino?

Ein Albino ist ein Mensch, dessen Haut kein Melanin enthält. Dehalb sind die Haare weiß, die Haut ist hell oder rosa, und die Augen sind rot. Albinos sind sehr lichtempfindlich, weil die Haut sich ohne Melanin nicht gegen Sonne schützen kann.

Was geschieht beim Erröten?

Erröten ist eine Nervenreaktion, die zur Erweiterung der winzigen Hautblutgefäße führt. Dadurch fließt mehr Blut durch die Haut, und man wird rot.

Was sind Sommersprossen?

Sommersprossen sind kleine Hautflecke, die besonders viel Melanin enthalten. Sie finden sich meist auf Gesicht und Armen und sind ungefährlich.

Haare

Woraus bestehen Haare?

Ein Haar besteht aus zwei Teilen, dem Haarschaft und der Haarwurzel. Die Haarwurzel sitzt in der Lederhaut und ist von einer kleinen Hülle umgeben, dem Haarbalg. Der Haarschaft enthält das Pigment, das die Haarfarbe bestimmt.

Wozu brauchen wir Haare?

Haare vermindern den Wärmeverlust des Körpers, weil sie eine warme Luftschicht an der Haut festhalten können. Besonders nützlich sind die Haare auf dem Kopf – dort würden wir sonst viel Wärme verlieren. Außerdem schützen sie die Kopfhaut vor der Sonnenstrahlung. Die Lunge wird von Haaren saubergehalten: Sie sitzen in der Nase und in der Luftröhre und filtern Staub- und Schmutzteilchen aus der Luft.

Warum gibt es verschiedene Haarfarben?

Die Haarfarbe hängt von der jeweiligen Pigmentmischung ab. Die Zellen, aus denen die Haare entstehen, produzieren schwarze, rote und gelbe Farbstoffe. Bei dunkelhaarigen Menschen herrscht das schwarze Pigment vor, bei blonden ist das gelbe in besonders großer Menge vorhanden.

Wie entstehen Locken?

Ob Haare glatt, gewellt oder gelockt sind, hängt von der Form der Haarbälge ab, aus denen sie wachsen. Glatte Haare stammen aus runden, wellige aus ovalen und gelockte aus flachen Haarbälgen.

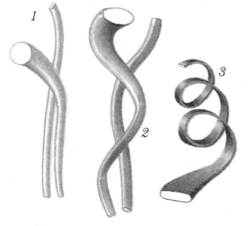

1 runder Haarbalg

2 ovaler Haarbalg

3 flacher Haarbalg

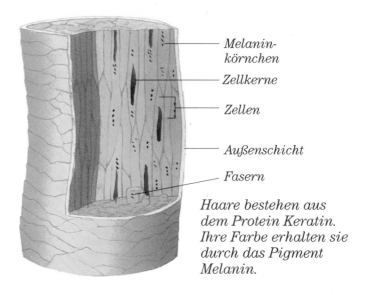

Melaninkörnchen

Zellkerne

Zellen

Außenschicht

Fasern

Haare bestehen aus dem Protein Keratin. Ihre Farbe erhalten sie durch das Pigment Melanin.

Woraus bestehen Haare?

Haare bestehen aus Keratin, dem gleichen Material, das auch Nägel und Haut aufbaut. Die Haare selbst leben nicht, aber sie entstehen aus den lebenden Zellen der Haarbälge. Dort schieben neue Zellen ständig ihre Vorgänger nach oben, so daß das Haar länger wird.

Wer hatte die längsten Haare?

Den Rekord hält der Mönch Swami Pandarasannadhi aus Madras in Indien. Sie waren bei seinem Tod 8,80 Meter lang!

Warum werden Haare grau?

Haare werden grau, weil manche von ihnen mit zunehmendem Alter die Pigmente verlieren. Die so entstehende Mischung aus weißen und pigmenthaltigen Haaren sieht grau aus. Ist überhaupt kein Pigment mehr vorhanden, werden die Haare schließlich weiß. Die Neigung zum Grauwerden ist erblich, deshalb ergrauen manche Menschen früher als andere.

Wie kräftig sind Haare?

Haare sind sehr reißfest. Ein Seil aus etwa 1000 Haaren könnte das Gewicht eines erwachsenen Menschen tragen.

Wie viele Haare hat ein Mensch?

Allein auf dem Kopf haben die meisten Menschen etwa 100 000 Haare.

Wie entsteht Haarausfall?

Beim Haarausfall verliert man mehr Haare als gewöhnlich. Oft gibt es keine genaue Ursache, aber manchmal entsteht er durch bestimmte Medikamente, beispielsweise bei einer Tumorbehandlung. Gelegentlich bekommen Menschen auch Haarausfall, wenn sie gestreßt sind oder einen starken Schock erlitten haben. Meist wachsen die Haare später von selbst wieder nach.

Wozu dienen die Wimpern?

Die Wimpern am oberen und unteren Lidrand schützen die Augen. Sie verhindern, daß Staub und andere Teilchen auf die empfindliche Augenoberfläche gelangen und sie reizen oder verletzen. Die Augenbrauen dienen insbesondere der Mimik, darüberhinaus schützen sie die Augen von Blendung, Schmutz und Staub.

Warum haben Männer einen Bart?

In der Pubertät werden die Haare auf Kinn und Oberlippe bei Jungen dicker. Wenn man sich nicht rasiert, wächst ein Vollbart. Ursache ist das männliche Geschlechtshormon Testosteron, das die Haarbälge im Gesicht aktiviert.

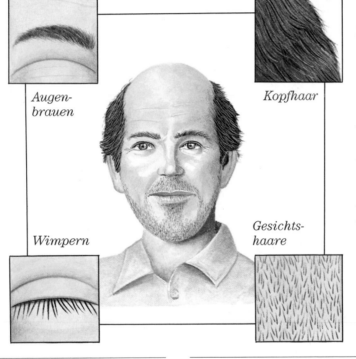

Augen-
brauen

Wimpern

Kopfhaar

Gesichts-
haare

Wie schnell wachsen die Haare?

Haare wachsen etwa einen Zentimeter im Monat. Das Haareschneiden hat keinen Einfluß auf die Wachstumsgeschwindigkeit. Ein einzelnes Haar kann bis zu sechs Jahren wachsen und einen Meter lang werden. Anschließend fällt es meist aus, und ein anderes Haar nimmt seinen Platz ein. Jeder Mensch verliert täglich zwischen 50 und 100 Haaren, die aber ständig ersetzt werden.

Warum werden Männer kahl?

Bei manchen Männern beeinflußt vermutlich das Testosteron die Haarbälge. Der Haarwuchs verlangsamt sich oder bleibt ganz aus, so daß ausgefallene Haare nicht mehr ersetzt werden können. Der Haarwuchs geht aber nicht ganz verloren: Auf der Glatze wachsen dünne, kurze Härchen, die man nur bei genauem Hinsehen erkennt.

Haare befinden sich fast überall am Körper, aber gut sichtbar sind sie nur an wenigen Stellen. Sie schützen zum Beispiel Kopfhaut und Augen. Die Körperbehaarung nimmt mit der Pubertät zu, vor allem in den Achselhöhlen und in der Schamgegend. Bei Männer wachsen Haare auch im Gesicht. Ohne Rasur entsteht daraus ein Bart.

Was ist ein Mitesser?

Ein Mitesser ist ein verstopfter, mit Krankheitserregern infizierter Haarbalg. Weiße Blutzellen greifen die Erreger an, und an der Spitze des Mitessers bildet sich weißer oder gelber Eiter.

Was sind Nissen?

Nissen sind die Eier der Kopflaus. Man bekommt sie durch Körperkontakt mit einer infizierten Person oder durch gemeinsame Benutzung eines Kamms oder einer Mütze. Medizinisches Shampoo beseitigt Nissen und Läuse schnell und problemlos.

Was sind Schuppen?

Schuppen sind abgestorbene Hautteilchen, die sich von der Kopfhaut lösen. Oft entstehen sie, weil die Kopfhaut zuviel oder zuwenig Talg produziert. Dagegen helfen medizinische Shampoos.

Welche Tiere leben in Haaren?

In unseren Kopfhaaren, Augenbrauen, Wimpern und sonstiger Körperbehaarung leben die winzigen Haarbalgmilben. Ihr Lebensraum sind die Haarbälge und Talgdrüsen. Sie ernähren sich von abgestorbenen Hautzellen und sind im übrigen völlig ungefährlich.

NERVEN UND SINNE

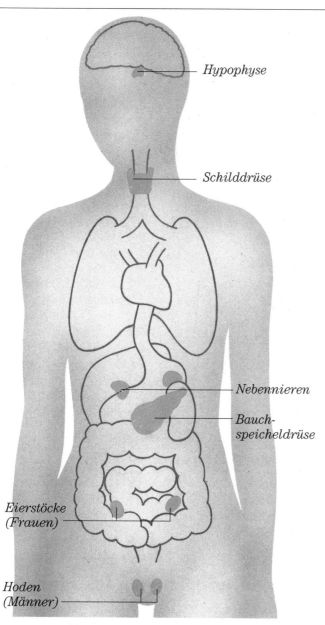

Hypophyse

Schilddrüse

Nebennieren

Bauch-
speicheldrüse

Eierstöcke
(Frauen)

Hoden
(Männer)

Die Hormondrüsen setzen chemische Botenstoffe ins Blut frei, die zur Koordination der Körpervorgänge beitragen.

Was ist Koordination?

Koordination ist das Wechselspiel der verschiedenen Abläufe im Körper. Zum Beispiel sind Herzschlag und Atemgeschwindigkeit nicht unabhängig voneinander. Bei Anstrengungen beschleunigen sich beide, so daß der Sauerstoff schneller zu den Muskeln gelangt.

Wie werden die Abläufe im Körper koordiniert?

Zur Koordination seiner Tätigkeiten hat der Körper zwei Systeme. Im Nervensystem laufen elektrische Signale vom Gehirn in alle Körperteile. Im endokrinen System, auch Hormonsystem genannt, wandern chemische Botenstoffe, die Hormone, mit dem Blut durch den Körper.

Was sind Hormone?

Hormone sind Substanzen, die an einer Stelle des Körpers gebildet werden und an einer anderen wirken. Das Hormon Insulin entsteht zum Beispiel in der Bauchspeicheldrüse und beeinflußt die Funktion der Leber und anderer Gewebe.

Wie viele Hormone gibt es?

Es gibt weit über 30 verschiedene Hormone. Sie werden in den sogenannten endokrinen Drüsen gebildet, die in Kopf, Hals und Rumpf liegen.

Wie wirken die Hormone?

Hormone wirken sich stark auf viele Körpervorgänge aus, vom Wachstum bis zur Funktion des Fortpflanzungssystems. Auch zur Steuerung der Verdauung, der Urinproduktion und der allgemeinen Körperaktivität tragen sie bei.

Wie beeinflussen Hormone das Wachstum?

Die Körpergröße wird von einem Hormon gesteuert, das in der Hirnanhangdrüse (Hypophyse) entsteht. Je mehr davon gebildet wird, desto größer wird der Mensch. Kindern, die zuviel oder zuwenig davon besitzen, kann man heute mit Medikamenten zu einer normalen Größe verhelfen.

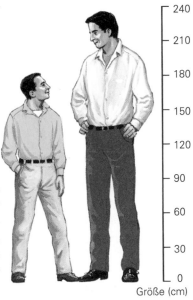

Größe (cm)

Menschen mit viel Wachstumshormon werden überdurchschnittlich groß.

Welches ist die wichtigste Drüse?

Am wichtigsten ist die Hypophyse, die Hirnanhangdrüse, denn die von ihr gebildeten Hormone steuern die meisten anderen Hormondrüsen.

Machen Hormone uns aktiv?

Ja. Am wichtigsten für die Aktivität ist das Thyroxin, ein Hormon, das in der Schilddrüse im Hals entsteht. Es bestimmt, wie schnell die Körperzellen aus der Nahrung Energie gewinnen. Ein Mensch, der zuviel Thyroxin produziert, wird mager und überaktiv.

Welche Aufgabe hat das Insulin?

Insulin steuert die Konzentration des Zuckers (Glucose) im Blut. Sie steigt nach dem Essen an, weil Zucker aus der Nahrung freigesetzt wird. Der Körper bildet mehr Insulin, damit die Zuckerkonzentration nicht zu hoch wird.

Wie reguliert Insulin den Blutzucker?

Nach dem Essen sorgt das Insulin dafür, daß die Leber den Zucker in Form von Stärke (Glycogen) speichert. Bei sinkendem Blutzuckerspiegel wird weniger Insulin erzeugt, und die Leber setzt Zucker (Glucose) frei, damit der Körper daraus Energie gewinnen kann.

Was ist die Zuckerkrankheit?

Bei der Zuckerkrankheit, auch Diabetes genannt, erzeugt der Körper zu wenig Insulin, und deshalb wird der Blutzuckerspiegel nicht mehr richtig gesteuert. Er steigt unter Umständen nach dem Essen zu stark an, so daß Glucose mit dem Urin ausgeschieden wird. Ein andermal sinkt er vielleicht zu stark ab; dann wird der Betreffende bewußtlos.

Wie behandelt man die Zuckerkrankheit?

Zur Behandlung dienen Insulininjektionen oder -tabletten und eine strenge Diät.

Was ist die „Flüchten-oder-Kämpfen"- Reaktion?

Bei Angst oder Aufregung produzieren die Nebennieren ein Hormon namens Adrenalin, das den Körper auf Aktivität vorbereitet. Herzschlag und Atmung beschleunigen sich, und in die Arm- und Beinmuskeln fließt mehr Blut. Diese Reaktion nennt man „Flüchten oder Kämpfen": Der Körper bereitet sich auf Verteidigung oder Flucht vor.

Blutzuckerspiegel steigt

normaler Blutzuckerspiegel

Blutzuckerspiegel steigt nach dem Essen

Leber baut Glycogen zu Glucose ab und setzt sie frei

Leber

Bauchspeicheldrüse produziert Insulin

Bauchspeicheldrüse produziert weniger Insulin

Leber speichert Glucose als Glycogen

Bauchspeicheldrüse

Blutzuckerspiegel sinkt zu stark ab

normaler Blutzuckerspiegel

Blutzuckerspiegel sinkt

Die Leber steuert die Zuckermenge im Blut durch das Hormon Insulin, das in der Bauchspeicheldrüse entsteht.

Nervensystem

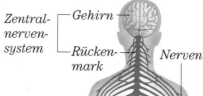

Zentral-
nerven-
system
— Gehirn
— Rücken-
mark
Nerven

Woraus besteht das Nervensystem?

Das Nervensystem besteht aus vielen Milliarden Nervenzellen, die elektrische Signale durch den Körper tragen. Es hat zwei Hauptteile: Das Zentralnervensystem (ZNS), dazu gehören Gehirn und Rückenmark, und das periphere Nervensystem (PNS), das alle Nerven, die vom Zentralnervensystem ausgehen, umfaßt.

Das Nervensystem ist ein Nachrichtennetz. Es trägt dazu bei, daß alle Körperteile reibungslos zusammenarbeiten.

Wo liegt das Rückenmark?

Das Rückenmark erstreckt sich von der Unterseite des Gehirns bis in den unteren Rücken. Es ist ein Strang aus Nervengewebe und wirkt wie eine Schaltstation, die das Gehirn mit den anderen Nerven im Körper verbindet, vom Hals bis zu den Zehen. Das Rückenmark wiegt nur etwa 25 Gramm. Damit es nicht beschädigt wird, liegt es im Inneren der Wirbel, die übereinandergeschichtet sind und das Rückgrat bilden. Rückenmarksverletzungen führen je nach Schwere zu einzelnen Nervenausfällen mit der Folge von Sensibilitätsstörungen oder Lähmungen

Wie viele Nerven hat ein Mensch?

Vom Gehirn zu den Muskeln und Sinnesorganen im Kopf verlaufen 24 große sogenannte Hirnnerven. Sie versorgen unter anderem Augen, Nase und Ohren. Weitere 62 Nerven, Spinalnerven genannt, gehen paarweise vom Rückenmark aus und erstrecken sich in weiten Verästelungen in die übrigen Körperteile.

Wie sehen Nervenzellen aus?

Jede Nervenzelle, auch Neuron genannt, hat einen runden Zellkörper mit dem Zellkern. Von ihm geht das Axon aus, ein langer Fortsatz, der sich am Ende verzweigt und Nachrichten an die nächste Zelle weitergibt. Außerdem hat jede Nervenzelle kürzere Äste, die Dendriten, die Impulse von anderen Nervenzellen aufnehmen.

Sind alle Nervenzellen gleich?

Nein, es gibt drei Haupttypen: motorische, sensorische und verbindende Nervenzellen. Sie unterscheiden sich in Form, Lage und Funktion.

Was tun motorische Nervenzellen?

Motorische Nervenzellen leiten Signale von Gehirn und Rückenmark (dem Zentralnervensystem) zu den Muskeln und Drüsen im Körper.

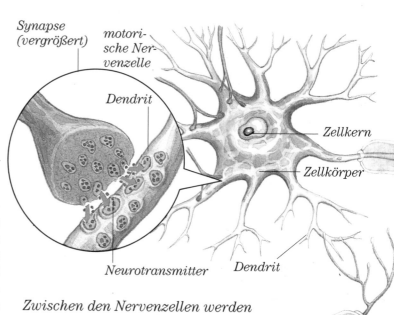

Synapse (vergrößert)
motori-
sche Ner-
venzelle
Dendrit
Zellkern
Zellkörper
Neurotransmitter
Dendrit

Zwischen den Nervenzellen werden die Nervenimpulse als chemische Signale übertragen. Sie werden von den Dendriten aufgenommen und als elektrische Impulse ins Axon geleitet.

Wie wandert eine Nachricht den Nerv entlang?

Eine Nervenzelle nimmt mit einem Dendriten den Impuls auf. Er wandert als schwacher elektrischer Strom durch die Zelle und wird am Ende des Axons an die nächste Zelle weitergegeben.

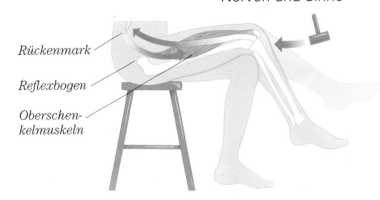

Wie wird eine Nachricht weitergegeben?

Die Nervenzellen berühren einander nicht ganz. Zwischen ihnen liegt ein kleiner Zwischenraum, die Synapse. Diesen Spalt überspringt ein Nervenimpuls nicht als elektrischer Impuls, sondern als chemisches Signal. An den Enden des Axons liegen kleine Verdickungen, und wenn dort ein Impuls ankommt, wird eine Substanz freigesetzt, der Neurotransmitter, der in den Spalt fließt. Er regt die nächste Zelle an, wiederum einen elektrischen Impuls zu erzeugen, so daß die Nachricht weitergeleitet wird. Auf diesem Weg gelangen die Informationen ins Gehirn.

Wie schnell wandert ein Impuls durch den Nerv?

Ein Nervenimpuls kann mit 360 km/h an der Nervenfaser entlangwandern, das sind 100 Meter pro Sekunde. Wenn er Synapsen überspringen muß, wird er jedoch langsamer.

Was tun sensorische Nervenzellen?

Sensorische Nervenzellen verbinden die Sinnesorgane mit dem Zentralnervensystem. Sie liefern dem Gehirn die Informationen, die zum Beispiel mit Augen und Ohren wahrgenommen werden.

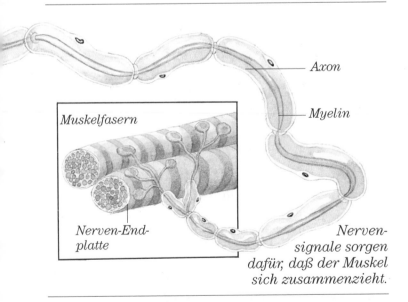

Nervensignale sorgen dafür, daß der Muskel sich zusammenzieht.

Wo liegen verbindende Nervenzellen?

Verbindende Nervenzellen, auch Interneuronen genannt, finden sich in Gehirn und Rückenmark. Sie verknüpfen motorische und sensorische Zellen und ermöglichen Entscheidungen.

Wenn man sitzt und leicht auf das gebeugte Knie schlägt, löst man den Kniesehnenreflex aus.

Was ist ein Reflex?

Ein Reflex ist eine Reaktion, die ohne Nachdenken abläuft. Wenn man z.B. mit der Hand etwas Heißes berührt, zieht man sie automatisch zurück, ohne erst lange zu überlegen. Die meisten Reflexe werden vom Rückenmark gesteuert, das Gehirn ist dabei kaum beteiligt.

Wie entsteht ein Reflex?

Ein Reflex wird von einem einfachen Nerven-Steuerkreis ausgelöst, dem sogenannten Reflexbogen. Er besteht meist aus fünf Teilen: Ein Sinnesrezeptor, z.B. ein Nervenende im Finger, nimmt zum Beispiel die Hitze wahr, die von einer heißen Herdplatte ausgeht. Dieser Reiz wandert über einen sensorischen Nerv zum Rückenmark, und dort leitet ihn eine verbindende Nervenzelle zu einer motorischen Zelle weiter. Diese sendet daraufhin ein Signal an die Muskeln, die Hand von der Herdplatte zurückzuziehen. Dieser Reiz-Reaktionsmechanismus erfolgt ohne Steuerung des Gehirns. Es ist eine automatische Reaktion, die hier abläuft.

Warum sind Reflexe nützlich?

Reflexe sind nützlich, weil sie vor Gefahren schützen. Reflexreaktionen laufen automatisch ab und vollziehen sich viel schneller als Tätigkeiten, die vom Gehirn gesteuert werden. Gute Reflexe haben, bedeutet, daß das Bewußtsein sich nicht ständig auf alle möglichen Gefahren konzentrieren muß. Müßte sich das Gehirn jede mögliche Gefahrensituation bewußt machen, würde viel von notwendiger Reaktionsgeschwindigkeit verlorengehen.

Sind die Nerven isoliert?

Ja. Die meisten Nervenfasern sind von Myelin umhüllt, einer fettähnlichen Substanz, die dafür sorgt, daß die elektrischen Impulse nicht entweichen.

Sehen

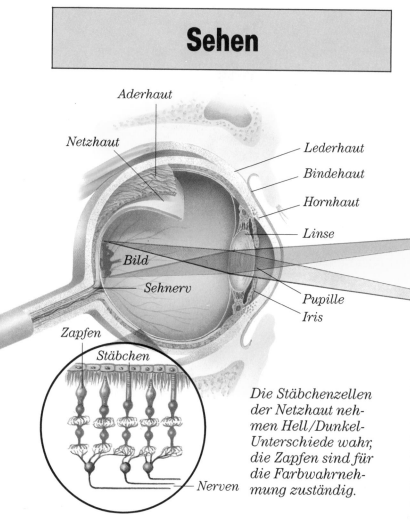

Aderhaut

Netzhaut

Lederhaut

Bindehaut

Hornhaut

Linse

Bild

Sehnerv

Pupille

Iris

Zapfen

Stäbchen

Nerven

Die Stäbchenzellen der Netzhaut nehmen Hell/Dunkel-Unterschiede wahr, die Zapfen sind für die Farbwahrnehmung zuständig.

Objekt

Lichtstrahlen

Die Augen sehen das Bild verkehrtherum. Im Gehirn wird es dann korrigiert.

Wie viele Sinne hat der Mensch?

Fünf: Sehen, Hören, Riechen, Schmecken und Tasten. Einen erwiesenen sechsten Sinn gibt es nicht.

Was ist ein Reiz?

Ein Reiz ist jede Einwirkung, die eine Reaktion des Körpers hervorruft. Die wichtigsten Reize in unserer Umwelt sind Licht, Schall, Wärme, Kälte, Berührung, Druck und chemische Substanzen. Mit Hilfe unserer Sinnesorgane nehmen wir die verschiedenen Reize wahr.

Wie funktionieren unsere Sinne?

Die Sinnesorgane, beispielsweise die Augen, enthalten besondere Zellen, die man Sinnesrezeptoren nennt. Sie leiten Informationen über die Umwelt an die Nervenzellen, die dann eine Nachricht an die Sinneszentren der Großhirnrinde schicken. Die Sinnesrezeptoren im Auge nehmen Reize in Form von Lichtstrahlen auf.

Wie sind die Augen aufgebaut?

Jedes Auge ist eine Kugel, die mit einer durchsichtigen, geleeartigen Substanz gefüllt ist. Vorn liegt eine transparente Hülle, die Hornhaut. Der farbige Teil des Auges, Iris oder Regenbogenhaut genannt, umgibt die dunkle Pupille, durch die das Licht in den Augapfel eindringt. Sechs Muskeln, die in der Augenhöhle befestigt sind, bewegen das Auge in alle Richtungen. Von der lichtempfindlichen Netzhaut auf der Augenrückseite aus läuft der Sehnerv zum Gehirn.

Wie funktionieren die Augen?

Lichtstrahlen dringen von außen in das Auge ein und fallen durch die Pupille auf die Linse. Die gewölbte Augenvorderseite und die Linse stellen das Bild scharf und werfen es auf die lichtempfindliche Netzhaut. Auf der Netzhaut liegen etwa 125 Millionen Netzhautzellen. Sie leiten die empfangene Nachricht als elektrischen Impuls über den Sehnerv ans Gehirn.

Sehen wir die Welt verkehrtherum?

Nein, das Bild auf der Netzhaut steht zwar auf dem Kopf, weil die Lichtstrahlen entsprechend ins Auge fallen, aber das Gehirn stellt das Bild wieder auf die Füße, und erst dann „sehen" wir es.

Inwiefern ähnelt das Auge einer Kamera?

Kamera und Auge steuern die einfallende Lichtmenge. Beide besitzen eine Linse, die das Bild scharfstellt, und beide nehmen die Abbildung auf einer lichtempfindlichen Schicht auf: Bei der Kamera ist das der Film, beim Auge ist es die Netzhaut.

Wie entsteht die Augenfarbe?

Augen können braun, blau, grau oder grün gefärbt sein, oder die Farbe liegt irgendwo dazwischen. Die Augenfarbe hängt davon ab, wieviel Melanin die Iris enthält – bei braunen Augen ist es mehr als bei blauen. Bei Albinismus fehlt das Melanin ganz.

Woraus besteht die Netzhaut?

Die Netzhaut besteht aus etwa 125 Millionen lichtempfindlicher Zellen, den Stäbchen, und ungefähr 7 Millionen Zellen, die man Zapfen nennt. Die Stäbchen sprechen auf Helligkeit an, die Zapfen nehmen die Farbe des Lichtes wahr. Die Stäbchen sitzen hauptsächlich an den Seiten der Netzhaut, die Zäpfchen meist im Zentrum.

Wie sieht man Farben?

Es gibt drei Arten von Zapfen, die auf Rot, Blau und Grün ansprechen. Andere Farben nehmen wir wahr, wenn Kombinationen von Zapfen gereizt werden. Werden beispielsweise Zapfen für Rot und Grün in gleicher Anzahl aktiviert, interpretiert das Gehirn die Mischung als Gelb. Wenn für alle drei Grundfarben ein bestimmtes Mischungsverhältnis gegeben ist, wird Weiß empfunden.

Kann man bei schwachem Licht Farben erkennen?

Nein, bei schwachem Licht werden nur die Stäbchen aktiviert. Sie reagieren aber nur auf die Lichtmenge und nicht auf die Farben – daher das Sprichwort: „Nachts sind alle Katzen grau." Erst wenn ein Bereich des Gesichtsfeldes stärker erleuchtet wird, sprechen auch die Zapfen an, und man erkennt Farben.

Warum verändern die Pupillen ihre Größe?

Die Pupillen verändern ihre Größe, um mehr oder weniger Licht ins Auge zu lassen. Ist es hell, ziehen Muskeln die Pupille zusammen, damit das Auge nicht durch zuviel Licht geschädigt wird. Bei schwachem Licht erweitern andere Muskeln die Pupillen, so daß mehr Licht einfällt.

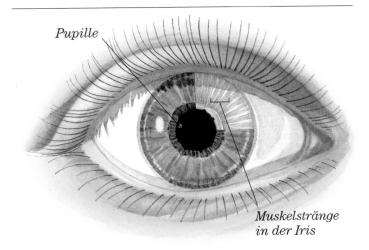

Pupille

Muskelstränge
in der Iris

Was ist Farbenblindheit?

Einem Farbenblinden erscheinen manche Farben grau. Die häufigste Form ist die Rotgrünblindheit, bei der die rot- oder grünempfindlichen Zapfen nicht richtig funktionieren. Solche Menschen können Rot, Grün und Braun nur schwer unterscheiden. Betroffen ist etwa jeder zwölfte Mann. Bei Frauen ist die Krankheit erheblich seltener. Farbenblinde Menschen sind für manche Berufe weniger gut geeignet und im Straßenverkehr häufig gefährdet.

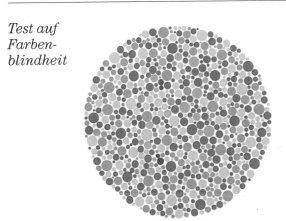

Test auf Farbenblindheit

Wie stellt man Farbenblindheit fest?

Die Farbenblindheit stellt man mit besonderen Farbtafeln fest, auf denen sich ein Muster aus Punkten befindet. Ein Farbenblinder kann die Zahl auf der hier gezeigten Abbildung nicht erkennen.

Wie viele Farben können wir sehen?

Das menschliche Auge ist so empfindlich, daß es unter optimalen Bedingungen zehn Millionen verschiedene Farbtöne unterscheiden kann.

Bei hellem Licht verkleinern die Irismuskeln automatisch die Pupille, um die empfindliche Netzhaut zu schützen.

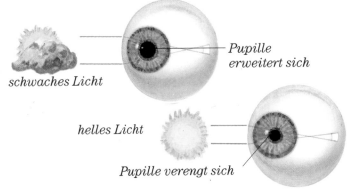

schwaches Licht

Pupille erweitert sich

helles Licht

Pupille verengt sich

Was ist das Gesichtsfeld?

Die Augen überblicken einen Winkel von etwa 200 Grad, das ist etwas mehr als ein Halbkreis. Diesen Bereich nennt man Gesichtsfeld. Räumlich sehen wir in einem Winkel von fast 140 Grad. In dieser Region überschneiden sich die Gesichtsfelder des rechten und linken Auges.

Warum sind zwei Augen besser als eines?

Die Tatsache, daß wir zwei Augen haben, verschafft uns drei Vorteile. Erstens haben zwei Augen ein größeres Gesichtsfeld. Zweitens stehen die Augen etwa sechs Zentimeter auseinander und sehen Gegenstände deshalb aus etwas unterschiedlichen Winkeln. Das Gehirn macht aus diesen Eindrücken dann ein räumliches Bild. Und schließlich hilft die Fähigkeit zum räumlichen Sehen beim Abschätzen von Entfernungen.

rechte Gesichts-feldhälfte

linke Gesichts-feldhälfte

Bereich des räum-lichen Sehens

Durch das Zusammenwirken beider Augen kann das Gehirn Entfernung und Tiefe eines Gegenstandes einschätzen.

Warum tränen die Augen?

Die Augen tränen, wenn man traurig ist und weint oder wenn Schmutz oder Reizstoffe (zum Beispiel Rauch) ausgespült werden sollen. Normalerweise fließt die Tränenflüssigkeit ungefähr ebenso schnell ab, wie sie entsteht. Wird sie jedoch in größerer Menge gebildet, staut sie sich an, und es entstehen Tränen.

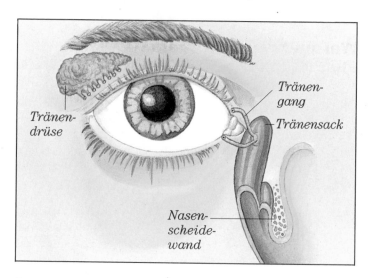

Die Tränendrüsen produzieren die Tränenflüssigkeit genauso schnell, wie sie durch den Tränengang abfließt.

Warum glänzen die Augen?

Die Tränenflüssigkeit hält die Augäpfel blank und feucht. Sie entsteht ständig in einer besonderen Drüse unmittelbar über dem Augapfel. Tränenflüssigkeit enthält bakterientötende Substanzen sowie Nährstoffe und Sauerstoff zur Versorgung der Hornhaut. Sie fließt vom Auge durch den winzigen Tränenkanal im Augenwinkel ab und gelangt schließlich in die Nasenhöhle.

Warum blinzelt man?

Das Blinzeln schützt die Augen. Bei jedem Lidschlag wirken die Augenlider wie Scheibenwischer: Sie verteilen die reinigende Tränenflüssigkeit auf dem Auge, so daß es feucht und sauber bleibt. Außerdem blinzelt man automatisch, wenn ein Gegenstand dem Auge zu nahe kommt oder wenn es durch Staub gereizt wird.

Wie oft blinzelt man?

Im Durchschnitt blinzelt ein Mensch sechsmal in der Minute. Das ist auf das ganze Leben gerechnet fast ein Jahr! Man blinzelt seltener, wenn man sich konzentriert, und öfter, wenn man müde ist.

Wie wird das Sehvermögen geprüft?

Optiker und Augenärzte testen die Sehschärfe, indem sie Buchstaben- und Zahlenreihen, die unterschiedlich groß sind, von einer Wandtafel ablesen lassen. Dabei wird die Sehschärfe beider Augen getrennt voneinander ermittelt. Einige Sehfehler entdeckt man nur durch eine Untersuchung des Augenhintergrundes.

Warum brauchen manche Menschen eine Brille?

Eine Brille ist erforderlich, wenn die Linse des Auges das Bild nicht richtig auf der Netzhaut scharfstellen kann. Man sieht dann alles verschwommen und muß den Fehler mit der Brille ausgleichen.

Wie stellt das Auge ein Bild scharf?

Damit das Auge ein scharfes Bild wahrnimmt, muß es die Lichtstrahlen von einem Gegenstand beugen und auf die Netzhaut werfen. Um unterschiedlich weit entfernte Gegenstände abzubilden, verformt sich die Linse im Auge: Sie wird runder, wenn man einen Gegenstand in der Nähe betrachtet, und flacher, wenn der Gegenstand weiter entfernt ist.

kurzsichtig

Für den Kurzsichtigen verschwimmen die Preise am Blumenstand.

Was sieht ein Kurzsichtiger?

Kurzsichtige sehen nur in der Nähe scharf. Entferntes verschwimmt, weil das Bild vor der Netzhaut scharf abgebildet wird. Dies passiert, weil entweder die Brechung der Strahlen zu stark ist oder der Augapfel zu lang. Zum Ausgleich dient eine Brille mit konkaven Gläsern, die die Lichtstrahlen nach außen ablenken, so daß auf der Netzhaut ein scharfes Bild entsteht.

Ist Möhrenessen gut für die Augen?

Das kann durchaus sein. Möhren enthalten viel Vitamin A, und daraus entsteht ein Farbstoff der lichtempfindlichen Zellen im Auge, die Hell-Dunkel-Kontraste wahrnehmen. Wenn man nachts sehr schlecht sieht, kann sich der Zustand bessern, wenn man Möhren ißt.

Wie funktionieren Kontaktlinsen?

Kontaktlinsen sind dünne Kunststoffscheiben, die auf dem Auge liegen und wie Brillengläser wirken. Es gibt zwei Arten von Kontaktlinsen, harte und weiche: Weiche Linsen nehmen Wasser aus der Tränenflüssigkeit auf, harte tun das nicht. An weiche Linsen gewöhnt man sich schneller, und man kann sie länger tragen, aber sie sind oft auch teurer und empfindlicher als harte.

Was ist eine Lesebrille?

Bei vielen älteren Menschen wird die Linse im Auge härter und verliert dadurch ihre Naheinstellungsfähigkeit. Das heißt, daß sie auf kurze Entfernungen nicht mehr scharfstellen kann. Dann braucht man zum Lesen eine Brille mit konvexen Gläsern, die das Licht zur Netzhaut hin bündeln.

weitsichtig

Für den Weitsichtigen sind die Preise am Blumenstand leicht zu lesen.

Wie entsteht Weitsichtigkeit?

Eine häufige Ursache der Weitsichtigkeit ist ein zu kurzer Augapfel. Lichtstrahlen aus dem Nahbereich werden hinter der Netzhaut scharfgestellt, so daß ein verschwommenes Bild entsteht. Nur weit entfernte Gegenstände erscheinen scharf. Abhilfe schafft eine Brille mit konvexen Gläsern, die die Lichtstrahlen nach innen lenken. So entsteht auf der Netzhaut ein scharfes Bild.

Warum sammelt sich „Schlaf" in den Augen?

Auch beim Schlafen bewegen sich die Augäpfel, und wenn dabei Tränenflüssigkeit über das Auge fließt, sammeln sich Staub und Schleim in der Flüssigkeit an und setzen sich als „Sandkorn" im Augenwinkel ab.

Um den blinden Fleck zu finden, schließt man ein Auge und betrachtet das O. Man hält das Buch am ausgestreckten Arm und nähert es langsam den Augen, bis das X verschwindet.

Was ist die Aderhaut?

Die Aderhaut ist eine farbige Schicht zwischen dem Weißen des Auges und der Netzhaut. Die Farbstoffe nehmen das Licht aus der Netzhaut auf, so daß es nicht weiter in den Augenhintergrund eindringt. Blutgefäße versorgen die Netzhaut mit Nährstoffen und Sauerstoff.

Was ist der gelbe Fleck?

Der gelbe Fleck ist eine kleine Vertiefung in der Netzhaut gegenüber der Pupille mit der höchsten Anzahl von Sinneszellen. Er ist der Bereich des schärfsten Sehens, weil hier die beste Auflösung und Farbunterscheidung gelingt.

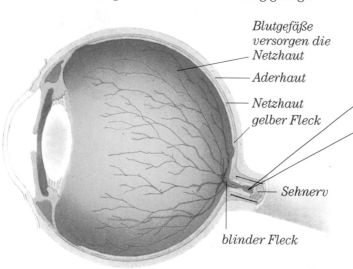

Blutgefäße versorgen die Netzhaut
Aderhaut
Netzhaut
gelber Fleck
Sehnerv
blinder Fleck

Kann man nicht nur Rechtshänder, sondern auch Rechtsäuger sein?

Ja, jeder Mensch benutzt ein Auge stärker als das andere. Um herauszufinden, welches Auge das stärkere ist, hält man z.B. einen Bleistift mit ausgestrecktem Arm und peilt einen entfernten Gegenstand an. Dann schließt man ein Auge und öffnet es wieder. Anschließend tut man das gleiche mit dem anderen Auge. Benutzt man beide Augen abwechselnd, scheint der Bleistift beim Schließen eines Auges hin- und herzuspringen: Dieses Auge ist das, das man am meisten benutzt.

Wo liegt der blinde Fleck?

Der blinde Fleck ist die Stelle auf der Augenrückseite, wo der Sehnerv das Auge verläßt. Dort befinden sich keine lichtempfindlichen Zellen. Normalerweise nehmen wir den blinden Fleck nicht wahr, weil die Gesichtsfelder der Augen einander ergänzen.

Wie schnell wandert eine Nachricht vom Auge zum Gehirn?

Wenn Lichtstrahlen auf die Netzhaut treffen, wandert der Reiz mit 480 Stundenkilometern über den Sehnerv zum Gehirn. Etwa zwei Tausendstelsekunden später entsteht dort das Bild.

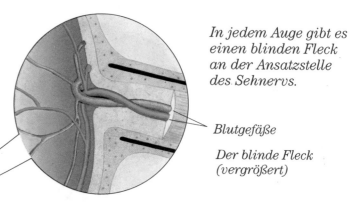

In jedem Auge gibt es einen blinden Fleck an der Ansatzstelle des Sehnervs.

Blutgefäße

Der blinde Fleck (vergrößert)

Wird ein Kind mit vollem Sehvermögen geboren?

Nein. Ein Neugeborenes kann nur Hell und Dunkel unterscheiden. Die Sehfähigkeit verbessert sich erst ganz allmählich. Kleinkinder müssen Gegenstände mit ausgestreckten Armen halten, um sie deutlich zu erkennen. Erst nach mehreren Monaten sind die Augen so koordiniert, daß sie sich gemeinsam bewegen. Die Sehfähigkeit wird bis zum achten Lebensjahr immer besser.

Was ist Hornhautverkrümmung?

Bei der Hornhautverkrümmung (Astigmatismus) ist die Hornhaut uneben, so daß man nicht scharf sieht. Manche Lichtstrahlen werden stärker abgelenkt als andere und fallen an der falschen Stelle auf die Netzhaut. Der Fehler läßt sich mit einer besonders angepaßten Brille ausgleichen.

Was ist Netzhautablösung?

Bei manchem Menschen löst sich ein Teil der Netzhaut ab. Das kann zu verschwommenem Sehen, dem Eindruck von Lichtblitzen und teilweiser Erblindung führen. Manchmal kann man den abgelösten Netzhautteil mit Lasertechnik wieder befestigen. Diese Krankheit befällt meist ältere Menschen, die an hochgradiger Kurzsichtigkeit leiden.

Was ist Sehschärfe 6/6?

Der Ausdruck „Sehschärfe 6/6" bezieht sich auf das Sehvermögen. Die Zahlen bezeichnen den Abstand von einer Wandtafel mit Sehzeichen. Der Wert 6/6 bedeutet, daß jemand eine Buchstabenreihe aus einer Entfernung von 6 Metern lesen kann. Das heißt, daß der Betreffende über die volle Sehschärfe verfügt, und daß dieselbe Reihe von einer anderen Person mit voller Sehschärfe ebenfalls aus 6 Metern Entfernung gelesen werden kann. Jemand mit dem Wert 6/12 sieht entsprechend schlechter: Er kann aus 6 Metern Entfernung nur eine Reihe lesen, die so groß ist, daß ein Normalsichtiger sie noch aus 12 Metern Entfernung deutlich erkennt.

Träumen blinde Menschen?

Ja, aber wer von Geburt an blind ist, setzt beim Träumen die anderen Sinnesorgane ein – Tasten, Hören, sogar Riechen und Schmecken.

Was ist Schielen?

Beim Schielen, auch Silberblick genannt, bewegen sich die Augen nicht parallel zueinander. Ursache kann ein unbeweglicher Augenmuskel sein. Wenn dann ein Auge wandert, blickt das zweite in eine andere Richtung. Deshalb erhält das Gehirn unterschiedliche Bilder, und um ihnen einen Sinn zu geben, nimmt es den Eindruck eines Auges nicht mehr wahr. Die Sehfähigkeit dieses Auges nimmt ab, und wenn man das Schielen nicht rechtzeitig behandelt, wird es nutzlos. Eine Augenklappe über dem gesunden Auge kann helfen, das Schielen zu korrigieren.

Wie entstehen die „Flecken", die man sieht, wenn man geblendet wird?

Diese Flecken sind Zellen und Zelltrümmer, die in der Tränenflüssigkeit schwimmen. Sie schwimmen über das Auge und sind völlig ungefährlich – normalerweise bemerkt man sie nicht.

Was ist grauer Star?

Beim grauen Star (Katarakt) wird die Augenlinse trüb. Man kann sie entfernen und manchmal durch eine Kunststofflinse ersetzen. Außerdem ist dann meist eine dicke Brille erforderlich. In Ländern, wo die Menschen schlecht ernährt sind, kommt der graue Star besonders häufig vor. Diese Augenkrankheit befällt meist ältere Menschen.

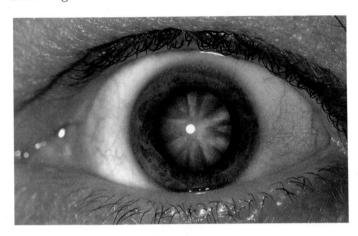

Der graue Star entwickelt sich über Jahre hinweg und tritt vorwiegend bei älteren Menschen auf.

Was ist grüner Star?

Beim grünen Star (Glaukom) wird die geleeartige Flüssigkeit im Auge so schnell gebildet, daß sie zu langsam abfließt. Im Auge entsteht ein Überdruck, der die Blutgefäße und Nerven in der Netzhaut schädigen kann. Die Folge ist Erblindung. Mit Augentropfen oder Tabletten kann man den Druckanstieg vermindern, manchmal ist jedoch auch eine Operation erforderlich. Die Ursache dieser ernsten Augenkrankheiten ist bis heute unbekannt.

Wie entsteht ein Gerstenkorn?

Ein Gerstenkorn entsteht, wenn eine Talgdrüse an einer Wimper von Bakterien infiziert wird. Zur Behandlung wird meist die Wimper entfernt, das Auge spült man mit warmem Wasser.

Was ist eine Bindehautentzündung?

Alle Teile des Auges können sich entzünden. Eine Bindehautentzündung ist eine Infektion oder Reizung der empfindlichen Bindehaut, die die Vorderseite des Auges bedeckt. Die Augen werden klebrig und rot, und oft schmerzen sie stark. In sehr schweren Fällen kann man die Bindehautentzündung mit Antibiotika behandeln.

Hören

Warum haben wir Ohrmuscheln?

Die Ohrmuschel ist der Teil des Ohrs, der außen am Kopf sitzt. Sie dient als Trichter und leitet den Schall in den Gehörgang und zu den inneren Hörorganen. Die Ohrmuschel besteht aus Haut und Knorpel. Sie ist so konstruiert, daß sie ihre ursprüngliche Form wieder annimmt, wenn man sie biegt oder drückt.

Die Ohren nehmen Geräusche wahr und helfen dabei, das Gleichgewicht zu halten.

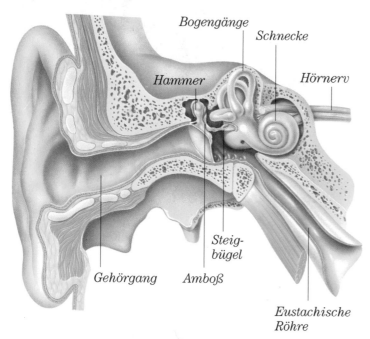

Wohin führt der Gehörgang?

Der größte Teil des Ohrs liegt im Schädel. Der Gehörgang führt von der Ohrmuschel zum Trommelfell, einem Häutchen, das ihn am Ende verschließt. Das Trommelfell nimmt die Schwingungen der Schallwellen auf und leitet sie weiter.

Was liegt hinter dem Trommelfell?

Hinter dem Trommelfell liegt das Mittelohr mit drei winzigen Gehörknöchelchen, dem Hammer, dem Amboß und dem Steigbügel. Auf das Mittelohr folgt das Innenohr: Dort liegt eine mit Flüssigkeit gefüllte Spirale, die Schnecke. Außerdem befinden sich im Innenohr drei halbkreisförmige Kanäle, die sogenannten Bogengänge. Alle Teile – Außen-, Mittel- und Innenohr – dienen dem Hören.

Wie hören die Ohren?

Hören ist das Wahrnehmen von Schall: Schall besteht aus Druckwellen, die durch Luft, Flüssigkeiten und Feststoffe wandern können. Wenn solche Wellen auf das Außenohr treffen, werden sie durch den Gehörgang zum Trommelfell geleitet, das daraufhin zu schwingen beginnt. Diese Schwingung wird von den Knochen des Mittelohrs verstärkt, und der Steigbügel überträgt sie auf die Flüssigkeit des Innenohrs. Die Bewegung der Flüssigkeit reizt besondere Sinneshärchen in der Schnecke; diese Zellen schicken Signale über den Hörnerven zum Gehirn, das die Impulse als Geräusche wahrnimmt.

Wozu dient das Ohrenschmalz?

Das klebrigweiche Ohrenschmalz wird von Zellen im Gehörgang produziert. Es enthält Substanzen, die das Wachstum von Krankheitserregern im Gehörgang verhindern. Außerdem hält es Staub und Schmutz fest, die dann mit dem Schmalz nach außen befördert werden. Desweiteren schützt es den Gehörgang vor Austrocknung.

Warum muß man die Ohren manchmal ausspülen?

Wenn das Ohrenschmalz zu hart wird, kann es den Gehörgang blockieren und Schwerhörigkeit verursachen. Man kann es dann mit besonderen Ohrentropfen weich machen und mit warmem Wasser ausspülen. In hartnäckigen Fällen führt die Spülung ein Hals-Nasen-Ohrenarzt durch.

Warum haben wir zwei Ohren?

Mit zwei Ohren können wir hören, aus welcher Richtung ein Geräusch kommt. Erreicht es uns beispielsweise von rechts, nimmt das rechte Ohr es etwas früher und lauter wahr als das linke.

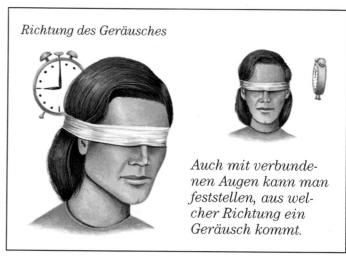

Richtung des Geräusches

Auch mit verbundenen Augen kann man feststellen, aus welcher Richtung ein Geräusch kommt.

Wie groß ist der Hörbereich des Menschen?

Wir hören Geräusche von dumpfem Gepolter bis zu hohen Pfeiftönen. Die Tonhöhe mißt man in Schwingungen pro Sekunde oder Hertz (Hz). Sprache liegt im Bereich von 500 bis 3 000 Hz. Junge Menschen haben meist einen Hörbereich von 40 bis 20 000 Hz. Das ist recht wenig, verglichen mit Hunden (die bis 50 000 Hz hören) oder Fledermäusen (bis 100 000 Hz). Bei Menschen in mittlerem und höherem Alter wird der Hörbereich kleiner. Auch bei ständiger Geräuschbelästigung läßt das Gehör nach.

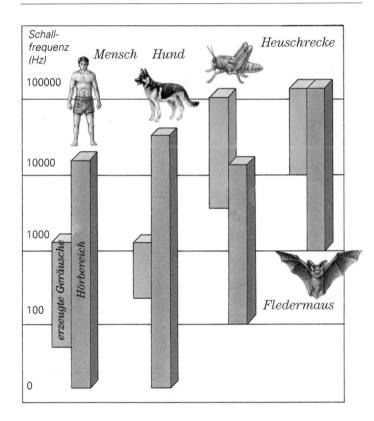

Viele Tiere können Geräusche wahrnehmen, die außerhalb des menschlichen Hörbereichs liegen.

Kann ein Baby schon vor der Geburt hören?

Ja. Schon wenn ein Baby in der Gebärmutter heranwächst, sind die Ohren ab der zwölften Woche schon teilweise vorhanden. Nach sechs Monaten kann es den Atem und die Herztöne der Mutter hören, und es nimmt sogar Geräusche aus der äußeren Umgebung wahr. Lauter Lärm stört das Baby, aber von langsamer, sanfter Musik mit regelmäßigen tiefen Tönen wird es beruhigt.

Wie unterscheidet das Ohr hohe und tiefe Töne?

Die Schallwellen werden im Ohr in elektrische Signale umgewandelt. Diese Umsetzung geschieht in der Schnecke im Innenohr. Dort liegen viele tausend mit Haaren besetzte Sinneszellen. Die langsamen Schwingungen der tiefen Töne werden von Zellen in der Mitte der Schnecke aufgenommen, hohe Töne erregen Zellen an ihrem Eingang. Die Signale der hohen und tiefen Töne gelangen dann in etwas unterschiedliche Gehirnbereiche.

Kann man durch zuviel Lärm taub werden?

Ja, denn Lärm kann das Trommelfell und die empfindlichen Zellen in der Schnecke schädigen. Ein einzelnes lautes Geräusch, zum Beispiel ein Gewehrschuß, kann zu einem vorübergehenden Trommelfellschaden führen. Ständiger Lärm, beispielsweise laute Musik in einer Diskothek, oder ein Arbeitsplatz an einer lauten Maschine, verursachen Dauerschäden in der Schnecke.

Wozu brauchen wir die Eustachische Röhre?

Die Eustachische Röhre verläuft vom Mittelohr zum Rachen. Sie läßt Luft ins Mittelohr und aus ihm heraus, so daß der Luftdruck im Ohr und außen immer gleich ist. Sie funktioniert also wie ein Druckausgleichsventil. Wäre das nicht der Fall, würde das Trommelfell sich dehnen und nicht mehr richtig schwingen. Man kann die Eustachische Röhre öffnen, indem man schluckt, gähnt oder sich die Nase schneuzt.

Warum hört man bei einer Erkältung schlechter?

Bei einer starken Erkältung ist die Eustachische Röhre manchmal durch Schleim verstopft. Deshalb steigt der Luftdruck im Mittelohr an, das Trommelfell dehnt sich und kann die Schallwellen nicht übertragen. Das gleiche kann bei Rachenentzündungen geschehen.

Warum sollte man die Nase nicht zu heftig schneuzen?

Bei zu heftigem Schneuzen können Schleim und Krankheitserreger durch die Eustachische Röhre ins Mittelohr gelangen und dort eine schmerzhafte Entzündung hervorrufen.

Wie viele verschiedene Arten von Taubheit gibt es?

Es gibt zwei Arten von Taubheit. Bei der einen erreicht der Schall das Innenohr nicht, zum Beispiel weil der äußere Gehörgang durch Ohrenschmalz verstopft ist oder weil die drei kleinen Gehörknöchelchen im Mittelohr entzündet sind und nicht richtig funktionieren. Bei der zweiten Art der Taubheit, die ererbt oder erworben sein kann, gelangt der Schall ins Innenohr, aber es laufen keine elektrischen Impulse zum Gehirn. Hier kann die Ursache zum Beispiel eine lärmbedingte Schädigung der Schnecke sein.

Wie tragen die Ohren zum Gleichgewicht bei?

Im Innenohr liegen über der Schnecke drei winzige, halbkreisförmige Kanäle. Diese sogenannten Bogengänge bilden das Gleichgewichtsorgan. Sie enthalten kleine Stücke einer kalkähnlichen Substanz, die mit Sinneszellen gekoppelt sind und bei jeder Bewegung einen Impuls ans Gehirn auslösen. Ein Bogengang nimmt Auf- und Abbewegungen wahr, der zweite das Vor und Zurück, der dritte die Bewegungen nach rechts und links. So wissen wir auch mit geschlossenen Augen, in welcher Lage sich unser Körper befindet.

Wie funktioniert ein Hörgerät?

Es gibt zwei Haupttypen von Hörgeräten, die unterschiedlich funktionieren: Die einen verstärken den Schall, der ins Ohr eindringt wie ein Hochleistungstrichter, die anderen lassen die Schallwellen hinter dem Ohr durch den Knochen zur Schnecke vordringen. Der erste Typ wird im Ohr getragen, der zweite dahinter. Bei beiden Typen wird der Schall von einem Mikrophon aufgenommen und in elektrische Signale umgesetzt. Diese Signale werden verstärkt und über eine Art Kopfhörer weitergeleitet. Die Lautstärke kann über einen Regler individuell eingestellt werden.

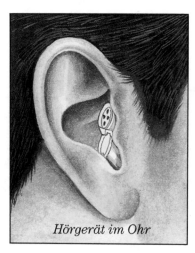

Hörgerät im Ohr

Manche Hörgeräte sind sehr klein und passen ins Ohr. Andere werden hinter dem Ohr getragen.

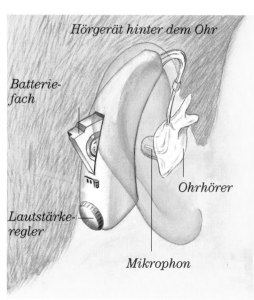

Hörgerät hinter dem Ohr

Batteriefach

Ohrhörer

Lautstärkeregler

Mikrophon

Was ist nervenbedingte Taubheit?

Manche Menschen werden mit einem geschädigten Hörnerv geboren. Die Ohren funktionieren unter Umständen einwandfrei, aber der Betreffende kann dennoch nichts hören, weil kein Signal das Gehirn erreicht.

Kann man durch die Knochen hören?

Ja, der Schall kann vom Mund durch die Kieferknochen zu den Ohren wandern. Deshalb klingt die eigene Stimme lauter und voller als die anderer Menschen, und deshalb hört sich eine Tonbandaufnahme der eigenen Stimme dünn und ungewohnt an. Aus dem gleichen Grund hört man auch ein lautes Krachen, wenn man etwas Knuspriges ißt (z.B. einen Keks): Umstehende hören dieses Geräusch kaum.

Wie empfindlich reagieren die Ohren auf Lautstärke?

Das menschliche Ohr nimmt Lautstärken von 10 bis 140 Dezibel wahr. Zehn Dezibel ist so leise wie ein Flüstern, 140 Dezibel ist schmerzhaft laut. Eine Lautsärke von 160 Dezibel, wie sie beispielsweise bei einem Raketenstart entsteht, ist äußerst gefährlich.

Was ist Schwindel?

Schwindel ist entgegen einer verbreiteten Ansicht keine Angst vor großer Höhe. Es ist vielmehr das Gefühl, daß die Umgebung oder man selbst sich dreht. Schwindel kann auf ein gesundheitliches Problem hinweisen, besonders wenn er von Herzklopfen und Schweißausbrüchen begleitet ist. Eine häufige Ursache ist eine Infektion des Innenohrs, in dem das Gleichgewichtsorgan liegt.

Geruch und Geschmack

Wozu dient die Nase?

Die Nase dient natürlich zum Riechen und Atmen. Außerdem erwärmt und befeuchtet sie die eigeatmete Luft, bevor sie in die Lunge gelangt, und sie läßt die Stimme angenehmer klingen. Kleine Härchen in der Nase filtern Staub und Fremdkörper aus der Luft.

Wohin führen die Nasenlöcher?

Die Nasenlöcher führen jeweils in einen Hohlraum über dem Gaumen, der mit dem Rachen in Verbindung steht. Außerdem sind die Nasenhöhlen mit weiteren Hohlräumen verbunden, die man Nebenhöhlen nennt.

Wozu dienen die Nebenhöhlen?

Die insgesamt acht Nebenhöhlen sind mit der Nase verbunden und liegen in den Wangenknochen sowie um die Augen. Es sind mit Luft gefüllte und mit Schleimhaut ausgekleidete Hohlräume. Sie feuchten die eingeatmete Luft an und lassen die Stimme voller klingen.

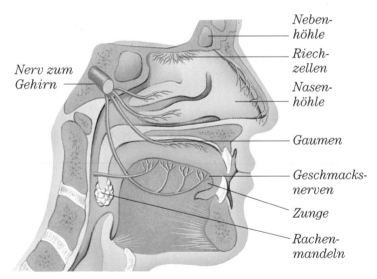

Die Nervenenden für den Geruchssinn liegen oben in der Nasenhöhle.

Wie viele Düfte können wir wahrnehmen?

Die meisten Menschen können etwa 4000 Düfte unterscheiden. Personen mit sehr empfindlicher Nase, zum Beispiel Weinprüfer oder Parfümhersteller, erkennen bis zu 10 000 Duftnuancen.

Wie funktioniert das Riechen?

Im Dach jeder Nasenhöhle liegt ein briefmarkengroßer, gelblichbrauner Gewebeabschnitt. Darin befinden sich jeweils etwa zehn Millionen Riechzellen, und aus jeder dieser Zellen ragen sechs bis acht winzige Haare heraus. Die Riechzellen nehmen die Geruchsstoffe wahr und übermitteln diese Informationen über sensorische Nerven an einen Gehirnabschnitt, der nur drei Zentimeter entfernt ist. Dort werden die Gerüche dann zugeordnet.

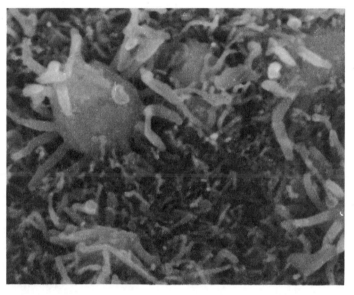

Aus den Riechzellen ragen winzige Haare, die in der Luft die Gerüche wahrnehmen.

Wie unterscheiden wir verschiedene Düfte?

Wie die Riechzellen verschiedene Düfte unterscheiden, weiß niemand genau. Nach einer Theorie gibt es sechs „Grunddüfte", aus denen alle anderen Düfte zusammengesetzt sind. Diese sechs heißen: würzig, blumig, fruchtig, harzig, faulig und brenzlig. Demnach müßte es auch sechs Arten von Riechzellen geben, die jeweils auf einen dieser Düfte reagieren.

Wozu ist das Riechen gut?

Der Geruchssinn warnt vor Gefahren. Durch ihn können wir z.B. feststellen, ob Speisen verdorben sind, oder ob es irgendwo brennt. Außerdem beeinflußt er das Schmecken. Mit verstopfter Nase nimmt man Geschmack weniger gut wahr. In der Sexualität spielt der Geruchssinn ebenfalls eine Rolle: Spezielle, vom Körper verströmte Duftstoffe steigern die Erregung.

Warum stumpft der Geruchssinn ab?

Wenn man in einem Raum einen starken Duft – beispielsweise nach Mottenkugeln oder Parfüm – bemerkt, läßt die Empfindung nach einiger Zeit nach, obwohl jemand, der neu in das Zimmer kommt, den Duft ebenfalls stark wahrnimmt. Vermutlich ermüden die Riechzellen, die auf diesen Duft ansprechen, bei Dauerreizung. Ein anderer Grund könnte sein, daß das Gehirn auf die Signale von diesen Zellen nicht mehr achtet und die Geruchsempfindung abschaltet, weil es sich dann besser auf neue Düfte konzentrieren kann.

Was tut die Nase, während man schläft?

Wenn man auf der linken Seite schläft, füllt sich die linke Nasenöffnung mit Schleim. Nach ein paar Stunden schickt die Nase ein Signal ans Gehirn, das dann „Umdrehen" befiehlt. Auf diese Weise trägt die Nase dazu bei, daß die Muskeln auch nachts betätigt werden und sich nicht verkrampfen.

Wie beeinträchtigt eine Erkältung das Riechen?

Wenn man erkältet ist, verteidigen sich die Nasenschleimhäute mit großen Schleimmengen gegen die Erkältungsviren. Deshalb ist die Nase verstopft, und die Geruchsstoffe in der Luft erreichen die Riechschleimhaut nicht.

Warum läuft die Nase, wenn es kalt ist?

Bei Kälte arbeiten die winzigen Haare in der Nase nicht mehr, die den Schleim in den Rachen schieben. Deshalb sammelt sich der Schleim in der Nase an, bis er schließlich aus den Nasenlöchern tropft.

Warum schnüffelt man?

Schnüffeln erleichtert das Riechen, weil dabei ein Luftstrom in den oberen Teil der Nase gelangt, wo die Riechzellen liegen.

Bei normaler Atmung gelangen die meisten Geruchsstoffe nicht zu den Riechzellen oben in der Nase. Deshalb muß man schnüffeln, wenn man einen Duft genau wahrnehmen will. Dabei werden die Riechzellen angeregt, um den Geruchseindruck zu verstärken.

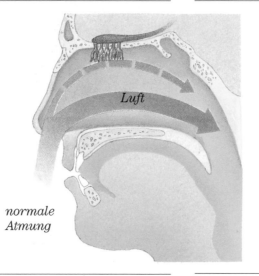

Luft

normale Atmung

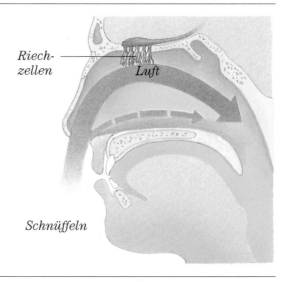

Riechzellen

Luft

Schnüffeln

Wann riecht ein Apfel wie eine Zwiebel?

Ein Apfel kann wie eine Zwiebel riechen, wenn man den Geschmackssinn reizt und damit den Geruchssinn durcheinanderbringt. Man kann das bei einem Freund mit einem kleinen Experiment ausprobieren: Man fragt ihn, ob er Nahrung allein am Geschmack erkennen kann. Er wird glauben, das sei einfach. Man verbindet ihm die Augen, hält ihm eine Zwiebel unter die Nase und legt ihm ein Stück Apfel auf die Zunge. Er wird kaum sagen können, was er gegessen hat. Das Experiment zeigt, wie stark der Geschmackssinn vom Geruchssinn beeinflußt wird.

Was ist Geschmack?

Geschmack ist eine Mischung der Reize, die aus den Nahrungsbestandteilen zur Zunge und zum Geruchssinn in der Nase gelangen.

Wie nimmt die Zunge Geschmack wahr?

Auf der Zunge liegen die sogenannten Geschmacksknospen. Es sind kleine Zellhaufen, die vier verschiedene Geschmacksrichtungen wahrnehmen: bitter, süß, sauer und salzig. Jeder Geschmack setzt sich aus diesen vier Grundelementen zusammen.

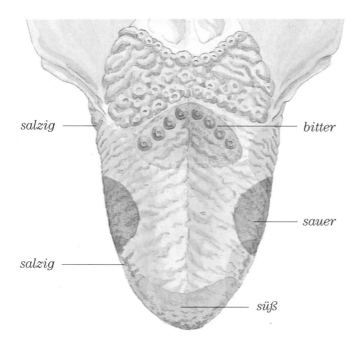

*Knospen auf der Zunge nehmen die vier Hauptge-
schmacksrichtungen wahr. Man kann das testen, wenn
man Zucker, Salz, Essig und Kaffee probiert.*

Nehmen einzelne Bereiche der Zunge unterschiedliche Geschmacksrichtungen wahr?

Ja. Die Geschmacksknospen an der Zungenspitze nehmen
Süßes wahr. Dahinter liegen auf beiden Seiten die Geschmacksknospen für Salziges. Noch weiter hinten, seitlich und am Gaumen sind die Knospen für sauer, und ganz
hinten wird der bittere Geschmack wahrgenommen. Wenn
man etwas genau schmecken will, sollte man es deshalb
über die ganze Zunge gleiten lassen.

Wie viele Geschmacksknospen hat ein Mensch?

Auf der Zunge liegen etwa 10 000 Geschmacksknospen,
aber die Zahl nimmt im Alter ab. Bei einem 60jährigen sind
nur noch 65 Prozent vorhanden, deshalb läßt
das Geschmacksempfinden nach.

Schmeckt Nahrung für alle Menschen gleich?

Nein. Das Geschmacksempfinden ist bei jedem Menschen
verschieden. Was dem einen schmeckt, findet der andere
ungenießbar. Wie Dinge schmecken, wird bis zu einem
gewissen Grade gelernt, zum Teil sind Vorlieben aber auch
erblich. Einige Geschmacksstoffe werden sehr unterschiedlich wahrgenommen: Die Verbindung Natriumbenzoat
schmeckt manchen Menschen süß, anderen sauer, bitter,
salzig oder geschmacklos. Die farblose Substanz PTC wird
ebenfalls für Geschmackstests eingesetzt. Sie wird je nach
Erbanlage als bitter oder geschmacklos empfunden.

Warum schmeckt warmes Essen besser als kaltes?

Heiße Lebensmittel setzen mehr Substanzen in die Luft
frei, die dann zu den Riechzellen gelangen. Das verstärkt
die Geschmacksempfindung. Auch die Geschmacksknospen
funktionieren bei Wärme besser.

Kann man am Geschmack erkennen, ob ein Lebensmittel giftig ist?

Nur wenige Gifte erkennt man am Geschmack. Besonders
empfindlich reagieren die Geschmacksknospen auf bittere
Stoffe. Sie warnen uns zum Beispiel vor Pflanzengiften, die
oft sehr bitter sind. Doch nicht alle Gifte schmecken bitter.
Einige sind geschmacklos, andere schmecken sogar süß.
Bleiacetat wurde z.B. als Süßstoff verwendet, bis man erkannte, daß es giftig ist.

*Auf der Zungenoberfläche liegen etwa 10 000 Geschmacks-
knospen. Sie liegen in Furchen um Hautverdickungen,
Papillen, herum.*

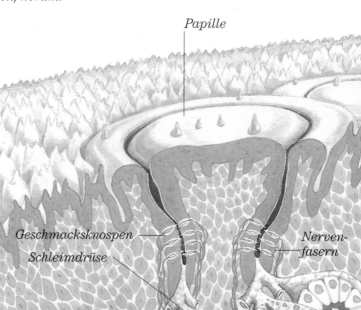

Tastsinn

Wie tastet die Haut?

Es gibt in der Haut fünf Arten von Tastzellen. Sie reagieren auf Wärme, Kälte, Druck, Rauheit und Schmerz. Die Tastzellen sind über sensorische Nerven mit dem Rückenmark und dem Gehirn verbunden. Sie senden ständig Signale über den Zustand der Umgebung und über das, was sich auf der Haut abspielt. So ist der Körper in der Lage auf komplexe Reize zu reagieren.

Für Schmerz gibt es in der Haut mehr Rezeptoren als für andere Empfindungen.

Wo liegen die Tastzellen?

Die Tastzellen für die einzelnen Empfindungen liegen in unterschiedlichen Schichten der Haut. Leichter Druck und Kälte werden dicht unter der Oberfläche wahrgenommen, die Zellen für Wärme und starken Druck liegen tiefer.

Wie sehen die Tastzellen aus?

Tastzellen sind unterschiedlich geformt. Für die Schmerzwahrnehmung sind verzweigte Nervenenden dicht unter der Oberfläche zuständig. Die Nervenenden für andere Eindrücke sind von Bindegewebe umgeben und liegen in tieferen Hautschichten.

Wie lesen Blinde mit den Fingern?

Blinde gleichen das fehlende Sehvermögen oft durch die anderen Sinne aus, vor allem durch Gehör, Geruch und Tasten. Die Blindenschrift, die Louis Braille 1825 entwickelt hat und die heute noch Grundlage des Blindenalphabets ist, kann man durch Tasten lesen: Kleine Punkte, die aus dem Papier ragen, stellen Buchstaben und Satzzeichen dar. Ein Blinder kann etwa 100 Worte pro Minute lesen, indem er die Fingerspitzen über das Papier gleiten läßt.

Wie entsteht Schmerz?

Jeder Reiz, der so stark ist, daß er das Gewebe schädigt, erzeugt meist auch Schmerzen. Solche Reize sind zum Beispiel starker Druck, Schwellungen, Muskelkrämpfe oder bestimmte Chemikalien. Auch andere Sinneszellen erzeugen Schmerz, wenn der Reiz, auf den sie normalerweise ansprechen, sehr stark ist, so daß sich ein Sinneseindruck in eine unangenehme Empfindung wandelt: Die Temperaturrezeptoren geben zum Beispiel Schmerzsignale ab, wenn wir etwas als zu heiß oder zu kalt empfinden.

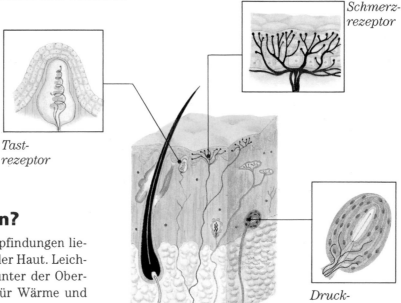

Schmerz-rezeptor

Tast-rezeptor

Druck-rezeptor

Warum sind Schmerzen nützlich?

Schmerzen sind nützlich, weil sie anzeigen, daß etwas nicht stimmt. Vielleicht hat man etwas Heißes berührt, oder ein Körperteil ist von einer Infektion befallen – jedenfalls ist der Schmerz ein Warnsignal, das uns veranlaßt, die Gefahrenquelle zu meiden. Damit sorgt der Schmerz dafür, daß kein weiterer Schaden zugefügt wird.

Gibt es verschiedene Arten von Schmerz?

Ja, die Ärzte unterscheiden zwei Haupttypen: akute und chronische Schmerzen. Akuter Schmerz ist scharf und stechend. Er taucht meist plötzlich auf und verschwindet schnell wieder. Ein Beispiel für akuten Schmerz ist eine Schnittverletzung oder eine Beule, die man sich zuzieht. Chronische Schmerzen halten länger an. Die beiden Schmerztypen werden von verschiedenen Nerven weitergeleitet.

Wie wirken Schmerzmittel?

Die meisten Schmerzmittel blockieren die Schmerzsignale, sie beseitigen damit aber nicht die Schmerzquelle. Das Medikament verhindert, daß der Nervenimpuls im peripheren Nervensystem oder in Gehirn und Rückenmark die Synapsen überspringt. Wenn das Schmerzsignal nicht im Gehirn ankommt, empfindet man keinen Schmerz.

Welches sind die empfindlichsten Körperteile?

Am empfindlichsten auf Berührung und Rauhheit reagieren die Lippen, am unempfindlichsten ist der Rücken. Für Druck sind die Fingerspitzen am aufnahmefähigsten, und am unempfindlichsten dafür ist das Gesäß.

Warum sind manche Körperteile empfindlicher als andere?

Lippen und Fingerspitzen sind empfindlicher als Rücken und Gesäß, weil sie mehr Nervenenden enthalten. Finger und Zehen müssen ebenfalls sehr empfindsam sein, weil wir mit ihnen die Umgebung untersuchen. Wenn man die Größe der Körperteile nach ihrer Empfindlichkeit darstellt, entsteht ein verzerrtes Bild vom Menschen.

Am empfindlichsten sind die Körperbereiche, die uns etwas über die Umwelt mitteilen – Hände, Zunge, Lippen und Füße. Deshalb sind sie bei dieser Figur so groß dargestellt.

Wie nimmt die Haut Wärme und Kälte wahr?

Die Sinnesrezeptoren in der Haut reagieren nicht auf die Temperatur selbst, sondern auf Temperaturveränderungen. Wie wir Temperatur empfinden, hängt deshalb auch davon ab, woran wir gewöhnt sind.

Wenn man eine Minute lang die linke Hand in heißes, die rechte in kaltes Wasser taucht und dann beide in lauwarmes Wasser hält, fühlt es sich für die linke Hand kalt und für die rechte warm an.

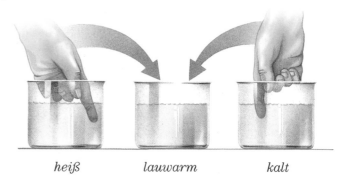

heiß   lauwarm   kalt

Was ist fortgeleiteter Schmerz?

Nicht immer empfindet man Schmerzen genau dort, wo der Schaden entsteht. Manchmal fühlt man ihn auch an einer anderen Stelle, dann bezeichnet man ihn als fortgeleiteten Schmerz. Herzschmerzen zeigen sich beispielsweise oft in der Brust und im linken Arm und Leberbeschwerden in den Schultern.

Wie entsteht Juckreiz?

Über den Juckreiz weiß man nur wenig. Er ist eine Art Abwehrreaktion der Haut und kann entstehen, wenn die Schmerzrezeptoren leicht gereizt werden, aber eigene Nervenenden für das Jucken kennt man bisher nicht. Denkt man an die juckende Stelle, hat man das Bedürfnis, sich zu kratzen. Warum das so ist, bleibt ein Rätsel, zumal sich der Juckreiz durch Kratzen noch verschlimmert.

Was sind Phantomschmerzen?

Wenn ein Arm oder Bein nach einem Unfall amputiert wird, leidet der Betroffene manchmal hinterher an Phantomschmerzen: Er hat das Gefühl, das Glied sei noch vorhanden und verursache Schmerzen. Ursache dafür sind die durchtrennten sensorischen Nerven, die weiterhin Impulse ans Gehirn übermitteln. Meist lassen Phantomschmerzen nach einiger Zeit nach.

FORTPFLANZUNG UND WACHSTUM

Wie entsteht ein neuer Mensch?

Ein Baby entsteht, wenn sich die Eizelle der Mutter und eine Samenzelle des Vaters vereinigen. Dieser Vorgang, der normalerweise im Körper der Mutter stattfindet, heißt Befruchtung oder Zeugung. Die befruchtete Eizelle teilt sich immer wieder, und nach neun Monaten Schwangerschaft wird das Kind geboren.

Woher kommen die Eizellen?

Die Eizellen entstehen in den Eierstöcken, zwei mandelförmigen Organen im Körper der Frau. Von der Pubertät (10 bis 14 Jahre) bis zu einem Alter von 45 bis 50 Jahren wird etwa einmal im Monat eine Eizelle aus einem der beiden Eierstöcke freigesetzt.

Welches sind die Fortpflanzungsorgane der Frau?

Die weiblichen Fortpflanzungsorgane liegen im unteren Teil des Bauches. Die Gebärmutter ist hohl und hat kräftige Muskelwände. Oben an der Gebärmutter entspringen die beiden gebogenen Eileiter, deren ausgefranste Öffnungen an den Eierstöcken liegen. Der Muttermund am unteren Ende der Gebärmutter führt in die Scheide, einen kräftigen Muskelschlauch.

Wo findet die Befruchtung statt?

Die Samenzelle befruchtet die Eizelle im Eileiter, einem röhrenförmigen Organ, das zur Gebärmutter führt. Die befruchtete Eizelle wandert in die Gebärmutter, und dort wächst das Baby heran.

Wie groß ist die Gebärmutter?

Die Gebärmutter hat ungefähr die Form und Größe einer kleinen Birne; während der Schwangerschaft dehnt sie sich auf etwa 30 Zentimeter aus.

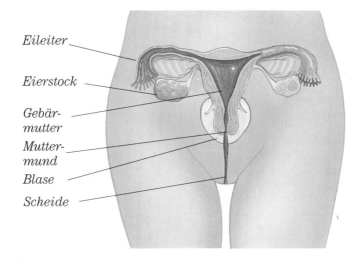

Eileiter
Eierstock
Gebärmutter
Muttermund
Blase
Scheide

oben: Die Eizellen entstehen in den Eierstöcken der Frau; wird eine davon durch eine Samenzelle befruchtet, kann daraus in der Gebärmutter ein Kind werden.

rechts: Die Hoden produzieren viele Millionen Samenzellen, die durch den Samenleiter ausgestoßen werden.

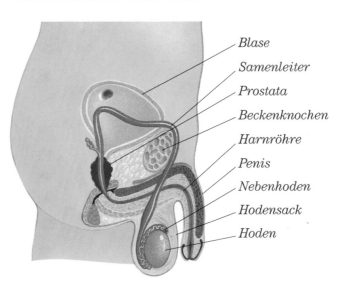

Blase
Samenleiter
Prostata
Beckenknochen
Harnröhre
Penis
Nebenhoden
Hodensack
Hoden

Wo liegen die Fortpflanzungsorgane des Mannes?

Die Fortpflanzungsorgane des Mannes sind der Penis und die Hoden, die in einem Hautbeutel, dem Hodensack, liegen. Durch den Penis verläuft die Harnröhre, die sowohl mit der Blase als auch mit den Hoden in Verbindung steht. Die Harnröhre dient zu unterschiedlichen Zeiten einmal der Ableitung von Urin und ein andermal der Freisetzung von Samenzellen aus den Hoden.

Woher kommen die Samenzellen?

Die Samenzellen entstehen in den Hoden. Sie werden dort in winzigen Kanälen gebildet und dann in einem langen Schlauch gespeichert, dem Nebenhoden, der auf dem Hoden liegt. Von dort wandern die Samenzellen durch die Samenleiter und die Harnröhre im Penis in den Körper der Frau.

Warum liegen die Hoden nicht im Körper?

Samenzellen wachsen am besten bei Temperaturen etwas unter der normalen Körperwärme; die Hoden liegen außen, damit sie kühl bleiben.

Wie viele Samenzellen entstehen an einem Tag?

Jeder Hoden produziert etwa 50 Millionen Samenzellen am Tag. Sie werden entweder ausgestoßen oder nach einigen Tagen abgebaut und durch neue ersetzt.

Wie sieht eine Samenzelle aus?

Eine Samenzelle ähnelt einer mikroskopisch kleinen Kaulquappe. Der Kopf enthält den Zellkern, der bei der Befruchtung mit dem Kern der Eizelle verschmilzt. Im Mittelteil liegen viele Mitochondrien; sie liefern der Samenzelle Energie, damit sie zur Eizelle schwimmen kann. Der lange Schwanz treibt die Zelle mit seinen Bewegungen voran.

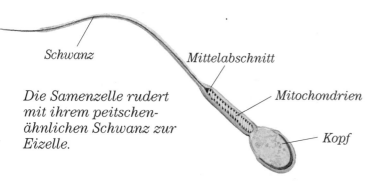

Die Samenzelle rudert mit ihrem peitschenähnlichen Schwanz zur Eizelle.

Wie schnell schwimmt eine Samenzelle?

Samenzellen schwimmen bis zu einem Zentimeter pro Minute. Dennoch brauchen sie für den Weg zur Eizelle mehrere Stunden.

Durch den Geschlechtsverkehr kann die Eizelle befruchtet werden.

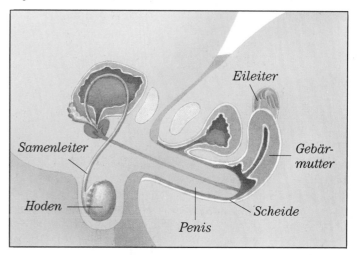

Wie weit müssen die Samenzellen schwimmen?

Vom Muttermund durch die Gebärmutter bis in den Eileiter sind es etwa zehn Zentimeter. Wenn man bedenkt, daß eine Samenzelle nur 0,05 Millimeter mißt, ist das ungefähr so, als wenn ein Mensch rund vier Kilometer weit schwimmt.

Wie gelangen die Samenzellen zur Eizelle?

In den Körper der Frau gelangen die Samenzellen beim Geschlechtsverkehr. Der Penis versteift sich und wird in die Scheide geschoben. Dort wird die Samenflüssigkeit mit den Samenzellen ausgestoßen. Die Samenflüssigkeit enthält außerdem auch Nährstoffe und Substanzen, welche die Samenzellen zum Schwimmen anregen.

Warum werden so viele Samenzellen gebildet?

Die Samenzellen entstehen in so großer Zahl, damit eine von ihnen die Eizelle befruchtet. Die meisten der bei einem Samenerguß freiwerdenden Zellen sterben, bevor sie die Eileiter erreichen, von den Überlebenden schwimmt die Hälfte in den falschen Eileiter. In die Nähe der Eizelle gelangen nur ein paar hundert, und nur einer Zelle gelingt die Befruchtung.

Wie wird die Eizelle aus dem Eierstock freigesetzt?

Auf dem Eierstock entsteht ein Bläschen, Follikel genannt, in dem die Eizelle heranreift. Der Follikel platzt, und die Eizelle wandert in den Eileiter. Dort wird sie von winzigen Haaren weiterbefördert, die auf der Innenseite des Eileiters stehen.

Wie finden Samenzellen den Weg zur Eizelle?

Die Samenzellen folgen chemischen Signalen in Muttermund und Gebärmutter, die sie in die Eileiter dirigieren. Auch die Eizelle selbst produziert Substanzen, welche die Samenzellen anziehen.

Warum müssen die Samenzellen so weit schwimmen?

Die Samenzellen müssen bis in den Eileiter schwimmen, damit die Eizelle schon kurz nach ihrer Freisetzung befruchtet wird. Nur so hat sie ausreichend Zeit, um sich zu teilen, während sie ihren Weg durch den Eileiter in die Gebärmutter fortsetzt.

Was ist der Menstruationszyklus?

Jeden Monat wird eine reife Eizelle aus den Eierstöcken freigesetzt, und die Gebärmutterschleimhaut bereitet sich darauf vor, die befruchtete Eizelle aufzunehmen. Findet keine Befruchtung statt, wird die Schleimhaut abgebaut: Das ist der Menstruationszyklus. Er dauert etwa 28 Tage.

Wie bereitet sich die Gebärmutter auf die Schwangerschaft vor?

Die Gebärmutterschleimhaut wird dicker und enthält mehr Blutgefäße. Findet keine Befruchtung statt, wird sie mit der Eizelle und Blut durch die Scheide ausgestoßen. Diese Blutung heißt Menstruation.

Wie oft findet die Menstruation statt?

Die monatliche Periode, auch Menstruation genannt, findet etwa alle 28 Tage zu Beginn des Menstruationszyklus statt. Meist dauert die Blutung vier bis fünf Tage. Anschließend beginnt die Entwicklung der Gebärmutterschleimhaut von vorn.

Was ist Empfängnisverhütung?

Als Empfängnisverhütung bezeichnet man verschiedene Methoden, die verhindern, daß eine Frau schwanger wird. Unter anderem kann man dafür sorgen, daß Samen- und Eizelle nicht zusammentreffen, zum Beispiel mit dem Kondom, einer Gummihülle, die über den Penis gestreift wird. Die Frau kann auch die Anti-Baby-Pille nehmen; sie verhindert, daß die Eizellen in den Eierstöcken heranreifen.

Was geschieht mit einer unbefruchteten Eizelle?

Eine Eizelle, die nach der Freisetzung aus dem Follikel nicht befruchtet wird, stirbt nach wenigen Tagen ab.

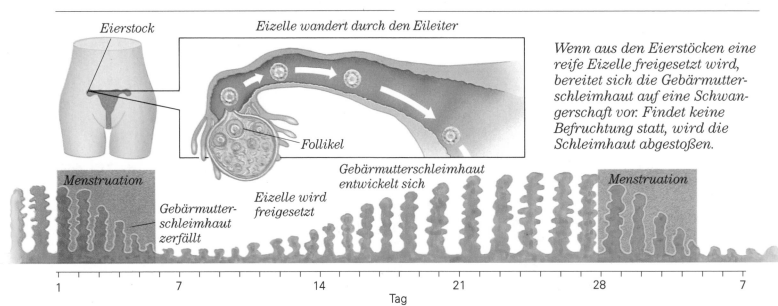

Eierstock

Eizelle wandert durch den Eileiter

Follikel

Wenn aus den Eierstöcken eine reife Eizelle freigesetzt wird, bereitet sich die Gebärmutterschleimhaut auf eine Schwangerschaft vor. Findet keine Befruchtung statt, wird die Schleimhaut abgestoßen.

Menstruation

Gebärmutterschleimhaut entwickelt sich

Gebärmutterschleimhaut zerfällt

Eizelle wird freigesetzt

Menstruation

| 1 | 7 | 14 | 21 | 28 | 7 |

Tag

Neues Leben

Was geschieht nach der Befruchtung?

Nach der Befruchtung entwickelt sich die äußere Hülle der Eizelle zu einer geleeartigen Schicht, die weitere Samenzellen fernhält. Die befruchtete Eizelle wandert in die Gebärmutter. Dabei teilt sie sich – erst in zwei, dann in vier und dann in acht Zellen. In der Gebärmutter kommt bereits eine Kugel aus etwa 100 Zellen an.

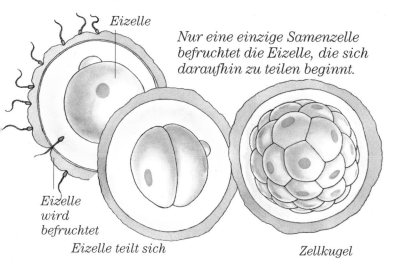

Eizelle

Nur eine einzige Samenzelle befruchtet die Eizelle, die sich daraufhin zu teilen beginnt.

Eizelle wird befruchtet

Eizelle teilt sich

Zellkugel

Was geschieht in der Gebärmutter weiter?

Die Zellkugel, die in der Gebärmutter ankommt, ist so groß wie ein Stecknadelkopf. Sie nistet sich in der lockeren Schleimhaut ein. Wenn sie sich dort endgültig festgesetzt hat, ist die Frau schwanger.

Was ist ein Embryo?

Als Embryo bezeichnet man das ungeborene Kind in den ersten acht Wochen nach der Befruchtung. Der Embryo ist ein Teil der Zellkugel, die sich in der Gebärmutter festgesetzt hat.

Wie wird der Embryo geschützt?

Ein Teil der eingenisteten Zellen wird zur Fruchtblase, einer flüssigkeitsgefüllten Schutzhülle, die den Embryo umgibt. Die Fruchtblase fängt Erschütterungen ab und bietet die Gewähr, daß der Embryo keine Stöße bekommt.

Was ist die Plazenta?

Die Plazenta dient der Versorgung des Embryos. Sie entsteht nach der Einnistung aus den Zellen, die am tiefsten in die Gebärmutterschleimhaut eingedrungen sind. Sie ist ein dunkelrotes, scheibenförmiges Organ, das von vielen Blutgefäßen durchzogen ist. Die Plazenta ist das Verbindungsglied zwischen dem Blutkreislauf von Mutter und Embryo. Beide Kreisläufe stehen nicht unmittelbar in Verbindung. Mit dem Embryo ist sie über die Nabelschnur verbunden.

Wie sieht ein Embryo aus?

In den ersten Schwangerschaftswochen ist ein menschlicher Embryo kaum von Tieren im gleichen Entwicklungsstadium zu unterscheiden. Nach vier Wochen ist der Embryo etwa so groß wie ein Reiskorn; jetzt kann man den Kopf und einen Schwanz erkennen sowie Körperabschnitte, die wie kleine Gliedmaßen aussehen. Gehirn, Rückenmark und Darm bilden sich; das entstehende Herz schlägt bereits.

Wie schnell enwickelt sich der Embryo?

Der Embryo entwickelt sich sehr schnell. Zwischen der vierten und achten Schwangerschaftswoche verschwindet der Schwanz. Die Gliedmaßen bilden sich; Hände, Füße und Gesicht nehmen Gestalt an. Nach acht Wochen erkennt man die Form eines Menschen; die Entwicklung aller wichtigen Organsysteme hat begonnen.

Nach sieben Wochen ist der Embryo etwa drei Zentimeter groß. Finger und Zehen sind bereits zu erkennen.

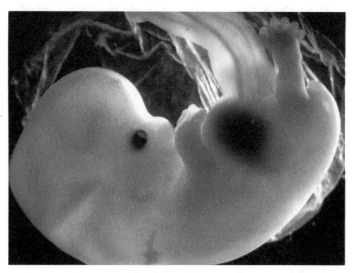

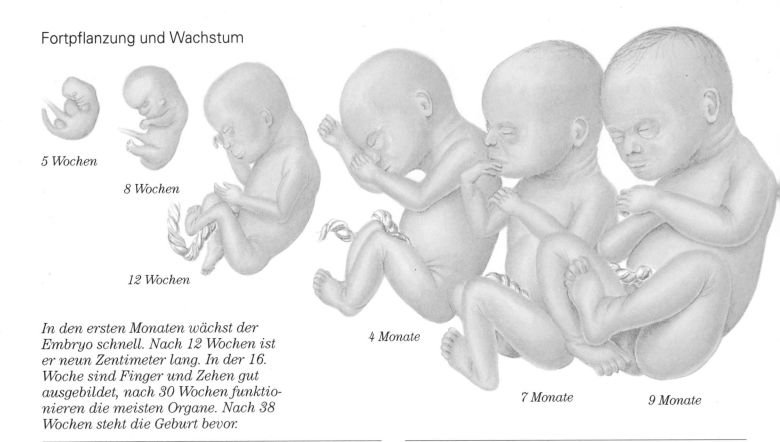

5 Wochen

8 Wochen

12 Wochen

4 Monate

7 Monate

9 Monate

In den ersten Monaten wächst der Embryo schnell. Nach 12 Wochen ist er neun Zentimeter lang. In der 16. Woche sind Finger und Zehen gut ausgebildet, nach 30 Wochen funktionieren die meisten Organe. Nach 38 Wochen steht die Geburt bevor.

Was ist ein Fetus?

Als Fetus bezeichnet man das Ungeborene von der achten Schwangerschaftswoche an, wenn die wichtigen Organsysteme angelegt sind.

Wie schnell entwickelt sich der Fetus?

Der Fetus wächst schnell: In der 14. Woche ist er etwa 12 Zentimeter lang. Alle inneren Organe sind jetzt vorhanden, und die Nieren arbeiten bereits.

Ab wann kann das Ungeborene sich bewegen?

Von der 16. Woche an spürt die Mutter die Bewegungen des Kindes. In der 20. Woche hat der Fetus bereits Augenbrauen und Fingernägel. Er ist jetzt etwa 18,5 Zentimeter lang und wiegt ungefähr 700 Gramm.

Welche Einflüsse schaden dem ungeborenen Kind?

Manche Krankheitserreger, zum Beispiel das Rötelnvirus, können die Plazenta überwinden und den Fetus schädigen. Auch Alkohol, den die Mutter trinkt, oder Zigarettenrauch stellen eine Gefahr für das Ungeborene dar. Das Ungeborene sollte auch vor Lärm geschützt werden.

Was geschieht in den Wochen vor der Geburt?

Nach 26 Wochen ist der Fetus etwa 25 Zentimeter lang und 1,5 Kilogramm schwer. Je größer er wird, desto weniger Platz hat er für Bewegungen. Etwa zwei Monate vor der Geburt nimmt das Kind die kopfstehende Geburtslage ein. Die Geburt erfolgt im allgemeinen ungefähr in der 38. Schwangerschaftswoche.

Woran erkennt die Mutter, daß die Geburt bevorsteht?

Das erste Zeichen geben gewöhnlich die Gebärmuttermuskeln. Sie ziehen sich schmerzhaft zusammen: Die Wehen setzen ein, und der Muttermund, der Ausgang der Gebärmutter, öffnet sich. Die Gebärmuttermuskeln drücken den Kopf des Kindes nach unten, bis die Fruchtblase platzt und die in ihr enthaltene Flüssigkeit durch die Scheide abfließt. Jetzt steht die Geburt unmittelbar bevor.

Was geschieht bei der Geburt?

Etwa sechs bis zwölf Stunden nachdem die Wehen eingesetzt haben, ziehen sich die Gebärmuttermuskeln immer stärker zusammen. Die Mutter preßt mit den Bauchmuskeln, bis das Baby durch den Muttermund und die Scheide gedrückt wird und das Licht der Welt erblickt.

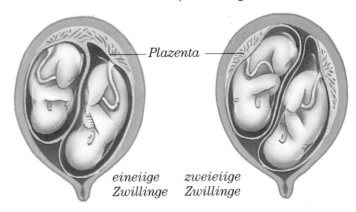

Plazenta

eineiige Zwillinge *zweieiige Zwillinge*

Bei eineiigen Zwillingen ist nur eine Plazenta vorhanden, bei zweieiigen sind es zwei.

Was ist eine Hebamme?

Eine Hebamme ist eine ausgebildete Geburtshelferin. Sie berät die künftige Mutter während der Schwangerschaft und hilft dabei, das Kind auf die Welt zu bringen.

Was ist die Nachgeburt?

Die Nachgeburt ist die Plazenta und die mit ihr verbundene Nabelschnur. Sie tritt einige Minuten nach der Geburt durch weitere Wehenbewegungen aus dem Geburtskanal aus.

Was ist ein Kaiserschnitt?

Beim Kaiserschnitt kommt das Kind nicht durch den Geburtskanal zur Welt, die Ärzte schneiden vielmehr in einer Operation die Gebärmutter auf und heben das Baby heraus. Dieser Eingriff wird vorgenommen, wenn die Geburt auf dem normalen Weg nicht möglich ist.

Was ist eine Frühgeburt?

Wenn ein Baby zu früh zur Welt kommt und weniger als 2,5 Kilogramm wiegt, spricht man von einer Frühgeburt. Solche Kinder können anfangs meist kaum atmen und essen und sind sehr anfällig für Infektionen. Oft müssen sie in einem Brutkasten liegen, bis sie das normale Geburtsgewicht erreicht haben.

Was sind zweieiige Zwillinge?

Wenn zwei Eizellen gleichzeitig befruchtet werden, entstehen zweieiige Zwillinge mit getrennten Plazenten. Sie liegen gemeinsam in der Gebärmutter, aber sie ähneln einander nicht stärker als andere Geschwister. Zweieiige Zwillinge können auch Junge und Mädchen sein.

Bei der Entbindung drücken die Muskeln der Gebärmutter das Kind aus dem Körper der Mutter heraus.

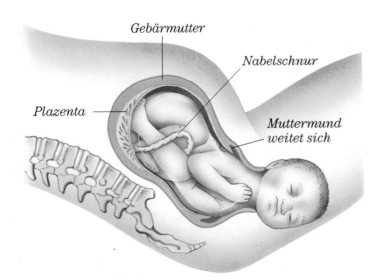

Gebärmutter

Nabelschnur

Plazenta

Muttermund weitet sich

Was sind eineiige Zwillinge?

Manchmal teilt sich die Zellkugel nach der Befruchtung, dann entstehen zwei Feten mit einer gemeinsamen Plazenta. Solche Kinder nennt man eineiige Zwillige. Da sie aus derselben Ei- und Samenzelle entstanden sind, ähneln sie einander stark und haben immer beide das gleiche Geschlecht.

Wann spricht man von einer Mehrlingsgeburt?

Von Mehrlingsgeburt spricht man, wenn eine Frau mehr als zwei Kinder gleichzeitig zur Welt bringt. Bei der größten Mehrlingsgeburt wurden zehn Kinder geboren.

Warum können manche Menschen keine Kinder bekommen?

Es gibt mehrere Gründe, warum ein Paar keine Kinder bekommen kann. Vielleicht produziert der Mann nicht genügend gesunde Samenzellen, oder bei der Frau reifen keine Eizellen heran, oder die Eileiter sind blockiert. Manchmal bieten auch Muttermund oder Gebärmutter den Samen- und Eizellen kein geeignetes Umfeld. Viele derartige Störungen kann der Arzt beseitigen. Doch es gibt auch Unfruchtbarkeit, die keine körperlichen Ursachen hat und psychisch bedingt ist.

Wie kann man Unfruchtbarkeit behandeln?

Manchmal helfen Medikamente, die in den Eierstöcken die Eizellenproduktion anregen. Außerdem kann man die Eizelle auch außerhalb des weiblichen Körpers befruchten.

Was ist ein Retortenbaby?

Man kann die Eizellen einer Frau entnehmen und in einer kleinen Glasschale mit Samenzellen des Mannes zusammenbringen. Die Eizelle wird befruchtet, und nach einigen Tagen pflanzt man den neu entstandenen Embryo in die Gebärmutter ein. Das Ganze nennt man künstliche Befruchtung, das Kind wird manchmal als Retortenbaby bezeichnet.

Wann wurde das erste Retortenbaby geboren?

Das erste Retortenbaby kam am 25. Juli 1978 in England zur Welt.

Welche Reflexe hat ein Neugeborenes?

Wenn das Baby mit der Wange die Brust der Mutter berührt, dreht es automatisch den Kopf dorthin. Dieser Suchreflex hilft dem Kind, die Brustwarze zum Saugen zu finden. Außerdem hält das Baby jeden Gegenstand fest, den man ihm in die Hand drückt – das ist der Greifreflex. Solche instinktiven Handlungen schützen den ansonsten hilflosen Säugling.

Was spürt ein Neugeborenes?

Der Geruchssinn ist bei einem Baby viel besser ausgebildet als Sehen und Hören. Es erkennt seine Mutter zuerst am Duft.

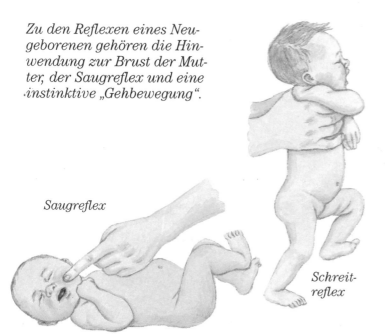

Zu den Reflexen eines Neugeborenen gehören die Hinwendung zur Brust der Mutter, der Saugreflex und eine instinktive „Gehbewegung".

Saugreflex

Schreitreflex

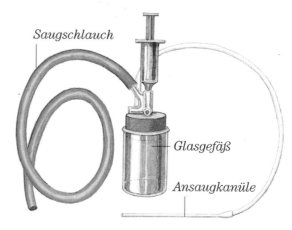

Saugschlauch

Glasgefäß

Ansaugkanüle

Das „Retortenbaby" entsteht aus einer Eizelle, die der Mutter entnommen und in einer Glasschale mit Samenzellen befruchtet wurde.

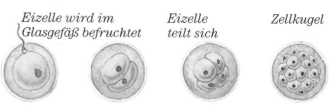

Eizelle wird im Glasgefäß befruchtet

Eizelle teilt sich

Zellkugel

Wenn aus der befruchteten Eizelle acht oder sechzehn Zellen geworden sind, wird die Kugel in die Gebärmutter eingepflanzt; dort heftet sie sich an die Schleimhaut.

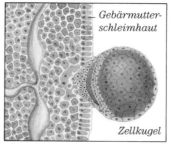
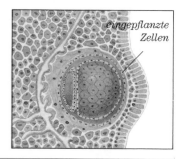

Gebärmutterschleimhaut

eingepflanzte Zellen

Zellkugel

Hat ein Baby Lücken im Schädel?

Der Kopf eines Babys ist recht groß; damit das Kind durch den Geburtskanal gedrückt werden kann, müssen sich die Schädelknochen verschieben können. Deshalb enthält der Schädel eines Babys viel Knorpel; die Knochen sind noch nicht verschmolzen. In den ersten beiden Lebensjahren wird das Skelett härter, und die Schädelknochen verbinden sich.

Welche Bedürfnisse hat ein Neugeborenes?

Ein Baby, das gerade auf die Welt kommt, schreit. Ihm fehlt die Geborgenheit des Mutterleibs und es friert. Deshalb wird es gleich nach der Geburt der Mutter an die Brust gelegt und in wärmende Decken gepackt.

Wie entsteht die Muttermilch?

Während der Schwangerschaft sorgen Hormone dafür, daß die Milchdrüsen in der Brust der Mutter sich vergrößern. Kurz nach der Geburt beginnen die Drüsen dann, Milch zu produzieren. Wenn das Baby trinkt, regt das Saugen an der Brustwarze die Milchproduktion an.

Was enthält die Muttermilch?

Muttermilch enthält genau die richtige Mischung von Kohlenhydraten, Fetten, Proteinen, Vitaminen und Mineralstoffen, die ein Baby in den ersten Lebensmonaten zum Wachsen braucht. Danach benötigt das Kind mehr Eisen und andere Nährstoffe; deshalb ißt es später auch andere Nahrung.

Ist Muttermilch besser als Milchpulver?

Milchpulver für Babys enthält fast die gleichen Stoffe wie Muttermilch. Diese beinhaltet aber zusätzlich Antikörper, die das Baby vor Krankheiten schützen. Deshalb ist Muttermilch besser als Fertigmilch, auch wenn die Muttermilch durch die Umwelt belastet ist.

Was geschieht in der ersten Lebenswoche?

In der ersten Lebenswoche gehen mit dem Baby viele Veränderungen vor. Unter anderem wird das Blut, das im Mutterleib durch die Nabelschnurarterie floß, nun durch Lunge, Leber und Herz geleitet. Ein Loch zwischen den Herzhälften schließt sich, so daß das Herz richtig funktionieren kann.

Warum haben Babys so große Köpfe?

Das Baby braucht ein großes Gehirn, damit es seine Umwelt kennenlernen und darauf reagieren kann, und einen großen Schädel, der das Gehirn umschließt. Das Gehirn macht bei einem Baby etwa zehn Prozent des Körpergewichts aus, bei einem Erwachsenen dagegen nur zwei Prozent.

Was kann ein Baby nach drei Monaten?

Ein drei Monate altes Baby kann den Kopf ein wenig heben, seine Eltern anlächeln und sich in Richtung eines Geräusches drehen. Es hält eine Klapper fest und greift nach Spielzeug, aber es bewegt sich noch ungeschickt.

Wie weit ist ein Kind nach sechs Monaten entwickelt?

Mit sechs Monaten wiegt das Baby doppelt so viel wie bei der Geburt. Hals- und Rückenmuskeln sind kräftig. Es kann sitzen und artikuliert erste Laute. Mit den Händen greift es Gegenstände und steckt sie in den Mund. Die ersten Zähne brechen durch.

Was macht das Baby nach einem Jahr?

Jetzt wiegt das Kind dreimal so viel wie bei der Geburt. Es krabbelt meist herum, kann aber mit Hilfe schon stehen und ein wenig herumlaufen. Es nimmt Gegenstände sorgfältig mit Daumen und Zeigefinger auf und kann sie auch wieder loslassen. Außerdem erkennt das Baby seinen Namen und kann einfache Worte aussprechen.

Mit drei Monaten leckt das Baby seine Lippen, wenn es hört, daß sein Essen zubereitet wird.

Nach sechs Monaten sind die Halsmuskeln kräftiger – das Baby kann den Kopf heben und seine Füße betrachten.

Das Einjährige kann längere Zeit sitzen und eine Tasse fast ohne Hilfe festhalten.

Wachstum

Die Körperproportionen ändern sich im Mutterleib und während Kindheit und Jugend.

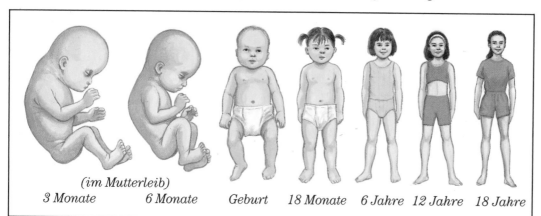

(im Mutterleib)
3 Monate 6 Monate Geburt 18 Monate 6 Jahre 12 Jahre 18 Jahre

Verändern sich die Proportionen?

Ja. Bei der Geburt macht der Kopf etwa ein Viertel der Körperlänge aus, mit 18 Jahren dagegen nur noch ein Achtel. Arme und Beine werden im Verhältnis zur Körpergröße länger.

Beim drei Monate alten Fetus macht der Kopf fast die Hälfte der Körperlänge aus. Am stärksten wächst man vor der Geburt und in der Pubertät (Mädchen mit 11 bis 16, Jungen mit 12 bis 18 Jahren).

Wie wächst ein Mensch?

Das Wachstum beruht zum größten Teil auf der Vermehrung der Körperzellen. Sie teilen sich, so daß immer mehr Zellen entstehen. Dieser Vorgang läuft ab, bis ein Mensch ausgewachsen ist.

Wie wird das Wachstum gesteuert?

Das Wachstum wird von einem Hormon aus der Hypophyse (Hirnanhangdrüse) gesteuert. Nachts wächst man ein wenig schneller, weil die Konzentration des Wachstumshormons dann am höchsten ist.

Welches ist die Durchschnittsgröße für mein Alter?

Kinder wachsen unterschiedlich schnell. Das Diagramm zeigt die Durchschnittsgröße für Jungen und Mädchen bis zum 18. Lebensjahr.

Wie schnell wächst ein Kind?

In den ersten beiden Lebensjahren wachsen Kinder sehr schnell; vom dritten bis zehnten Lebensjahr verläuft das Wachstum langsam und stetig. Mit der Pubertät setzt ein weiterer Wachstumsschub ein, der etwa mit 18 Jahren endet.

Was heißt Erwachsenwerden?

Jedes Kind wird irgendwann erwachsen und kann dann selbst Kinder haben. Während des Erwachsenwerdens, das mit der Pubertät beginnt, wächst man schnell, und es stellen sich viele körperliche und seelische Veränderungen ein.

Ein Vergleich der Größe von Jungen und Mädchen bis zum 18. Lebensjahr zeigt, daß Mädchen nur etwa mit 12 Jahren größer sind als Jungen, denn um diese Zeit beginnt bei ihnen der Wachstumsschub.

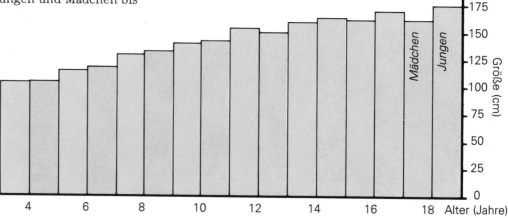

Was ist die Pubertät?

Die Pubertät ist die Lebensphase, in der die Geschlechtsorgane und andere körperliche Merkmale heranreifen: Aus Kindern werden Männer und Frauen. Die Pubertät setzt bei Mädchen eher ein als bei Jungen.

Was geschieht in der Pubertät bei einem Jungen?

In der Pubertät werden Penis und Hoden größer, und die Samenproduktion beginnt. Der Körperbau wird kräftiger, der Bart wächst, und die Körperbehaarung wird dichter, insbesondere unter den Armen und um die Geschlechtsorgane. Der Kehlkopf mit den Stimmbändern vergrößert sich, die Stimme wird tiefer.

Warum kommen Jungen in den Stimmbruch?

Bei Jungen wachsen die Stimmbänder in der Pubertät sehr schnell und viel stärker als bei Mädchen. Je größer der Kehlkopf und je länger die Stimmbänder sind, desto tiefer klingt die Stimme.

Was geschieht in der Pubertät bei einem Mädchen?

In der Pubertät reifen die Eierstöcke, und der Menstruationszyklus beginnt. Die Brust entwickelt sich, die Hüften werden breiter, unter den Armen und im Schambereich wachsen Haare. Bei Jungen und Mädchen kann „Babyspeck" entstehen.

Was löst die Veränderungen in der Pubertät aus?

Die Pubertät wird bei Jungen und Mädchen von der Hypophyse ausgelöst, einer Drüse im Gehirn, die andere Drüsen zur Produktion der Geschlechtshormone anregt. Die wichtigsten Geschlechtshormone sind bei Jungen das Testosteron, das in den Hoden entsteht, und bei Mädchen das Östrogen aus den Eierstöcken.

Wann erwacht die Sexualität?

Das sexuelle Interesse erwacht bei Jungen und Mädchen in der Pubertät. Fühlt man sich nicht zum anderen Geschlecht hingezogen sondern zum eigenen, spricht man von Homosexualität. Findet man Männer und Frauen gleichermaßen anziehend, spricht man von Bisexualität.

Im Teenageralter schließt man neue Freundschaften und setzt sich stärker mit der Welt, in der man lebt, auseinander.

Warum sind Teenager manchmal streitlustig?

Die Pubertät ist oft eine schwierige Zeit. Der junge Mensch muß sich sowohl mit den körperlichen Veränderungen als auch mit einer neuen Stellung im Leben zurechtfinden. In jedem Fall bringt diese Zeit mehr Selbständigkeit, und man muß für sich selbst die Verantwortung übernehmen. Das kann zu Konflikten mit Autoritätspersonen führen, beispielsweise mit Eltern oder Lehrern.

Wann ist man erwachsen?

Biologisch ist ein Mensch erwachsen, wenn er geschlechtsreif ist und nicht mehr wächst. Bei Mädchen ist das meist mit etwa 18 oder 19 Jahren der Fall, bei Jungen mit 20 oder 21.

Wann sind wir am leistungsfähigsten?

Körperlich am leistungsfähigsten ist man in den Zwanzigern, wenn das Wachstum beendet ist und der Körper die größte Kraft besitzt. Später baut der Körper nach und nach ab.

Woher weiß der Körper, ab wann er nicht mehr wachsen soll?

Diese Frage kann niemand genau beantworten. Offenbar haben die Zellen eine innere Uhr und vermehren sich nach einer bestimmten Zahl von Zellteilungen nicht mehr. Bindegewebszellen teilen sich im Labor nur etwa 50mal. (Eine Ausnahme sind die Nervenzellen: Sie teilen sich nach ihrer Entstehung überhaupt nicht mehr.)

Was ist Altern?

Altern ist ein natürlicher Vorgang, bei dem manche Körperzellen im Laufe der Zeit schlechter funktionieren und schließlich sterben. Das geschieht bei allen Menschen, allerdings unterschiedlich schnell.

Was ist die Ursache des Alterns?

Viele altersbedingte Veränderungen gehören zu einem vorprogrammierten Plan: Sie werden von den Genen bestimmt. Andere ergeben sich aus der Lebensweise oder Umwelteinflüssen: Gelenkversteifung kann zum Beispiel durch Bewegungsmangel entstehen, trockene Haut durch zuviel Sonne.

Ist langes Leben erblich?

Ja. Lange Lebensdauer – von Unfällen abgesehen – kommt in einer Familie oft mehrmals vor. Offenbar sind manche Familien weniger anfällig für Krankheiten und die Auswirkungen des Alterns.

Was geschieht im Alter mit den Sinnesorganen?

Sehvermögen, Hörfähigkeit, Geruchs- und Tastsinn lassen mit zunehmendem Alter bis zu einem gewissen Grade nach. Die Linse im Auge verliert an Elastizität, so daß das Sehen in der Nähe schwierig wird: Man braucht eine Lesebrille. Auch die Hörfähigkeit wird schlechter; vor allem kann man hohe Töne nicht mehr hören, so daß die hohen Anteile der Musik nicht mehr wahrgenommen werden.

Warum werden manche alten Menschen oft krank?

Wenn man alt wird, ist die körpereigene Krankheitsabwehr weniger gut wirksam. Bei manchen Menschen greifen die Antikörper sogar den eigenen Körper an. Die rheumatoide Arthritis, eine schmerzhafte Gelenkentzündung, entsteht zum Beispiel durch Antikörper, welche die Schleimhäute in den Gelenken angreifen.

Kann man das Altern hinauszögern?

Ja, wenn man geistig und körperlich aktiv bleibt. Körperliche Betätigung verstärkt den Blutkreislauf, und je länger man das Gehirn anstrengt, desto länger bleibt es rege.

Welche Veränderungen finden im Körper statt, wenn man älter wird?

Im Alter schrumpfen Herz und Arterien ein wenig, und ihre Wände werden weniger elastisch. Arterienverhärtung, Schlaganfälle und Blutungen werden häufiger. Die Lungen nehmen weniger Sauerstoff auf, einerseits wegen der geringeren Blutzufuhr und andererseits weil das Lungengewebe selbst geschwächt ist. Solche Veränderungen wirken sich wegen der geringeren Sauerstoffversorgung auf alle anderen Organe des Körpers aus.

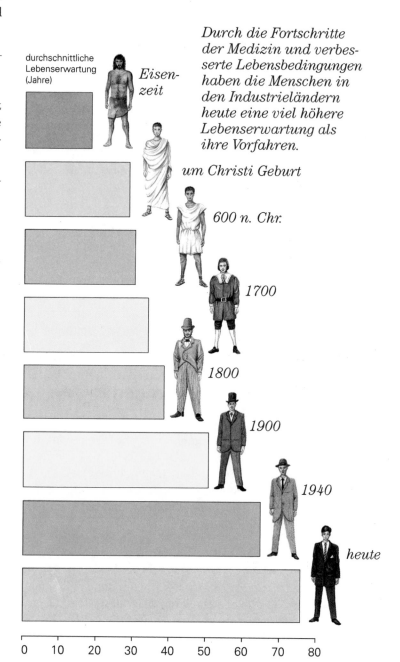

durchschnittliche Lebenserwartung (Jahre)

Durch die Fortschritte der Medizin und verbesserte Lebensbedingungen haben die Menschen in den Industrieländern heute eine viel höhere Lebenserwartung als ihre Vorfahren.

Eisenzeit

um Christi Geburt

600 n. Chr.

1700

1800

1900

1940

heute

0   10   20   30   40   50   60   70   80

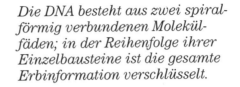

Genetik

Was ist Genetik?

Die Genetik beschäftigt sich mit der Vererbung der Eigenschaften von den Eltern auf die Nachkommen.

Was sind Chromosomen?

Chromosomen sind mikroskopisch kleine, fadenartige Strukturen im Kern aller Zellen, die allerdings nur bei der Zellteilung sichtbar werden. Die Chromosomen enthalten alle Informationen, die die Zelle für ihre Entwicklung braucht.

Wie viele Chromosomen besitzt eine Zelle?

Die Zellen des Menschen enthalten normalerweise 46 Chromosomen; sie bilden 22 Paare, und zwei besondere Chromosomen bestimmen das Geschlecht.

Was ist ein Gen?

Ein Gen ist ein Abschnitt eines Chromosoms; manche Gene bestimmen allein über eine Eigenschaft wie zum Beispiel die Augenfarbe.

Wie viele Gene hat ein Mensch?

Ganz genau weiß man es nicht, aber es dürften etwa 75 000 sein, und jedes Gen enthält den Bauplan für ein Protein. Die Proteine sind wichtige Zellbausteine. Sie bestimmen, wie die Zelle funktioniert, und legen damit unsere Eigenschaften fest.

Was ist DNA?

DNA (Desoxyribonucleinsäure) ist die komplizierte Verbindung, aus der die Gene und Chromosomen bestehen. Die DNA enthält die gesamte genetische Information, die von einer Generation zur nächsten weitergegeben wird.

Unsere Gene stammen jeweils zur Hälfte von den beiden Eltern, und deshalb sieht man ihnen oft ähnlich. Der Schauspieler Charlie Sheen sieht fast genauso aus wie sein Vater Martin.

Die DNA besteht aus zwei spiralförmig verbundenen Molekülfäden; in der Reihenfolge ihrer Einzelbausteine ist die gesamte Erbinformation verschlüsselt.

Was ist die Doppelhelix?

Ein DNA-Molekül besteht aus zwei langen, umeinandergewundenen Strängen, die wie eine verdrehte Strickleiter aussehen. Diese Struktur nennt man Doppelhelix.

Warum haben wir Eigenschaften beider Eltern?

Samen- und Eizellen enthalten nur jeweils 23 Chromosomen, halb so viele wie alle anderen Zellen. Wenn sich die Kerne dieser beiden Zellen bei der Befruchtung vereinigen, sind wieder 46 Chromosomen vorhanden. Aus der befruchteten Eizelle gehen alle anderen Zellen des Körpers hervor, und deshalb stammt die Erbinformation in jeder dieser Zellen zur Hälfte vom Vater und zur Hälfte von der Mutter. Jeder Mensch trägt also eine Mischung von Eigenschaften beider Elternteile in sich.

Was ist ein dominantes Gen?

Die meisten Eigenschaften werden von zwei Genen bestimmt, von denen eines vom Vater, das andere von der Mutter stammt. Manchmal sind diese Gene genau gleich, aber oft unterscheiden sie sich ein wenig und legen zum Beispiel verschiedene Augenfarben fest. Kommmt ein Gen für braune Augen vom Vater und eines für blaue Augen von der Mutter, hat das Kind braune Augen, denn das Gen für die braune Farbe ist stärker oder „dominant", das andere nennt man „rezessiv".

Welche Eigenschaften erben wir von den Eltern?

Erblich sind Eigenschaften wie Hautfarbe, Haarfarbe und Körpergestalt. Die Merkmale der Eltern können sich beim Kind mischen, das Kind kann aber auch einem Elternteil stärker ähneln. Auch Eigenschaften wie die Blutgruppe werden von den Eltern auf die Kinder vererbt.

Welche Eigenschaften erben wir nicht?

Manche Eigenschaften werden von der Lebensweise bestimmt und nicht von den ererbten Genen. Wie fit jemand ist, hängt zum Beispiel von sportlicher Betätigung ab. Auch Eigenschaften, die durch Unfälle entstehen, wie die Narbe einer Schnittwunde sind nicht erblich und werden nicht an die Kinder weitergegeben.

Vererbung der Augenfarbe

Mutter *Vater*

Gen für blaue Augen *Gen für braune Augen*

braune Augen blaue Augen braune Augen blaue Augen

Wie kann man ein Merkmal erben, das die Eltern nicht haben?

Das kommt vor, wenn beide Eltern ein Exemplar des gleichen rezessiven Gens tragen. Wenn beispielsweise beide Eltern braune Augen haben und ein rezessives Gen für blaue Augen besitzen, besteht eine Chance von 1:4, daß das Kind blaue Augen hat. Die Wahrscheinlichkeit, daß ein Merkmal eine Generation überspringt, ist also nicht besonders hoch.

Was sind X- und Y-Chromosomen?

Die Chromosomen X und Y bilden das 23. Chromosomenpaar. Sie bestimmen das Geschlecht. Eine Frau hat zwei X-Chromosomen, beim Mann ist es ein X- und ein Y-Chromosom. Das X-Chromosom ist größer als das Y-Chromosom und enthält wesentlich mehr Gene.

Gibt es „schlechte" Gene?

Ja. Manche Gene nutzen uns offenbar überhaupt nichts. Ein Beispiel ist die Bluterkrankheit (Hämophilie), bei der das Blut nicht normal gerinnt, was zu lebensbedrohlichen Blutungen bei kleinsten Verletzungen führen kann. Ursache der Bluterkrankheit ist ein defektes Gen auf dem X-Chromosom.

Wie wird die Bluterkrankheit vererbt?

Das defekte Gen für die Bluterkrankheit (Hämophilie) liegt auf dem X-Chromosom und wird von dem normalen Gen unterdrückt (das heißt, es ist rezessiv). Eine Frau hat zwei X-Chromosomen und würde die Krankheit nur dann bekommen, wenn auf beiden das Gen für die Hämophilie vorhanden wäre. Trägt sie das Gen jedoch auf einem der beiden Chromosomen, kann ihr Sohn die Bluterkrankheit bekommen, denn ein Mann hat nur ein X-Chromosom, und wenn er das Chromosom mit dem betreffenden Gen von der Mutter erbt, wird er krank. Deshalb ist die Bluterkrankheit bei Männern viel häufiger als bei Frauen. Die Söhne eines erkrankten Mannes und einer Frau, die das Gen nicht besitzt, leiden nicht an der Bluterkrankheit.

Zwei Gene, eins von jedem Elternteil, bestimmen über die Augenfarbe. Hier hat der Vater ein Gen für blaue und eines für braune Augen, die Mutter hat zwei Gene für blaue Augen. Unten erkennt man die möglichen Genkombinationen bei den Kindern.

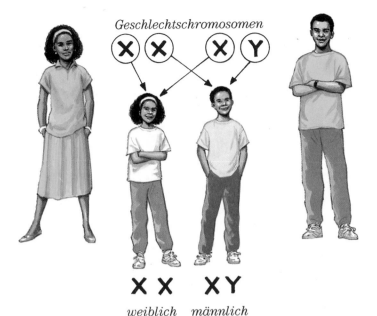

Das Geschlecht eines Kindes hängt davon ab, ob die Samenzelle ein X-Chromosom (für ein Mädchen) oder ein Y-Chromosom (für einen Jungen) zur Eizelle getragen hat.

Wann wird das Geschlecht festgelegt?

Das Geschlecht wird bei der Befruchtung festgelegt. Alle Eizellen tragen ein X-Chromosom, die Samenzellen sind entweder mit einem X- oder einem Y-Chromosom ausgestattet. Befruchtet eine Samenzelle mit dem Y-Chromosom die Eizelle, ergibt sich die Kombination XY – ein Junge. Trägt die Samenzelle ein X-Chromosom, entsteht die Kombination XX – ein Mädchen.

Warum sind Männer öfter farbenblind als Frauen?

Die Farbenblindheit hat mit dem Geschlecht zu tun. Das rezessive Gen für die Rotgrünblindheit liegt auf dem X-Chromosom. Besitzt ein Mann dieses Gen, ist er farbenblind; bei einer Frau muß das Gen dagegen doppelt (auf beiden X-Chromosomen) vorhanden sein.

Wie viele Menschen sind farbenblind?

Ungefähr jeder zwölfte Mann ist teilweise rotgrünblind. Bei Frauen ist nur eine unter 250 betroffen.

Was kann man an Stammbäumen ablesen?

Sie zeigen, wie Eigenschaften vererbt werden. Die Bluterkrankheit kann man zum Beispiel zurückverfolgen.

Was ist eine Mutation?

Eine Mutation ist eine plötzliche Veränderung im Erbmaterial (der DNA) einer Zelle. Mutationen verändern die Erbanweisungen in den Genen und Chromosomen. Am schwerwiegendsten sind Mutationen in den Zellen, aus denen Ei- und Samenzellen hervorgehen, denn sie werden an die Nachkommen weitergegeben.

Was ist eine Genmutation?

Eine Genmutation ist eine kleine Veränderung in der DNA, die nur ein Gen betrifft. Dies ist der Fall beim Gen für die Bluterkrankheit.

Was ist eine Chromosomen-mutation?

In diesem Fall ist die DNA einer Zelle so stark verändert, daß man die Auswirkungen am ganzen Chromosom oder einem Teil davon erkennt.

Was ist das Down-Syndrom?

Das Down-Syndrom ist eine Krankheit, die durch ein überzähliges Chromosom in den Körperzellen entsteht. Kinder mit dem Down-Syndrom haben nicht 46, sondern 47 Chromosomen. Die Folgen sind ein breites Gesicht und geringere geistige Fähigkeiten.

Das Down-Syndrom entsteht durch ein überzähliges Chromosom in den Zellen.

GEHIRN UND GEIST

Wie sieht das Gehirn aus?

Von oben ähnelt das Gehirn einer riesigen Walnuß: Es ist rosa-grau und gerunzelt. Seine Konsistenz ist weich wie ein Pudding.

Woraus besteht das Gehirn?

Das Gehirn besteht aus über zehn Milliarden Nervenzellen; sie sind von den sogenannten Gliazellen umgeben, die sie mit Nährstoffen versorgen.

Was tut das Gehirn?

Das Gehirn ist die Steuerzentrale des Organismus. Es schickt Nachrichten an alle Organe und Gewebe und erhält von dort Informationen. Das Gehirn ermöglicht uns das Lernen, Überlegen und Fühlen. Neben den bewußten Tätigkeiten steuert es auch die unbewußten Vorgänge.

Die einzelnen Gehirnbereiche verarbeiten unter-schiedliche Informationen.

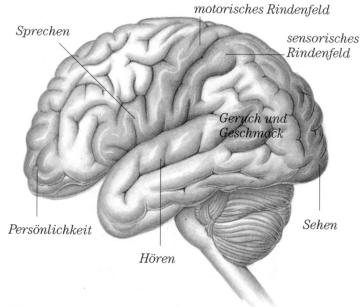

Sprechen

motorisches Rindenfeld

sensorisches Rindenfeld

Geruch und Geschmack

Persönlichkeit

Hören

Sehen

Wie ist das Gehirn geschützt?

Gegen mechanische Beschädigung ist das Gehirn einerseits durch den harten Schädel geschützt und andererseits durch drei Gewebeschichten, die Hirnhäute. Die innerste Hirnhaut dient als Abwehrschranke gegen Bakterien. Die mittlere enthält den sogenannten Liquor, eine Flüssigkeit, die das Gehirn mit Nahrung und Sauerstoff versorgt; außerdem federt diese Gehirnflüssigkeit Stöße ab. Die äußerste Hirnhaut kleidet den Schädel aus.

Wie schwer ist das Gehirn?

Das Gehirn eines Erwachsenen wiegt im Durchschnitt etwa 1,3 Kilogramm. Bei der Geburt ist es ungefähr 330 Gramm schwer. Bei einem fünfjährigen Kind hat das Gehirn bereits 90 Prozent seines endgültigen Gewichts erreicht.

Wie kompliziert ist das menschliche Gehirn?

Das Gehirn des Menschen ist das komplizierteste lebende Gebilde, das es gibt. Jede seiner zehn Milliarden Nervenzellen ist mit bis zu 10000 anderen Nervenzellen verbunden. Es gibt also Billionen Verbindungswege, auf denen Nachrichten durch das Gehirn laufen können.

Inwiefern ähnelt das Gehirn einem Computer?

Das Gehirn enthält wie ein Computer Schaltkreise für elektrische Signale, und diese Schaltkreise bestehen aus Nervenzellen. Wie beim Computer dienen manche Schaltkreise zur Informationsspeicherung, in anderen werden die ankommenden Signale weiterverarbeitet und Reaktionen in Gang gesetzt. Doch das Gehirn dient nicht nur der Informationsaufnahme und -verarbeitung, es steuert auch unbewußte Körperprozesse.

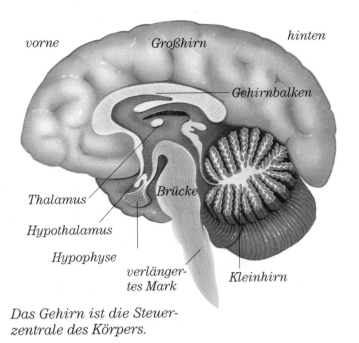

Das Gehirn ist die Steuerzentrale des Körpers.

Welches sind die wichtigsten Gehirnteile?

Die drei wichtigsten Teile des Gehirns sind das Großhirn, das verlängerte Mark auf der Unterseite und das Kleinhirn auf der Rückseite. Das Großhirn ist in die beiden Gehirnhälften unterteilt.

Welches ist der größte Gehirnteil?

Der bei weitem größte Teil ist das Großhirn; es macht etwa 85 Prozent des Gesamtgewichts aus. Das Großhirn ist der Sitz von Intelligenz und Gefühlen. Es dient dem Denken, dem Empfinden und dem Erinnern.

Warum sieht das Gehirn runzelig aus?

In der Außenschicht des Großhirns, auch Hirnrinde genannt, spielt sich der größte Teil des Denkens ab. Die Hirnrinde ist nur etwa drei Millimeter dick, hat aber die Fläche einer Zeitungsseite. Damit sie in den Schädel paßt, muß sie eng zusammengefaltet sein, und deshalb sieht das Gehirn so runzelig aus.

Was ist der Hirnstamm?

Der Hirnstamm ist ein längliches Gebilde, das Gehirn und Rückenmark verbindet. Vermutlich ist es der entwicklungsgeschichtlich älteste Gehirnteil. Zu ihm gehören das verlängerte Mark und der Hypothalamus.

Was tut das verlängerte Mark?

Das verlängerte Mark an der Unterseite des Gehirns steuert die meisten unbewußten, automatisch ablaufenden Tätigkeiten des Organismus, beispielsweise die Atmung und den Herzschlag.

Was tut das Kleinhirn?

Das Kleinhirn koordiniert die Bewegungen, so daß sie glatt und gut gesteuert ablaufen. Es erhält Informationen von Rezeptoren in den Muskeln und Gelenken sowie von den Gleichgewichtsorganen im rechten und linken Innenohr. Es wird auch über alle Nachrichten informiert, die aus den Sinnesorganen des Körpers stammen.

Welchen Teil des Gehirns bezeichnet man als graue Gehirnmasse?

Die graue Gehirnmasse ist der Teil von Gehirn und Rückenmark, der die Körper der Nervenzellen enthält. Ihre Zellkerne lassen die graue Färbung entstehen. Die graue Gehirnmasse liegt zum größten Teil in der Hirnrinde und im Inneren des Rückenmarks.

Wo befindet sich die weiße Gehirnmasse?

Der innere Teil des Gehirns besteht vorwiegend aus weißer Gehirnmasse. Man findet sie aber auch im Rückenmark. Die weiße Gehirnmasse enthält vor allem die langen Fortsätze der Nervenzellen.

Die graue Gehirnmasse in Hirnrinde und Rückenmark besteht aus den Körpern und Fortsätzen (Dendriten) der Nervenzellen. Die weiße Gehirnmasse enthält die langen, isolierten Nervenfasern.

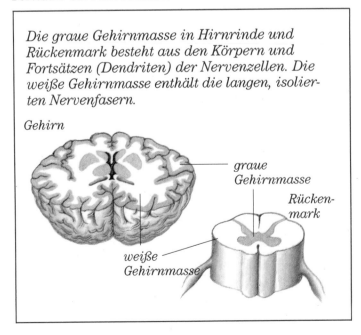

Wie sind die Gehirnhälften verbunden?

Zwischen der rechten und linken Gehirnhälfte liegen mehrere Nervenfasernbündel. Das längste nennt man Gehirnbalken (Corpus callosum).

Warum muß das Gehirn immer ausreichend mit Sauerstoff versorgt werden?

Das Gehirn macht zwar nur zwei Prozent des Körpergewichts aus, aber es verbraucht 20 Prozent der Energie. Deshalb muß es ständig mit Blut versorgt werden, das Sauerstoff und Nährstoffe liefert; nur dann funktioniert das Gehirn richtig. Bei zu geringer Blutzufuhr fühlt man sich schwach, und nach drei Minuten ohne Sauerstoff sterben die ersten Gehirnzellen ab.

Lassen sich Gehirnschäden beheben?

Zerstörte Gehirnzellen werden nicht mehr ersetzt. Allerdings können manchmal andere Gehirnzellen ihre Aufgaben übernehmen.

Was ist der Hypothalamus?

Der Hypothalamus, ein kleiner Bereich im Inneren des Gehirns, ist äußerst wichtig für die Steuerung vieler unbewußt ablaufender Körperfunktionen. Er regelt nicht nur Körpertemperatur, Herzschlag und Nierenfunktion, sondern trägt auch zu Hunger- und Durstgefühlen sowie zum Schlafrhythmus bei.

Ist die linke Gehirnhälfte mit der linken Körperhälfte verbunden?

Nein, die linke Gehirnhälfte steht mit der rechten Körperhälfte in Verbindung. Die Nervenfasern kreuzen sich an der Unterseite des Gehirns. Signale aus der linken Hirnhälfte laufen nach rechts und umgekehrt.

Warum sind die meisten Menschen Rechtshänder?

Bei den meisten Menschen dominiert die linke Gehirnhälfte über die rechte. Und da die linke Seite die rechte Körperhälfte steuert, können die meisten Menschen die Bewegungen der rechten Hand besser steuern.

Was sind die Aufgaben der Gehirnhälften?

Sprechen, Schreiben und logisches Denken werden wohl bei den meisten Menschen von der linken Gehirnhäfte gesteuert. Die rechte Hälfte ist eher für künstlerische Dinge zuständig. Meist überwiegt eine Hälfte, und deshalb ist der eine gut in Kunst, dem anderen liegt eher die Mathematik.

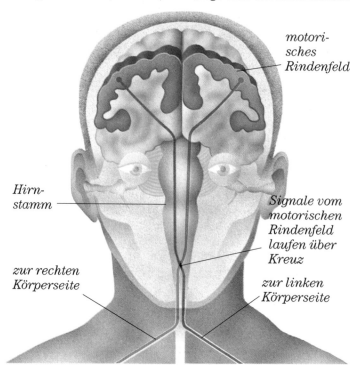

motorisches Rindenfeld

Hirnstamm

Signale vom motorischen Rindenfeld laufen über Kreuz

zur rechten Körperseite

zur linken Körperseite

Die Signale aus den Gehirnhälften überkreuzen sich im Hirnstamm und laufen zur entgegengesetzten Körperseite. Die rechte Hand wird also von der linken Gehirnhälfte gesteuert.

Ist das Gehirn bei Männern größer?

Im Durchschnitt ist das Gehirn bei Frauen ein wenig kleiner als bei Männern. Frauen sind aber auch insgesamt kleiner – im Verhältnis zum Körpergewicht ist ihr Gehirn mindestens ebenso groß.

Wie schnell entwickelt sich das Gehirn?

Die meisten Nervenzellen sind bei der Geburt bereits vorhanden, und das Gehirn macht zehn Prozent des Körpergewichts aus. Später werden die Nervenzellen größer, und zwischen ihnen bilden sich viele Verbindungen. Diese „Verdrahtung" des Gehirns wird zum größten Teil in den ersten Lebensjahren festgelegt.

Wird das Gehirn mit zunehmendem Alter kleiner?

In der Kindheit wächst das Gehirn, und Anfang zwanzig erreicht es seinen größten Umfang. Danach sterben die Gehirnzellen allmählich ab. Glücklicherweise haben wir allerdings so viele davon, daß sich meist keine Probleme ergeben.

Was geschieht, wenn das Gehirn ein Signal empfängt?

Signale von den Sinnesorganen werden zum sensorischen Feld geleitet, einem besonderen Bereich der Hirnrinde. Dort wird die Nachricht ausgewertet und die übrige Hirnrinde „informiert". Die Hirnrinde „überlegt" und „entscheidet", wie sie reagieren soll. Von einem weiteren Rindenbereich, dem motorischen Feld, laufen dann Anweisungen an Muskeln oder Drüsen, die Reaktion auszuführen.

Haben Mädchen ein anderes Gehirn als Jungen?

Manchen Hinweisen zufolge gibt es geringe Unterschiede. Im allgemeinen sind Jungen besser bei Aufgaben, die räumliches Vorstellungsvermögen erfordern, beispielsweise von Gegenständen und Mustern. Mädchen können Worte besser benutzen und lernen meist früher lesen als Jungen.

Um sich den nächsten Schachzug vorzustellen, braucht man die visuelle Vorstellung in der rechten Gehirnhälfte. Wenn man sich selbst erklärt, was der Gegner dann wohl tun wird, sind die verbalen Fähigkeiten auf der linken Seite gefordert.

Die Gehirnströme kann man mit Elektroden an der Kopfhaut messen. Die Aktivitätsschwankungen werden dann vom Computer analysiert.

Was sind Gehirnströme?

Gehirnströme sind elektrische Wellen aus den Nervenzellen des Großhirns. Mit einem besonderen Gerät, dem Elektroenzephalographen, kann man sie messen. Elektroden an der Kopfhaut nehmen die Ströme auf, und das Gerät zeichnet sie auf einem Papierstreifen auf. Eine solches Diagramm nennt man Elektroenzephalogramm oder kurz EEG.

Kann das Gehirn Schmerzen empfinden?

Das Gehirn stellt Schmerzempfindungen in anderen Körperteilen fest, aber selbst besitzt es keine Schmerzrezeptoren. Bei einer Gehirnoperation spürt man zum Beispiel keine Schmerzen. Manchmal kann man solche Eingriffe mit örtlicher Betäubung vornehmen, das heißt, der Patient bleibt wach.

Was ist die „Kartierung" des Gehirns?

Die Wissenschaftler „kartieren" das Gehirn, um die Funktion seiner Teile zu ermitteln. Dazu gibt es zwei Methoden. Erstens kann man Patienten untersuchen, deren Gehirn durch einen Unfall geschädigt wurde, und die Auswirkungen der Verletzung feststellen. Und zweitens kann man mit Elektroden elektrischen Strom durch das Gehirn leiten und den Betreffenden fragen, was er dabei empfindet. So etwas tut man natürlich nur mit Einwilligung des Betroffenen, und es tut nicht weh.

Gedächtnis und Lernen

Was ist der Geist?

Der Geist ist der Teil von uns, der Gedanken, Erinnerungen und Gefühle umfaßt. Er entsteht durch die Tätigkeit des Gehirns.

Was ist das Unterbewußtsein?

Das Unterbewußtsein ist der Teil des Geistes, den wir nicht wahrnehmen. Es kann unser Verhalten unbemerkt beeinflussen.

Was ist Gedächtnis?

Gedächtnis ist die Fähigkeit, das Erlernte und Erlebte zu speichern. Es umfaßt drei Teile, die darin bestehen, Informationen zu erhalten, aufzubewahren und später wieder abzurufen.

Gibt es verschiedene Arten von Gedächtnis?

Es gibt drei Arten von Gedächtnis: Das eidetische Gedächtnis sagt etwas über die Welt im gleichen Augenblick, so daß wir zum Beispiel beim Gehen nirgendwo anstoßen. Das Kurzzeitgedächtnis reicht über etwa 30 Sekunden und sorgt unter anderem dafür, daß wir eine Telefonnummer beim Wählen nicht vergessen. Das Langzeitgedächtnis schließlich speichert Erinnerungen über viele Jahre.

Wir nutzen verschiedene Arten des Gedächtnisses: Langzeit- (a), Kurzzeit- (b), eidetisches Gedächtnis (c).

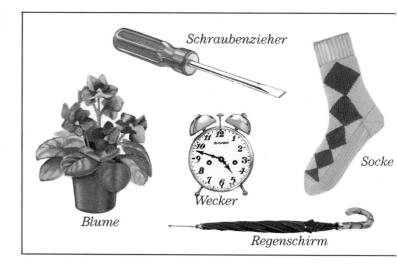

Schraubenzieher
Socke
Wecker
Blume
Regenschirm

An wie viele Dinge kann man sich gleichzeitig erinnern?

Man kann sich an sieben Dinge gleichzeitig erinnern. Deshalb haben die meisten Menschen Schwierigkeiten, sich eine Telefonnummer mit mehr als sieben Ziffern zu merken. Wenn man die Zahlen in Gruppen einteilt, merkt man sie sich leichter, denn dann kann das Gedächtnis sieben „Informationspakete" festhalten.

Wo werden Erinnerungen gespeichert?

Die Erinnerungen liegen im Gehirn, aber wahrscheinlich werden bestimmte Erinnerungen mehrfach abgelegt, das heißt, in verschiedenen Abschnitten der Hirnrinde gespeichert. Auch wenn ein Gehirnteil geschädigt ist, gehen sie so nicht unbedingt verloren.

Wie werden Erinnerungen im Langzeitgedächtnis gespeichert?

Wenn einen etwas besonders beeindruckt, weil es sehr interessant ist, wird es meist im Langzeitgedächtnis gespeichert. Wenn man etwas lernen will, hilft es der Erinnerung, es mehrmals zu wiederholen.

Wie entsteht Gedächtnisverlust?

Ein plötzlicher Gedächtnisverlust ist sehr selten. Er kommt vor, wenn jemand einen starken Schock erlitten hat, aber manchmal ist überhaupt kein Grund zu erkennen. Meist sind nur Teile des Gedächtnisses betroffen – die Erinnerung an alltägliche Tätigkeiten bleibt gewöhnlich erhalten. Oft kehrt die Erinnerung nach einigen Stunden, Tagen oder Wochen wieder.

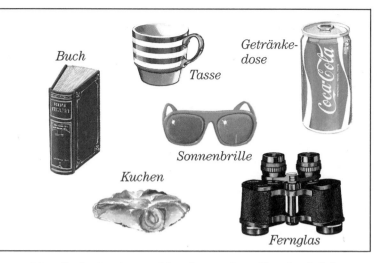

Buch

Tasse

Getränke-
dose

Sonnenbrille

Kuchen

Fernglas

Ein Gedächtnistest: Man betrachte die abgebildeten Gegenstände 30 Sekunden lang und decke sie dann zu. An wie viele kann man sich erinnern?

Wie lernt man?

Lernen kann man auf unterschiedliche Weise. Was man für eine Klassenarbeit mühsam auswendig gelernt hat, vergißt man oft bald darauf. Erlernte Fähigkeiten wie Radfahren oder Schwimmen bleiben dagegen oft ein Leben lang erhalten. In der Kindheit lernt man vieles am Vorbild der Älteren, indem man bestimmte Verhaltensweisen nachahmt.

Was ist das photographische Gedächtnis?

Manche Menschen können ein Bild, eine Szene, eine komplizierte mathematische Formel oder eine Buchseite wie ein Foto im Gedächtnis festhalten. Sie erinnern sich genau an die Anordnung der Gegenstände auf dem Bild oder an bestimmte Worte auf einer Seite. Zur Erinnerung an Vergangenes stellen die meisten Menschen vor ihrem geistigen Auge ein Bild her, aber nur bei wenigen zeigt dieses Bild alle Einzelheiten so genau wie ein Foto.

Was ist Lernen durch Einsicht?

Lernen durch Einsicht ist eine Form des Überlegens, bei der man aufgrund früherer Erfahrungen ein neues Problem löst. Dazu sind Menschen, aber auch Schimpansen und andere intelligente Tiere in der Lage. Bringt man zum Beispiel einen Schimpansen in einen Raum, in dem ein Bündel Bananen von der Decke hängt, während einige Kisten herumliegen, wird er ein wenig überlegen und dann die Kisten aufeinandertürmen, um hochzuklettern und die Früchte zu erreichen.

Was ist Instinkt?

Instinktive Tätigkeiten braucht man nicht zu lernen. Ein Neugeborenes saugt zum Beispiel automatisch an der Brust der Mutter. Dieses instinktive Verhalten hilft dem Baby zu überleben, denn es muß sofort nach der Geburt essen können. Zeit, das Essen zu lernen, hat es nicht.

Was taten die Pawlowschen Hunde?

Der russische Biologe Iwan Pawlow studierte an Hunden eine Form des Lernens, die sogenannte Konditionierung. Er ließ eine Glocke läuten, wenn er die Hunde fütterte. Er verband damit den Klang der Glocke mit der Erwartung einer Fütterung. Nach einigen Tagen produzierten die Tiere beim Läuten Speichel, auch wenn es kein Futter gab: Sie waren darauf konditioniert, Läuten und Futter in Verbindung zu bringen.

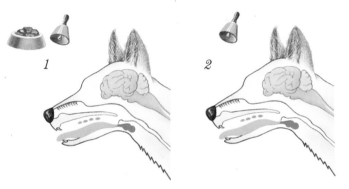

Pawlow ließ in seinem Konditionierungsexperiment jedesmal eine Glocke läuten, wenn er die Hunde fütterte (1). Nach einiger Zeit produzierten die Hunde allein beim Ton der Glocke Speichel (2).

Was ist ein bedingter Reflex?

Ein bedingter Reflex ist eine Bewegung, die man anfangs bewußt und später automatisch ausführt. Solche bedingten Reflexe entwickeln sich zum Beispiel beim Tennisspielen oder Maschineschreiben. Man braucht nicht mehr über jede Bewegung nachzudenken und gewinnt so große Schnelligkeit.

Was taten Skinners Ratten?

Der amerikanische Verhaltensforscher B.F. Skinner zeigte an Ratten eine Art der Konditionierung: Eine hungrige Ratte entdeckt durch Versuch und Irrtum, daß sie Futter bekommt, wenn sie einen Hebel betätigt. Sie verbindet das Drücken des Hebels mit Nahrung und bedient den Mechanismus immer öfter, um sich immer mehr Leckerbissen zu verschaffen.

Intelligenz

Was ist Intelligenz?

Über eine genaue Definition von Intelligenz sind sich die Wissenschaftler nicht einig. Einfach gesagt, ist sie die geistige Fähigkeit, zu überlegen, zu lernen und zu verstehen. Intelligenz zeigt sich auf vielerlei Weise, zum Beispiel wenn man eine originelle Geschichte schreibt oder eine Rechenaufgabe löst. Zur Intelligenz gehören viele geistige Begabungen, von denen meist einige stärker ausgeprägt sind als andere, wie zum Beispiel Klugheit, Auffassungsgabe, Urteilsgeschwindigkeit und Vorstellungsvermögen.

Eine Art der Intelligenz ist das Erkennen von Gesetzmäßigkeiten. Die Bilder links folgen jeweils einem Prinzip; welches von den rechten Bildern paßt dazu? (Lösung auf S. 89).

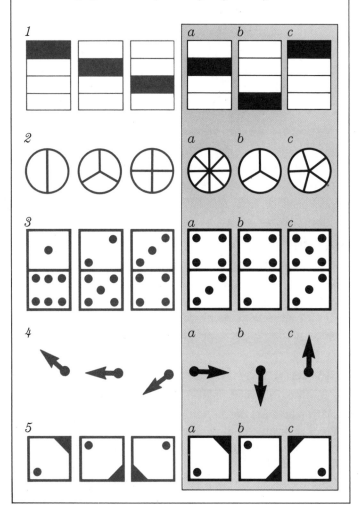

Was ist der Intelligenzquotient?

Der Intelligenzquotient (IQ) ist ein Maß für die Intelligenz. Man ermittelt ihn durch einen schriftlichen Test, bei dem unter anderem aus mehreren Antworten die richtige ausgewählt werden muß. Der Durchschnitts-IQ liegt bei 100, unter 70 spricht man von Schwachsinn, über 130 von hervorragender Intelligenz.

Ist der IQ ein gutes Maß für die Intelligenz?

Der Intelligenzquotient ist bestenfalls ein grobes Maß für die Intelligenz, er hat mehrere Nachteile. Es gibt verschiedene Arten der Intelligenz, und nicht alle lassen sich mit einem IQ-Test messen. Besondere Begabungen auf Gebieten wie Kunst oder Musik werden zum Beispiel nicht erfaßt. Außerdem erzielen manche Menschen durch langes Üben ein besseres Ergebnis. In manchen Kulturkreisen sind auch schriftliche Aufgaben nicht üblich, weshalb solche Menschen bei dem üblichen IQ-Test benachteiligt sind.

Warum sind Menschen so intelligent?

Menschen sind intelligenter als Tiere, weil sie ein umfangreicheres Großhirn besitzen. Deshalb können wir besser überlegen und unsere Gedanken durch Sprache mitteilen. Auf diese Weise kann Wissen vermittelt und von Generation zu Generation weitergegeben werden. Da wir auf zwei Beinen gehen, haben wir die Hände frei, so daß wir Werkzeuge herstellen können – auch das ist ein Grund, warum wir mehr Fähigkeiten haben als Tiere.

Ist Intelligenz erblich?

Manchen Hinweisen zufolge wird Intelligenz bis zu einem gewissen Grade vererbt, aber auch die Umwelt spielt eine wichtige Rolle – wie man aufwächst, wie man spielen, lesen und arbeiten lernt, hat Einfluß auf die Ausprägung der Intelligenz. Früh gefördert kann jeder das Beste aus seinen ererbten Fähigkeiten machen.

Sind Menschen mit dem größten Gehirn am intelligentesten?

Nein, die Intelligenz hat nicht unmittelbar mit der Größe des Gehirns zu tun. Genies haben kein größeres Gehirn als andere Menschen. Das größte bekannte menschliche Gehirn wog über 2 kg, aber sein Besitzer war nicht außergewöhnlich intelligent.

Die Intelligenz der Delphine zeigt sich unter anderem an ihrer hochentwickelten Kommunikation.

Welches Tier ist am intelligentesten?

Am intelligentesten sind nach dem Menschen entweder Schimpansen oder Delphine. Beide Arten sind gut in der Lage, Probleme zu lösen und sich untereinander zu verständigen.

Was sind die stummen Gehirnbereiche?

Manche Gehirnbereiche nennt man „stumm", weil sie auf elektrische Reize hin weder Empfindungen noch Reaktionen hervorrufen. Vermutlich sind sie für Eigenschaften wie Charakter und Persönlichkeit verantwortlich. Sie liegen auf der Vorderseite der Hirnrinde.

Was ist Persönlichkeit?

Als Persönlichkeit bezeichnet man die besonderen Eigenschaften eines Menschen, ob er beispielsweise laut oder ruhig, ernst oder albern ist, ob er eher ein extrovertierter oder ein introvertierter Mensch ist. Die meisten Menschen lassen sich aber nicht eindeutig einer Kategorie zuordnen, sondern weisen verschiedenste Merkmale auf.

Was ist ein extrovertierter Mensch?

Ein extrovertierter Mensch ist oft lautstark und geht gern unter Menschen. Er liebt die Veränderung und neigt zu impulsiven Handlungen.

Was ist ein introvertierter Mensch?

Der introvertierte Mensch ist das Gegenteil des extrovertierten: ruhig, zurückhaltend und überlegt. Er denkt genau über viele Dinge nach und hat meist einen eher kleinen Freundeskreis.

Was ist der Rorschach-Test?

Beim Rorschach-Test betrachtet man Farbflecken und überlegt, was sie darstellen oder bedeuten könnten. Man untersucht damit, wie sich die Persönlichkeit zusammensetzt, und was ein Mensch unbewußt wünscht oder fühlt, leitet man von den jeweiligen Assoziationen ab.

Die Bilder, die jemand im Rorschachtest erkennt, sind ein Hinweis auf unbewußte Wünsche oder auf den Geisteszustand.

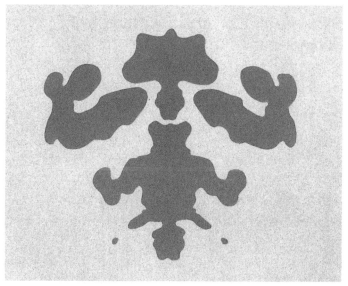

Wann bildet sich die Persönlichkeit?

Die Persönlichkeit ist eine Mischung aus ererbten Eigenschaften und unseren Reaktionen auf äußere Einflüsse, beispielsweise auf Familie und Freunde. Die Persönlichkeitsprägung beginnt schon in den ersten Lebenswochen und unterliegt im Laufe des Lebens immer wieder Änderungen.

Woher kommen die Gefühle?

Im täglichen Leben reagieren wir auf das, was wir sehen, hören und riechen. Außerdem erleben wir aber auch eine andere Art der Reaktion: die Gefühle. Sie entstehen im Gehirn, und zwar in vielen verschiedenen Gehirnbereichen, insbesondere im Hypothalamus und im Großhirn. Gefühle bilden sich als Folge von Nervensignalen, die aus Sinnesorganen kommen, oder sie ergeben sich aus Gedanken, die in der Hirnrinde ablaufen. Es gibt sowohl angenehme Gefühle, wie zum Beispiel Freude, als auch unangenehme.

Lösungen zum Intelligenztest auf S. 88:
Lösungen zum Intelligenztest auf S. 88:
1b), 2c), 3a), 4b), 5c)

Kommunikation

Was ist Kommunikation?

Kommunikation ist Informationsübermittlung von einer Person zu einer anderen. Wird dazu die Sprache benutzt, spricht man von verbaler Kommunikation. Alle anderen Formen der Mitteilung, zum Beispiel durch Stimmlage, Gestik oder Mimik, nennt man nonverbal.

Wie sieht Kommunikation bei Babys aus?

Die erste Kommunikationsform ist das Weinen; die Eltern können bald verschiedene Formen des Weinens unterscheiden: Wenn das Baby Hunger hat, klingt es ganz anders als bei Müdigkeit oder Enttäuschung. Schon nach wenigen Monaten kann ein Baby außerdem durch Lächeln oder finsteren Blick seine Stimmung mitteilen.

Wie schnell lernt ein Mensch sprechen?

Ein Baby plappert: Es lernt die Geräusche, die man zum Sprechen verwendet, und kann die Laute aller Sprachen der Welt hervorbringen. Später lernt es, auszuwählen, und dann benutzt es nur noch diejenigen, die es am häufigsten hört. Etwa mit einem Jahr spricht es die ersten Worte. Mit zwei Jahren kennt es ein paar hundert Worte und kann kurze Wendungen sprechen. Mit drei Jahren redet das Kind in ganzen Sätzen, und als Vierjähriges kennt es die Grundregeln der Grammatik.

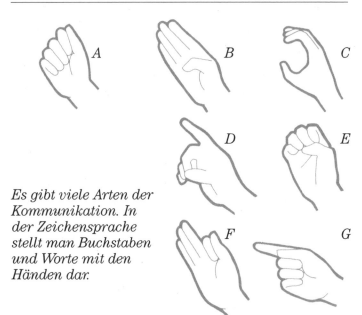

Es gibt viele Arten der Kommunikation. In der Zeichensprache stellt man Buchstaben und Worte mit den Händen dar.

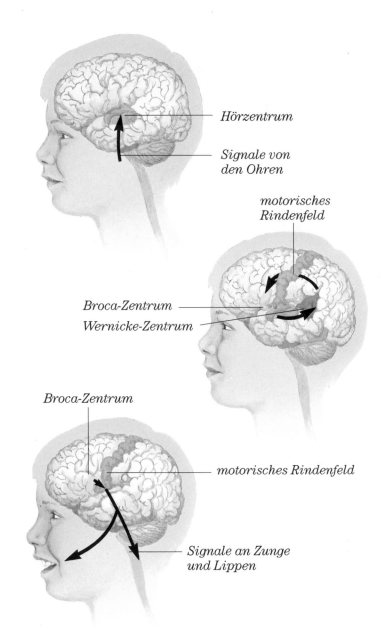

Schall wird im Wernicke-Zentrum des Gehirns verarbeitet, die Hirnrinde erzeugt die Antwort. Das Broca-Zentrum liefert die Anweisungen zum Sprechen an die Muskeln. Die Bewegungen werden vom motorischen Rindenfeld koordiniert.

Welche Gehirnbereiche haben mit dem Sprechen zu tun?

Für das Sprechen sind zwei Bereiche der linken Gehirnhälfte zuständig. Der eine, Broca-Zentrum genannt, sorgt für das Formen der Sprache, der zweite, das Wernicke-Zentrum, erkennt den Sinn der Sprache. Die Namen erinnern an die Wissenschaftler, die diese Bereiche im 19. Jahrhundert entdeckten, als sie Patienten mit Gehirnverletzungen untersuchten.

Wie viele Sprachen gibt es?

Es gibt auf der Erde etwa 5000 Sprachen. Am meisten verbreitet ist Chinesisch – es ist die Muttersprache von ungefähr 600 Millionen Menschen. An zweiter Stelle steht das Englische, das etwa 400 Millionen Menschen sprechen.

Was ist Esperanto?

Esperanto ist eine künstliche Sprache, die 1887 von dem polnischen Arzt Ludwig Zamenhof entwickelt wurde. Es ist eine Weltsprache, die von allen Menschen als gemeinsame Fremdsprache gesprochen werden kann. Esperanto ist relativ leicht zu lernen, weil es nur 16 Grammatikregeln kennt.

Wie groß ist unser Wortschatz?

Die deutsche Sprache umfaßt etwa 300000 Wörter, von denen ein durchschnittlich Gebildeter aber nur ungefähr 50000 verwendet, also rund ein Sechstel. Schon mit 2000 Wörtern kann man eine Sprache fließend sprechen.

Wer sprach die meisten Sprachen?

Dr. Harold Williams aus Neuseeland (1876-1928) sprach 58 Sprachen. Als Delegierter des Völkerbundes in Genf konnte er als einziger mit allen anderen Teilnehmern in ihrer eigenen Sprache reden.

Was ist Legasthenie?

Personen mit Legasthenie oder „Schreib-Leseschwäche" können nur schwer lesen und buchstabieren. Häufig verdrehen sie Buchstaben (wie b und d) oder Worte (Rot und Tor). Bis zu einem gewissen Grade läßt sich die Legasthenie durch besonderen Förderunterricht beheben.

Wie entsteht Stottern?

Die Ursachen des Stotterns kennt man nicht genau. Möglicherweise kann das Gehirn das Gesagte nicht genau kontrollieren, oder Lippen, Mund und Gaumen sind schlecht koordiniert. Auch seelische Ursachen spielen eine Rolle, zum Beispiel wenn jemand Angst hat, vor vielen Zuhörern zu sprechen. Durch besondere Sprach- und Psychotherapie kann man meist eine Besserung erreichen.

Was ist Körpersprache?

Körpersprache ist alles, was wir anderen mitteilen, ohne zu sprechen. Zur Körpersprache gehören unter anderem die Stimmlage, der Gesichtsausdruck, Gesten und die Art, wie man steht oder sitzt.

Was sagen Gesten aus?

Manche Handbewegungen wie das Heben des Daumens werden bewußt eingesetzt. Oft laufen Gesten jedoch unbewußt ab, und dann verraten sie manchmal Dinge, die man nicht sagen will. Ein Kind, das lügt, verdeckt den Mund zum Beispiel häufig mit der Hand.

Bedeuten Handbewegungen überall das gleiche?

Nein, Handbewegungen können in verschiedenen Kulturkreisen unterschiedliche Bedeutung haben. Der nach oben gerichtete Daumen bedeutet in Amerika „in Ordnung", in Frankreich „Null" und in Japan „Geld". In manchen Ländern gilt er als unhöflich.

Was ist Sozialverhalten?

Sozialverhalten ist das Benehmen gegenüber anderen, insbesondere des Einzelnen in der Gruppe, beispielsweise in der Familie, unter Freunden oder in der Schulklasse.

Was ist Gruppenzwang?

Gruppenzwang ist Druck, den eine Gruppe auf einen Einzelnen ausübt, um ihn zu einem bestimmten Verhalten zu bewegen. In einer Gruppe fühlt man sich zum Beispiel oft gezwungen, die gleiche Musik oder Kleidung zu bevorzugen wie die anderen.

Gesichtsausdruck und Handbewegungen verleihen den Worten besonderen Nachdruck.

Schlafen und Träumen

Warum müssen wir schlafen?

Genau weiß das niemand. Natürlich ruht sich der Körper beim Schlafen aus, und vermutlich wird in dieser Zeit das Gewebe repariert: Neue Zellen entstehen, und es erholt sich von der Tätigkeit des Tages. Das Gehirn ist auch im Schlaf sehr aktiv, nach Ansicht mancher Fachleute arbeitet es in dieser Zeit die Ereignisse des Tages auf: Es ordnet die neuen Eindrücke und fügt sie mit älteren Informationen zusammen. Das hilft wahrscheinlich, aus neuen Erfahrungen zu lernen. Nimmt man einen Menschen über längere Zeit die Möglichkeit sich auszuruhen, wird er krank.

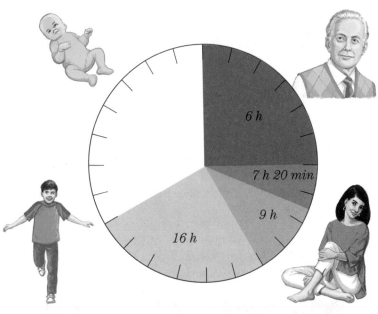

Je älter man wird, desto weniger Schlaf braucht man. Ein Baby muß täglich 16 Stunden schlafen; bei einem Zwölfjährigen sind es 9 Stunden, bei einem jungen Erwachsenen 7 Stunden und 20 Minuten, und bei einem 65jährigen sechs Stunden.

Wieviel Schlaf braucht ein Mensch?

Im Durchschnitt schläft man acht Stunden pro Nacht. Auf das ganze Leben gerechnet, sind das über 20 Jahre! Einzelne Menschen brauchen unterschiedlich viel Schlaf, aber mit zunehmendem Alter wird es immer weniger. Ein Neugeborenes schläft 16 Stunden am Tag, ein 65jähriger braucht nur sechs Stunden. Es gibt natürlich auch Ausnahmen, wenn man sich beispielsweise von einer Krankheit erholt, schläft man im allgemeinen mehr.

Was geschieht während des Schlafens?

Wenn man schläft, schlägt das Herz langsamer, der Blutdruck sinkt, und die Atmung wird langsam und gleichmäßig. Im typischen Fall bewegt sich der Körper nach 20 Minuten kaum noch, weil man in den Tiefschlaf fällt. Jetzt sind die Muskeln entspannt, und die Gehirntätigkeit geht zurück. Wachstum, Erholung und Reparatur des Körpers finden wahrscheinlich zum größten Teil in dieser Phase statt. Der Tiefschlaf wird gelegentlich von weniger tiefen Schlafphasen und den Traumphasen im sogenannten REM-Schlaf unterbrochen.

Was ist REM-Schlaf?

REM ist die Abkürzung für das englische „rapid eye movements", das heißt „schnelle Augenbewegungen". Während des REM-Schlafs bewegen sich die Augen hin und her, und man träumt.

Was ist Schlafwandeln?

Kinder schlafwandeln öfter als Erwachsene, aber niemand weiß genau, warum. Das Schlafwandeln tritt während des Tiefschlafs auf, wenn Gehirnteile zur Steuerung von Sprache und Bewegung wach bleiben. Der Betreffende spricht, setzt sich auf oder geht sogar herum. Die Sinne sind teilweise wach, aber später hat der Schlafwandler keine Erinnerung an das Geschehene. Schlafwandeln ist nicht ungefährlich, weil man sich dabei stoßen kann, oder stolpern und hinfallen.

Im Schlaf kann der Körper sich erholen und auf den kommenden Tag vorbereiten.

Welche Schlafphasen gibt es?

Acht Stunden Schlaf unterteilen sich im allgemeinen in drei bis vier Stunden Tiefschlaf, zwei bis drei Stunden REM-Schlaf und ein bis zwei Stunden flachen Schlaf. Der Tiefschlaf liegt zum größten Teil zu Beginn der Schlafphase, der REM-Schlaf eher an ihrem Ende. In einer Nacht ändert der Körper im Durchschnitt etwa 40mal seine Lage, um möglichst alle Körperpartien zu entspannen.

Wieviel träumt man?

Jeder Mensch träumt jede Nacht, aber meist erinnert man sich nicht daran. Etwa ein Viertel der Schlafzeit ist von Träumen angefüllt. Wenn man während eines Traumes aufwacht, erinnert man sich gut daran, wenn zwischen Traum und Aufwachen zehn Minuten verstreichen, ist die Erinnerung ausgelöscht.

Welche Bedeutung haben die Träume?

Wie der Psychoanalytiker Sigmund Freud erkannte, tauchen in unseren Träumen Bilder und Tätigkeiten auf, die uns berühren, die wir aber tagsüber nicht wahrnehmen. Nach einer anderen Theorie ordnet das Gehirn mit den Träumen die Ereignisse und Eindrücke des vergangenen Tages.

Was würde geschehen, wenn man nicht träumt?

Man weiß zwar nicht genau, warum wir träumen, aber Träumen ist unentbehrlich. Wenn man einen Schlafenden jedesmal bei Beginn eines Traumes weckt, wird er schnell verwirrt. Er sieht selbst im wachen Zustand Dinge, die nicht vorhanden sind.

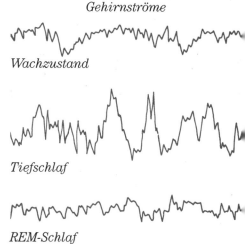

Die Gehirnströme zeigen die unterschiedliche Gehirntätigkeit beim Schlafen. An ihrem Verlauf kann man auch erkennen, wann der Übergang vom REM- zum Tiefschlaf erfolgt.

Gehirnströme

Wachzustand

Tiefschlaf

REM-Schlaf

Wie äußert sich Schlaflosigkeit?

Wenn man an Schlaflosigkeit leidet, kann man entweder nicht einschlafen, oder man wacht oft auf, obwohl man müde ist. Manche Menschen haben nur gelegentlich Schwierigkeiten mit dem Einschlafen, für andere ist es ein Dauerproblem. Langanhaltende Schlaflosigkeit führt zu Konzentrationsstörungen und dem Gefühl körperlicher Mattheit. Der Körper ist nicht mehr richtig leistungsfähig.

Was ist die Ursache der Schlaflosigkeit?

Eine häufige Ursache ist Angst. Der Betreffende macht sich Sorgen um seine Arbeit, seine Freundschaften, die Familie oder auch nur darüber, daß er nicht einschlafen kann. Manchmal schläft man auch schlecht, wenn es im Zimmer zu warm oder zu kalt ist. Oder es liegt an einem schweren Essen vor dem Zubettgehen, an Kaffee oder Tee (beide enthalten Koffein, das einen wach hält). Auch zuwenig Bewegung kann zu Schlaflosigkeit führen. Ausreichend Bewegung, frische Luft und leichte Kost schaffen oft Abhilfe.

Wer schläft am wenigsten?

Manche Menschen leiden an völliger Schlaflosigkeit, einer sehr seltenen Krankheit. Einige von ihnen haben seit Jahren nicht richtig geschlafen.

Was ist Tagträumen?

Wenn die Aufmerksamkeit abschweift und man im wachen Zustand in einen traumähnlichen Zustand verfällt, spricht man von Tagträumen. Wie man festgestellt hat, kommt es bei fast allen Menschen vor. Manche Tagträume haben mit der Angst vor Versagen zu tun, aber meist ist ihr Inhalt freudig und positiv.

Wahrnehmung

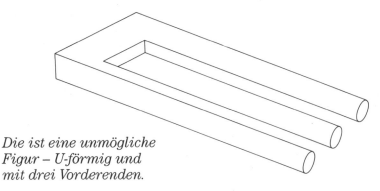

Die ist eine unmögliche Figur – U-förmig und mit drei Vorderenden.

Was ist Wahrnehmung?

Wahrnehmung ist die Art, wie unser Gehirn die von den Sinnesorganen kommende Information über die Umwelt interpretiert. Wenn vor uns beispielsweise eine Holzkiste steht, sehen die Augen eine bestimmte Anordnung von Farben und Formen. Mit Hilfe dieser Information und früherer Erfahrungen interpretieren wir das Bild als Kiste bestimmter Form und Größe.

Was ist eine optische Täuschung?

Eine optische Täuschung ist ein Bild, das vom Auge falsch gesehen und vom Gehirn falsch oder seltsam interpretiert wird. Der Mond erscheint zum Beispiel über dem Horizont viel größer als wenn er hoch am Himmel steht. Mißt man seine Größe aber mit einem Lineal, das man mit ausgestrecktem Arm hält, dann erkennt man, daß er in beiden Fällen gleich groß ist.

Wie entstehen optische Täuschungen?

Optische Täuschungen sind Fehlleistungen des Auges. Sie entstehen durch das Zusammenspiel von Augen und Gehirn. Das Gehirn muß die vielen tausend Signale, die von den Augen kommen, ordnen und ihnen einen Sinn geben. Dazu vergleicht es die Signale mit dem, was es aus Erfahrung bereits über die Welt weiß. Damit die neue Information zu den bekannten Erfahrungen paßt, verändert es unter Umständen das Bild, so daß man es anders wahrnimmt, als es wirklich ist.

Was ist eine unmögliche Figur?

Ein unmöglicher Gegenstand ist eine optische Täuschung, bei der wir einzelne Teile eines Bildes unterschiedlich interpretieren, so daß ein Widerspruch entsteht. Wenn wir versuchen, die Teile zu einem Ganzen zusammenzufügen, passen sie nicht – wir sehen einen Gegenstand, den es nicht geben kann.

Was ist ein Vexierbild?

Manche Bilder lassen sich auf zweierlei Weise interpretieren. Ein Beispiel findet sich unten links: Sieht man hier eine alte oder eine junge Frau? Das Gehirn kann sich nicht entscheiden, deshalb sieht man abwechselnd das eine und das andere.

Was versteht man unter Ponzo-Täuschung?

Gleichlange Linien scheinen eine unterschiedliche Länge zu haben, wenn sie von schrägen Linien umgeben sind (unten Mitte). Die obere Linie erscheint länger, weil man meint, sie sei weiter entfernt. Dahinter steht die Erfahrung, daß beispielsweise Eisenbahnschienen sich mit zunehmender Entfernung einander anzunähern scheinen.

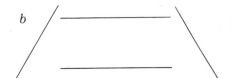
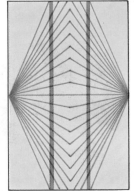
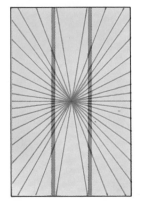

Optische Täuschungen:
a) Junge oder alte Frau?
b) Ponzo-Täuschung
c) Die senkrechten Linien erscheinen gebogen – mit einem Lineal kann man das Gegenteil beweisen.

Geistige Gesundheit

Was ist eine seelische Erkrankung?

Seelische Erkrankungen betreffen die Gedanken, Gefühle und Verhaltensweisen eines Menschen. Sie können zum Beispiel entstehen, wenn jemand mit den Belastungen des Lebens nicht mehr fertig wird, und sind in vielen Fällen heilbar.

Was ist geistige Behinderung?

Geistige Behinderung – nicht zu verwechseln mit seelischen Erkrankungen – ist ein dauerhafter Schaden des Gehirns. Sie kann durch eine Verletzung oder – wie das Down-Syndrom – durch Genveränderungen entstehen. Sie läßt sich nicht vollständig heilen, doch mit besonderer Förderung kann der Betroffene seine Schwierigkeiten zum Teil überwinden.

Was ist die Ursache seelischer Erkrankungen?

Seelische Erkrankungen haben viele Ursachen. Gesellschaftliche Faktoren wie Arbeitslosigkeit, familiäre Schwierigkeiten und Druck in Schule oder Beruf können zu seelischer Erkrankung führen. In anderen Fällen ist die Ursache vermutlich ein chemisches Ungleichgewicht im Gehirn.

Welches ist die häufigste seelische Erkrankung?

Die häufigste seelische Erkrankung ist die Depression. Die Betroffenen empfinden tiefe Traurigkeit und Hoffnungslosigkeit; das Selbstbewußtsein ist sehr gering. Oft können sie nicht richtig essen, schlafen und arbeiten. Vielen depressiven Menschen kann mit Medikamenten und psychologischer Beratung geholfen werden.

Was ist eine Neurose?

Eine Neurose ist eine Krankheit, die meist durch gesellschaftliche oder gefühlsmäßige Faktoren entsteht. Sie umfaßt als Sammelbegriff Störungen im Verhalten und im Erleben von Menschen. Die Betroffenen sind oft ängstlich, sie fühlen sich unsicher oder deprimiert. Solche Gefühle hat jeder manchmal, aber wer an Neurosen leidet, wird sie fast nie los. Bei allen diesen Verwirrungen geht der Bezug zur Realität jedoch nicht verloren, es können aber körperliche Beschwerden auftreten, für die es keine organische Ursache gibt.

Was ist eine Phobie?

Eine Phobie ist übermäßige, nicht begründete Angst vor einem Gegenstand, einem Tier oder einer Situation, zum Beispiel vor großer Höhe (Höhenangst) oder engen Räumen (Klaustrophobie). Das Angstgefühl wird bei einer Phobie so stark, daß der Betroffene sich nicht mehr normal oder vernünftig verhalten kann, sondern in unkontrollierte Panik ausbricht.

Kann man Phobien heilen?

Meist lassen sich Phobien durch Verhaltenstherapie beseitigen: Der Patient verliert seine Angst allmählich, weil er mehr über ihren Gegenstand erfährt und sich langsam daran gewöhnt. Oft ist dazu eine wochen- oder monatelange regelmäßige Behandlung erforderlich.

Arachnophobie ist eine übersteigerte Angst vor Spinnen.

Was ist eine Psychose?

Eine Psychose ist eine schwere seelische Erkrankung. Der Betroffene verliert den Bezug zur Realität und hört zum Beispiel Stimmen oder fühlt sich verfolgt (Paranoia). Ein Beispiel für eine Psychose ist die Schizophrenie.

Hat jemand, der an Schizophrenie leidet, eine gespaltene Persönlichkeit?

Bei Schizophrenie denkt man oft an einen Menschen mit zwei verschiedenen Persönlichkeiten. Aber dieses Bild stimmt nicht: Der Betroffene ist meist von der Wirklichkeit abgespalten und hat Wahnvorstellungen. Manche Kranken werden dabei aggressiv, andere sind ruhig und ziehen sich zurück.

MEDIZIN

Was heißt „Gesundsein"?

Gesundsein ist mehr als nicht krank zu sein. Es bedeutet, daß man sich körperlich und seelisch wohlzufühlen. Bei guter Gesundheit arbeiten alle Organe richtig zusammen; man hat soviel Kraft und Energie, daß man das Leben in vollem Umfang genießen kann.

Welche Faktoren beeinflussen die Gesundheit?

Die Gesundheit wird von fast allen Tätigkeiten beeinflußt, von der Ernährung bis zu körperlichen Anstrengungen. Auch innere Faktoren spielen eine Rolle, zum Beispiel die Gene, die man geerbt hat, das Alter und das Geschlecht. Außerdem hängt die Gesundheit von äußeren Faktoren ab, wie Umwelteinflüssen und Lebensbedingungen.

Was ist Hygiene?

Hygiene ist die Wissenschaft von Gesundheit und Sauberkeit. Sauberkeit verhindert, daß Kranheitserreger sich ausbreiten. Zur Hygiene gehört beispielsweise auch die regelmäßige Pflege der Zähne und Überprüfung durch den Zahnarzt, um der Karies vorzubeugen.

Wie hoch ist die normale Körpertemperatur?

Die normale Körpertemperatur liegt bei 37 °C, sie schwankt allerdings bei einzelnen Menschen ein wenig und ändert sich auch im Laufe eines Tages. Am niedrigsten ist sie in den frühen Morgenstunden, den Höchstwert erreicht sie am späten Nachmittag. Wenn man krank ist, kann sie um zwei bis drei Grad ansteigen.

Das Thermogramm, eine „Wärmekarte" des Körpers, zeigt deutlich, wie das Blut bei niedriger Umgebungstemperatur von Händen und Füßen weggeleitet wird, um Körperwärme zu sparen.

Was bedeutet „körperlich fit"?

Wenn man körperlich fit ist, arbeiten alle Körperteile und Organe, zum Beispiel Muskeln, Knochen, Herz und Lunge, einwandfrei zusammen, so daß man alle Tätigkeiten des täglichen Lebens ohne Mühe ausführen kann. Zur körperlichen Fitness gehören drei Dinge: Kraft, Gelenkigkeit und Ausdauer.

Was muß man tun, um fit zu bleiben?

Fachleute empfehlen mindestens dreimal wöchentlich ein Ausdauertraining von 15 Minuten, damit Herz und Lunge gesund bleiben. Die Ausdauer verbessert sich zum Beispiel durch Schwimmen, Laufen, Radfahren oder Aerobic. Wenn man Gesundheitsprobleme hat, sollte man einen Arzt befragen, bevor man mit dem Training beginnt, denn der Körper darf auf keinen Fall überfordert werden.

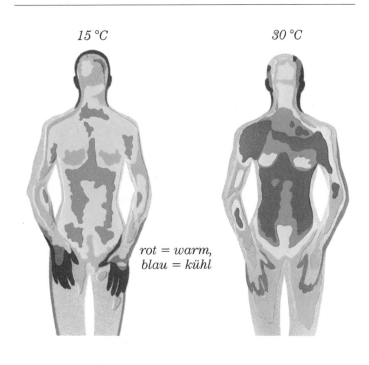

15 °C *30 °C*

*rot = warm,
blau = kühl*

Kann zuviel Training gefährlich sein?

Ja. Zuviel ungewohntes Training kann zu schmerzhaften Muskelzerrungen und Verrenkungen führen. Vor dem Training sollte man sich immer mit einfachen Übungen aufwärmen und die Muskeln dehnen. Wenn man noch nicht sehr fit ist, sollte man langsam beginnen und die Belastung nach und nach steigern.

Wie beeinflußt die Umwelt unsere Gesundheit?

Viele Umweltfaktoren wirken sich auf die Gesundheit aus. Wer beispielsweise jeden Tag giftige Abgase einatmet, bekommt unter Umständen Asthma oder eine andere Atemwegserkrankung. Warmes Wetter kann die Luftverschmutzung verschlimmern, weil sich gefährlicher Smog entwickelt. Auch viele andere Lebensumstände wirken sich auf die Gesundheit aus.

Smog über Los Angeles (Kalifornien, USA).

Sollte man Vitamintabletten nehmen?

Eine ausgewogene Ernährung enthält alle notwendigen Vitamine; wer gesund ist, sollte deshalb keine Vitamintabletten nehmen. Einem Kranken können zusätzliche Vitamine nützen, ebenso wie schwangeren Frauen und älteren Menschen.

Sind zu viele Vitamine schädlich?

In den meisten Fällen nicht, aber regelmäßige hohe Dosen von Vitamin D, die hundertmal höher sind als die empfohlene Menge, führen nach einiger Zeit zu Nierenversagen. Große Mengen an Vitamin A schädigen bei einer schwangeren Frau das ungeborene Kind.

Brauchen Kinder mehr Vitamine als Erwachsene?

Kinder sind lebhaft und wachsen schnell, deshalb brauchen sie ganz allgemein mehr Nährstoffe, nicht nur mehr Vitamine. Vitamintabletten sind bei einer ausgewogenen Ernährung nicht erforderlich.

Welche Nahrungsmittel sollte man meiden?

Man sollte wenig tierische Fette und Salz zu sich nehmen, denn beide erhöhen die Gefahr von Herzkrankheiten. Zuviel Zucker und Fett führen zu Übergewicht und möglicherweise zu Herz- und Nierenleiden sowie zur Zuckerkrankheit.

Ist das Essen aus Imbißbuden schädlich?

Die meisten Gerichte aus dem Imbiß – zum Beispiel Pommes frites – enthalten vor allem viel Fett. Man sollte sich daher möglichst abwechslungsreich ernähren, insbesondere mit frischem Obst und Gemüse, damit der Körper ausreichend Ballaststoffe, Vitamine und Mineralstoffe aufnimmt.

Ist Diät gesund?

Viele Menschen wollen abnehmen, indem sie weniger Kohlenhydrate und Fette essen. Eine solche Diät wirkt aber meist nur kurze Zeit; mit den alten Eßgewohnheiten kehrt das alte Gewicht zurück. Viel besser bleibt man in Form, wenn man sich insgesamt an gesündere Ernährung und regelmäßige körperliche Betätigung gewöhnt.

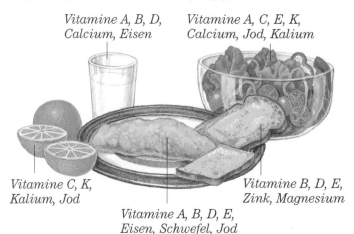

Frisches Gemüse, Salat, Obst und Milchprodukte liefern viele Vitamine und Mineralstoffe.

Medizin

Was ist ein Vegetarier?

Ein Vegetarier ißt weder Fleisch noch Fisch. Die meisten Vegetarier nehmen Milchprodukte wie Eier und Milch zu sich. Diese Gruppe nennt man Laktovegetarier. Manche vermeiden aber alle tierischen Produkte und verzehren ausschließlich Nahrung, die von Pflanzen stammt.

Ist vegetarische Ernährung gesund?

Ja, in vielen Fällen ist pflanzliche Ernährung gesünder als tierische Lebensmittel, denn sie enthält weniger Fett. Wer überhaupt keine tierischen Produkte ißt, muß aber auf ausreichende Mengen an Protein und den Vitaminen B und D achten.

Warum sollte man beim Niesen ein Taschentuch verwenden?

Beim Niesen werden Luft und Schleim aus der Nase geblasen. Der Schleim enthält häufig Krankheitserreger, die andere Menschen unter Umständen einatmen. Mit einem Taschentuch hält man die Erreger fest, so daß sie sich nicht weiterverbreiten.

Warum kann Zucker die Zähne schädigen?

Die Bakterien im Mund ernähren sich von Zucker und verwandeln ihn in Säuren, die dann kleine Vertiefungen in die Zähne ätzen: Durch diese winzigen Löcher können Bakterien eindringen, die Karies verursachen.

Was ist Plaque?

Plaque ist der klebrige Belag auf Zähnen und Zahnfleisch. Er ist ein Gemisch aus Speichel, Nahrungsteilchen und Bakterien. Die Bakterien fressen den Zucker im Plaque und machen daraus Säuren, die Zähne und Zahnfleisch angreifen.

Warum ist Zähneputzen wichtig?

Durch Zähneputzen wird der Zahnbelag entfernt, der zu Karies führt, außerdem wird das Zahnfleisch massiert. Um ihn so gut wie möglich zu beseitigen, sollte man die Zähne jedesmal nach dem Essen putzen und die Zwischenräume mit Zahnseide reinigen. Mit besonderen Tabletten, die den Zahnbelag rot färben, kann man den Erfolg des Zähneputzens überprüfen. Fluor in der Zahnpasta kräftigt die Zähne zusätzlich.

Wie verhütet man Zahnfleischentzündungen?

Wenn sich Plaque an den Zahnwurzeln ansammelt, kann sich ein harter Belag bilden, der Zahnstein. Er reizt das Zahnfleisch, so daß es sich entzündet und leicht blutet. Durch gründliches Zähneputzen kann man die Plaqueansammlung vermindern. Den Zahnstein entfernt der Zahnarzt, wenn er das nächste Mal nach den Zähnen sieht.

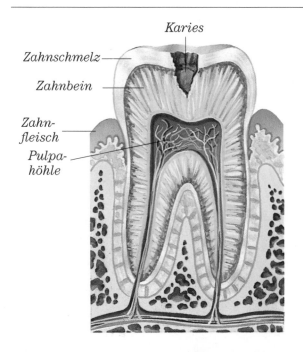

Zahnbelag greift den Zahnschmelz an und läßt Karies entstehen. Wenn das Loch größer wird, muß es gefüllt werden.

 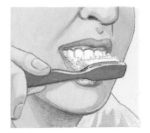

Zähneputzen nach dem Essen und Säubern der Zwischenräume mit Zahnseide hält Zähne und Zahnfleisch gesund.

Wozu dient Fluor im Trinkwasser?

In manchen Ländern setzt man dem Trinkwasser Fluor zu, weil es bei Kindern den Zahnschmelz kräftigt und Karies verhütet.

Krankheiten

Was ist eine Krankheit?

Krankheit ist ein Zustand, in dem der Körper nicht mehr richtig funktioniert. Es gibt viele verschiedene Krankheitsursachen.

Was versteht man unter Krankheitssymptomen?

Krankheitssymptome sind die typischen Anzeichen einer Krankheit. Manche davon kann man bei einer Untersuchung des Patienten sehen oder messen, wie zum Beispiel einen Hautausschlag oder einen hohen Blutzuckerspiegel. Andere, beispielsweise Schmerzen, fühlt der Patient, aber der Arzt kann sie nicht unmittelbar sehen oder feststellen.

Ausschlag ist ein leicht erkennbares Krankheitssymptom; Magenschmerzen dagegen muß die Patientin dem Arzt beschreiben.

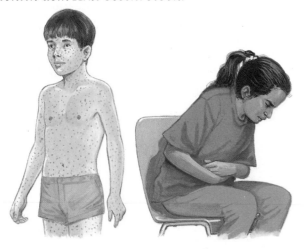

Was ist eine Diagnose?

Die Diagnose ist das Bestimmen der jeweiligen Krankheit, an der ein Patient leidet, durch ärztliche Befragung und Untersuchung. Der Arzt gelangt zu seiner Beurteilung anhand der Krankheitssymptome, die er beobachtet, und aufgrund seiner Kenntnisse und Erfahrungen.

Was sind Mikroorganismen?

Mikroorganismen sind Lebewesen, die so klein sind, daß man sie mit bloßem Auge nicht sehen kann. Viele von ihnen bestehen nur aus einer Zelle, deshalb nennt man sie Einzeller.

Wie entstehen Krankheiten?

Manche Krankheiten werden von Mikroorganismen verursacht, die in den Körper eindringen und sich dort vermehren. Dabei schädigen sie den Körper, zum Beispiel weil sie giftige Abfallstoffe ausscheiden. Andere Krankheiten entstehen durch Defekte in den Organsystemen des Körpers.

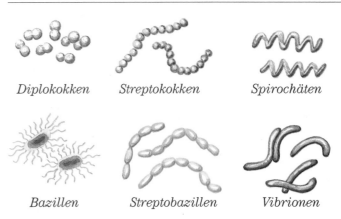

Diplokokken   *Streptokokken*   *Spirochäten*

Bazillen   *Streptobazillen*   *Vibrionen*

Bakterien erzeugen viele Krankheiten, von Lebensmittelvergiftung bis zur Tuberkulose.

Welche Mikroorganismen verursachen Krankheiten?

Es gibt vier Haupttypen von Krankheitserregern: Viren, Bakterien, Protozoen und Pilze. Solche Mikroorganismen bezeichnet man auch als Keime.

Was sind Bakterien?

Bakterien sind Mikroorganismen. Sie sind kleiner als die Körperzellen und leben fast überall: in der Luft, im Boden und auf unserer Haut.

Welche Krankheiten entstehen durch Bakterien?

Bakterien verursachen unter anderem Cholera, Tetanus, Tuberkulose, Keuchhusten, Typhus und die meisten Lebensmittelvergiftungen.

Was ist ein Virus?

Viren sind keine richtigen Lebewesen. Sie sind tausendmal kleiner als der Punkt am Ende dieses Satzes und werden nur lebendig, wenn sie in die Zellen eines Lebewesens eindringen und sich dort vermehren. Allein sind sie tote Materie: Sie können weder fressen, noch pflanzen sie sich ohne die Hilfe einer Zelle fort.

Wie erzeugen Viren Krankheiten?

Viren dringen in die Körperzellen ein und bringen sie unter ihre Kontrolle, um sich zu vermehren. Dabei platzen die Zellen schließlich auf und entlassen neue Viren, die wiederum in neue Zellen eindringen und sich weiter vervielfältigen. Auf diese Weise werden Zehntausende von Zellen zerstört, und das verursacht die Krankheitssymptome, unter denen der Patient dann leidet.

Sind Viren gefährlich?

Manche Viren sind sehr gefährlich: Das Poliovirus zerstört zum Beispiel die Muskeln und verursacht Kinderlähmung, und das menschliche Immunschwächevirus (HIV) erzeugt AIDS. Gegen die meisten Viren gibt es keine Medikamente: Gesund wird man erst, wenn das körpereigene Immunsystem sie vernichtet hat. Von leichteren Viruserkrankungen wie zum Beispiel einer Erkältung erholt man sich auf diese Weise recht schnell.

Welche Krankheiten entstehen durch Protozoen?

Protozoen sind einzellige Tiere, die im Wasser und Boden vorkommen. Sie sind größer als Bakterien und erzeugen Malaria (Wechselfieber), Schlafkrankheit und manche Formen der Ruhr.

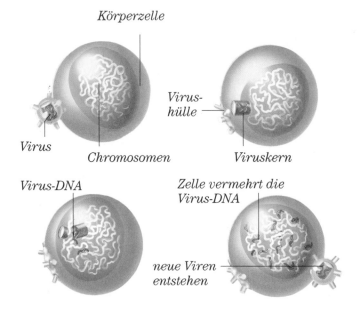

Körperzelle

Virus-
hülle

Virus

Chromosomen

Viruskern

Virus-DNA

Zelle vermehrt die
Virus-DNA

neue Viren
entstehen

Viren schleusen ihre DNA in die Körperzellen. Dort entstehen Hunderte von neuen Viren, die dann die Zelle zerstören und wieder neue Zellen infizieren.

Auf welche Weise verbreiten sich Krankheiten?

Krankheitserreger verbreiten sich auf vielerlei Weise. Die Viren, die Erkältung und Grippe verursachen, werden beim Husten, Niesen und Schneuzen durch die Speicheltröpfchen übertragen. Manche Krankheiten, beispielsweise Salmonelleninfektionen, verbreiten sich durch verunreinigte Lebensmittel. Auch Tiere übertragen Krankheiten auf Menschen. Im Mittelalter trugen Flöhe zum Beispiel die Pest von schwarzen Ratten zu den Menschen.

Was ist eine Infektionskrankheit?

Eine Infektionskrankheit entsteht durch Erreger, die auf andere Menschen übertragen werden können. Krankheiten wie Krebs, Zuckerkrankheit und Vitaminmangel sind keine Infektionskrankheiten: Sie können nicht weitergegeben werden.

Was ist eine ansteckende Krankheit?

Eine ansteckende Krankheit ist eine Infektionskrankheit, die durch unmittelbare Übertragung des Erregers von Mensch zu Mensch entsteht, ohne daß ein Zwischenwirt (zum Beispiel ein Tier) beteiligt ist. Ein Beispiel hierfür sind Fadenpilze, eine Hauterkrankung, die nur bei unmittelbarem Kontakt mit einem Erkrankten übertragen wird, oder Windpocken.

Warum wird man nicht häufiger krank?

Wir kommen täglich mit vielen Millionen Bakterien in Berührung. Die meisten von ihnen sind harmlos; außerdem verfügt unser Organismus über sehr wirksame Abwehrschranken gegen Krankheitserreger; wenn sie dennoch in den Organismus eindringen, werden sie vom Immunsystem meist unschädlich gemacht.

Wie gelangen Krankheitserreger in den Körper?

In den Körper gelangen die Erreger unter anderem durch Öffnungen wie Mund und Nase. Dort liegen Schleimhäute, die als feuchte Barriere dienen, aber gleichzeitig finden die Erreger dort auch einen idealen Nährboden. Später können die Keime dann andere Organe infizieren. Auch mit der Nahrung und mit der Flüssigkeit, die unser Körper braucht, nehmen wir Krankheitserreger auf. Wieder andere Erreger gelangen durch Hautwunden in den Organismus.

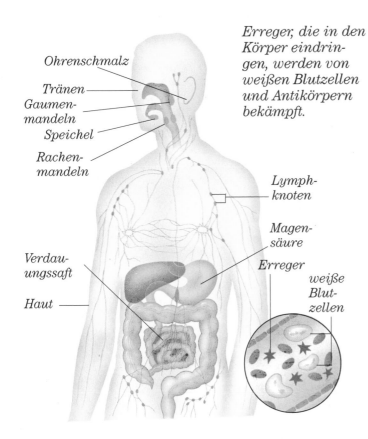

Ohrenschmalz
Tränen
Gaumen-
mandeln
Speichel
Rachen-
mandeln
Verdau-
ungssaft
Haut
Lymph-
knoten
Magen-
säure
Erreger
weiße
Blut-
zellen

Erreger, die in den Körper eindringen, werden von weißen Blutzellen und Antikörpern bekämpft.

Was macht der Organismus mit den Erregern?

Unser Organismus hat verschiedene Möglichkeiten, sich gegen Krankheitserreger zu wehren. Blutgerinnsel verschließen Hautverletzungen. Nase, Mund, Atemwege und Darm sind mit einer Schleimbarriere ausgekleidet. Tränen, Schweiß und Ohrenschmalz enthalten keimtötende Substanzen, und die Magensäure vernichtet Erreger in der Nahrung.

Was ist das Immunsystem?

Das Immunsystem ist die körpereigene Infektionsabwehr. Zwei Arten weißer Blutzellen reagieren auf Krankheitserreger und machen sie unwirksam: Lymphocyten erzeugen Antikörper, Phagocyten fressen die Erreger auf.

Was sind Antikörper?

Antikörper sind Moleküle, die sich an die Erreger heften und sie so markieren, daß sie von den Phagocyten gefressen werden. Wenn die Lymphocyten einen Erreger einmal „kennen", können sie ihn beim nächsten Mal viel schneller bekämpfen und sofort die richtigen Antikörper herstellen. Auf diese Weise wird der Körper gegen die Krankheit immun, das heißt, er kann nicht mehr von ihr befallen werden.

Was ist das Lymphsystem?

Das Lymphsystem ist ein Netz kleiner Gefäße, in denen die Lymphe fließt, eine Körperflüssigkeit. Die Lymphe hat unter anderem die Aufgabe, bei der körpereigenen Infektionsabwehr mitzuwirken. An den Lymphgefäßen liegen in Abständen kleine, bohnenförmige Verdickungen, die Lymphknoten. In ihnen werden die Lymphocyten gespeichert, die die Krankheitserreger bekämpfen.

Wie viele Stadien hat eine Krankheit?

Meist verläuft eine Krankheit in vier Stadien. Bei Viruserkrankungen, beispielsweise einer Erkältung, steht am Anfang die Infektion: Das Virus überwindet die Abwehr und dringt in den Körper ein. Als zweites folgt die Inkubationszeit: Das Virus vermehrt sich. In diesem Stadium kann man andere Menschen anstecken. Im dritten Stadium bricht die Krankheit mit ihren Symptomen aus. Das vierte Stadium ist die Genesung: Jetzt drängt das Immunsystem die Krankheit zurück.

Verursachen Insekten Krankheiten?

Die wenigsten Insekten erzeugen selbst eine Krankheit, aber vielfach übertragen sie die Erreger. Das gilt für einige sehr schwere Krankheiten: Malaria wird von Mücken übertragen, die Pest von Flöhen, die Schlafkrankheit von der Tsetsefliege und Cholera, Kinderlähmung und Ruhr von Stubenfliegen.

Manche Insekten übertragen Krankheitserreger.

Floh (Beulenpest)

Stubenfliege (Cholera)

Tsetsefliege (Schlafkrankheit)

Anophelesmücke (Malaria)

Geschichte der Medizin

Wer war der erste Arzt?

Der erste Arzt, den man kennt, war der Ägypter Imhotep, der ungefähr 2650 v. Chr. lebte. Wegen seiner Heilkunst wurde er nach seinem Tod als Gott verehrt.

Wer war der „Vater der Medizin"?

Als „Vater der abendländischen Medizin" gilt der griechische Arzt Hippokrates, der im 4. Jh. v. Chr. lebte. Er kannte die Bedeutung von Hygiene und guter Ernährung, und er trug dazu bei, daß die Medizin eine auf Beobachten und Aufzeichnen gegründete Wissenschaft wurde. Er soll auch der Verfasser des Hippokratischen Eides sein, der die Regeln ärztlichen Verhaltens festlegt. Bis vor kurzem mußten alle Ärzte diesen Eid ablegen.

Wer war Galen?

Galen (129-199 n. Chr.) war der berühmteste römische Arzt. Als Chirurg an einer Gladiatorenschule lernte er viel über den Körperbau; außerdem erweiterte er sein Wissen, indem er Tiere sezierte. Er war Leibarzt von drei römischen Kaisern. Er entwickelte die Theorie, daß vier Flüssigkeiten den Körper durchströmen: Blut, Schleim, grüne und schwarze Galle. Er glaubte, daß die Stimmungen eines Menschen vom Vorherrschen des jeweiligen Körpersaftes abhingen.

Wer war Avicenna?

Avicenna (980-1037) war ein bedeutender Philosoph und Arzt in der islamischen Welt des Mittelalters. Er schrieb einen *Kanon der Medizin*, in dem er sein eigenes medizinisches Wissen sowie die Erkenntnisse der Römer und Araber zusammenfaßte. Avicennas Theorien und Methoden wurden in Europa 700 Jahre lang gelehrt. Avicenna war bis zum Beginn der modernen Medizin unbestrittene Autorität.

Wer war Vesalius?

Vesalius (1514 – 564) gründete seine Beobachtungen als erster auf das Sezieren des menschlichen Körpers. Die Leichen, die er für seine Untersuchungen brauchte, bezog er aus frischen Gräbern. Vesalius studierte in Belgien Medizin und wurde dann mit 24 Jahren in Italien Anatomieprofessor. Er brachte 1543 ein Lehrbuch über den Körperbau des Menschen heraus und zeigte, daß Galens Befunde, die zu diesem Zeitpunkt 1400 Jahren alt waren, in vielerlei Hinsicht nicht zutrafen.

Wie entstand das öffentliche Gesundheitswesen?

Schon um 1500 v. Chr. baute man in Mesopotamien und im Industal Kanalisationssysteme. Auch die Römer wußten, daß Schmutz und Übervölkerung die Ausbreitung von Krankheiten begünstigen. Im 6. Jh. v. Chr. gab es in Rom ein großes Abwassernetz, und kurz darauf baute man gewaltige Wasserleitungen (Aquädukte) für die Trinkwasserversorgung der Bevölkerung. Die meisten römischen Städte hatten eigene öffentliche Bäder, und schon bald entwickelte sich eine Badekultur.

kleines öffentliches Bad in einer römischen Stadt

Was entdeckte William Harvey?

Der Arzt William Harvey (1578-1657) zeigte durch Beobachtungen und einfache Experimente, daß das Herz das Blut durch einen geschlossenen Kreislauf in einer Richtung durch den Körper pumpt. Damit widersprach er den Vorstellungen seiner Zeit. Eines seiner berühmtesten Experimente wird in der Medizinerausbildung noch heute manchmal vorgeführt.

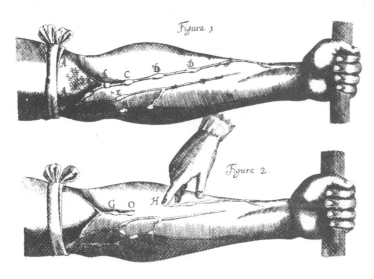

Das Harvey-Experiment: Man legt einen Riemen eng um den Arm, so daß die Venen hervortreten. Verdickkungen zeigen die Lage der Venenklappen. Drückt man hinter einer Klappe auf die Vene, leert sie sich, aber sie kann sich nicht wieder füllen.

Wer erfand die Impfung?

Impfungen haben ihren Ursprung im 10. Jahrhundert v. Chr. in China. Lady Mary Wortley Montagu führte die Pokkenimpfung 1771 in England ein, aber am bekanntesten wurde Edward Jenner: Er impfte 1796 einen Jungen mit der Flüssigkeit aus den Kuhpockenbläschen einer Melkerin. Der Junge bekam Kuhpocken, die den echten Pocken ähnelten, aber milder verliefen. Als er den Jungen später mit Pocken infizierte, erkrankte er nicht. Wie Jenner erwartet hatte, war der Junge gegen die Kuhpocken immun.

Wer entdeckte, daß Lachgas ein Narkosemittel ist?

Der englische Chemiker Humphry Davy entdeckte 1799 durch Zufall, daß Lachgas, ein ungiftiges, unsichtbares Gas, Schmerzen lindern kann. Sein Patient blieb bei Bewußtsein und lachte sogar. Lachgas wurde lange Zeit in der Zahnmedizin und in der Geburtshilfe eingesetzt.

Welcher Zahnarzt verwendete zum ersten Mal Äther?

Der Zahnarzt William Morton gab seinen Patienten 1846 zum erstenmal Äther, um ihre Schmerzen zu betäuben.

Warum ist Florence Nightingale berühmt?

Florence Nightingale (1820-1910) wurde berühmt, weil sie viel dazu beitrug, die Tätigkeit der Krankenschwester zu einem angesehenen Beruf zu machen. Im Krimkrieg (1853-1856) leitete sie eine Gruppe von Schwestern, die sich um die verwundeten englischen Soldaten kümmerten; sie sorgte für umfassende hygienische Verbesserungen in den Lazaretten.

Wer entdeckte die Krankheitserreger?

Louis Pasteur (1822-1895) und Robert Koch (1843-1910) entdeckten, daß Krankheiten durch Mikroorganismen hervorgerufen werden. Sie isolierten erstmals einzelne Erreger, Koch beispielsweise 1882 den Erreger der Tuberkulose.

Louis Pasteur erfand die Pasteurisierung zum Abtöten gefährlicher Erreger in Lebensmitteln.

Was heißt „Pasteurisieren"?

Pasteurisieren ist das rasche Erhitzen und Abkühlen einer Flüssigkeit, um Bakterien abzutöten. Der Begriff erinnert an Louis Pasteur, der auf diese Weise den Wein vor dem Verderben schützte. Heute werden vor allem Milchprodukte pasteurisiert.

Welche Krankheit wurde ausgerottet?

Die Weltgesundheitsorganisation erklärte die Pocken Ende der siebziger Jahre für ausgerottet – ein Erfolg langjähriger weltweiter Impfkampagnen.

Moderne Medizin

Warum tragen Ärzte und Schwestern im Operationssaal Kittel und Mundschutz?

Kittel und Mundschutz verhindern, daß Krankheitserreger vom Körper oder von der Kleidung des Personals während der Operation in die Wunde des Patienten gelangen. Als weitere Vorsichtsmaßnahme werden die Kittel keimfrei gemacht, so daß an ihnen keine Bakterien mehr haften. Auch der Operationssaal selbst wird sterilisiert, und sogar aus der Luft werden die Bakterien herausgefiltert, damit keine Infektionsgefahr für den Patienten besteht.

Wozu sind Operationen notwendig?

Meist schneidet man bei einer Operation den Körper auf, um geschädigtes oder erkranktes Gewebe zu entfernen, beispielsweise die Mandeln oder den Blinddarm. Manchmal ist eine Operation auch erforderlich, um festzustellen, was dem Patienten fehlt. Bei manchen Operationen werden Teile des Körpers, die verschlissen sind, durch künstliche Teile ersetzt, beispielsweise ein Hüftgelenk oder eine Herzklappe. Notfalloperationen, zum Beispiel nach einem Autounfall, können lebensrettend sein.

Operationssäle hält man so keimfrei wie möglich, um Infektionen zu verhindern. Das Personal trägt Kittel und Masken, und die Luft wird gefiltert.

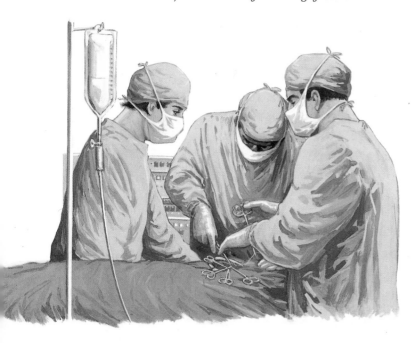

Was ist ein Chirurg?

Ein Chirurg ist ein Arzt, der Erkrankungen und Verletzungen durch Eingriffe in den Körper des Patienten, also durch Operationen, behandelt. Die Chirurgie ist heute so weit fortgeschritten, daß sogar Organe verpflanzt werden.

Was tut der Anästhesist?

Der Anästhesist ist der Spezialist für die Narkose: Er gibt dem Patienten Medikamente, die ihn bewußtlos machen oder den Schmerz während der Operation nehmen. Das erste Narkosemittel wird vor der Operation gespritzt, ein weiteres kann der Patient später als Gas einatmen. Außerdem achtet der Anästhesist genau auf Puls und Atmung des Patienten.

Was sind Antibiotika?

Antibiotika sind Medikamente, die Bakterien abtöten oder an der Vermehrung hindern. Sie werden als Tabletten oder Injektionen gegeben. Die meisten Antibiotika werden aus Pilzen gewonnen; das bekannteste ist das Penicillin. Es wurde 1928 vom britischen Arzt Alexander Fleming entdeckt.

Was sind Desinfektionsmittel?

Desinfektionsmittel töten Mikroorganismen oder verlangsamen ihr Wachstum. Man reinigt damit Wunden und setzt sie manchmal bei Mund- und Racheninfektionen ein. Viele Desinfektionsmittel sind giftig und dürfen nur äußerlich angewandt werden.

Wozu dient ein Endoskop?

Mit dem Endoskop kann der Arzt innere Organe betrachten, Gewebeproben entnehmen und sogar Operationen ausführen, ohne daß er den Körper des Patienten öffnen muß. Das Instrument besteht aus einem langen, biegsamen Schlauch mit Glasfasern, die das Licht leiten und ein Bild aus dem Körperinneren liefern. Mit Drähten, die durch den Schlauch laufen, lassen sich Geräte zum Entnehmen von Gewebeproben und zum Schneiden bedienen.

Wie wirken Röntgenstrahlen?

Röntgenstrahlen sind unsichtbare Wellen; sie durchdringen weiches Gewebe wie Haut und Muskeln, werden aber unter anderem von Knochen aufgehalten. Wenn Röntgenstrahlen durch den Körper auf eine lichtempfindliche Schicht fallen, entsteht ein Bild, das beispielsweise einen Knochenbruch zeigt. Wo die Röntgenstrahlen den Körper durchdringen, wird die Schicht geschwärzt, in anderen Bereichen bleibt sie heller. Auch Flüssigkeit in der Lunge kann man auf diese Weise erkennen.

Was ist Computertomographie?

Bei der Computertomographie (kurz CT) werden Röntgenbilder von einzelnen Schichten des Körpers hergestellt. Die Quelle der Röntgenstrahlen umkreist den Patienten, so daß dieser von allen Seiten durchleuchtet wird. Das Computertomogramm zeigt weiches und hartes Gewebe. Aus mehreren derartigen Bildern konstruiert der Computer eine räumliche Darstellung, die dem Arzt eine sehr gute Innenansicht des Körpers vermittelt.

Computertomograph

Der Computertomograph schickt Röntgenstrahlen in unterschiedlichen Winkeln durch den Körper. Der Computer macht daraus Aufnahmen einzelner Schichten.

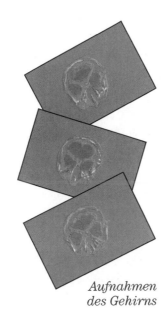

Aufnahmen des Gehirns

Wie kann man mit Hochfrequenzstrahlen in den Körper sehen?

Bei der Kernresonanzspektroskopie, kurz NMR genannt, blickt man nicht mit Röntgenstrahlen, sondern mit Hochfrequenzstrahlen ins Körperinnere. Wenn der Patient in einem Magnetfeld liegt, entstehen winzige elektrische Signale, und genau diese Signale verändern sich, wenn ein Organ erkrankt ist. Die NMR-Technik setzt man ein, wenn Röntgenstrahlen zu gefährlich wären.

Was ist eine PET-Aufnahme?

Mit der Positronen-Emissionstomographie (PET) mißt man die Aktivität in den einzelnen Körperteilen (Positron ist eine Wortverschmelzung von positiv und Elektron). Eine radioaktive Substanz wird ins Blut injiziert und sammelt sich in bestimmten Körperbereichen an, so daß die Strahlung dort am stärksten ist. Auf diese Weise kann man auf dem Computerbildschirm zum Beispiel die Lage eines Tumors erkennen.

Wozu dient der Ultraschall?

Ultraschall besteht aus Tönen, die so hoch sind, daß man sie nicht hören kann. Man richtet sie ins Körperinnere, und wenn sie von den Organen als Echo zurückgeworfen werden, nimmt ein Empfänger sie auf und entwirft aus den Signalen ein Bild der inneren Strukturen. Ultraschall ist absolut unschädlich. Deshalb verwendet man ihn unter anderem dazu, die Gesundheit des ungeborenen Kindes im Mutterleib zu überprüfen.

Wie kann Schall Gegenstände zerstören?

Wenn eine Sopranistin genau den richtigen Ton trifft, können die Schallwellen ein Glas schwingen und zerspringen lassen. Nach dem gleichen Prinzip zertrümmert man Nierensteine, harte Ablagerungen aus Calcium, die sich manchmal in den Nieren bilden. Man richtet Laserstrahlen genau auf den Stein und gibt im Laufe einer Stunde bis zu 2000 Stoßwellen. Die winzigen Bruchstücke des Steins werden dann mit dem Urin ausgespült. Diese Lasertherapie erspart den Nierenpatienten einen schmerzhaften operativen Eingriff.

Was ist eine Amputation?

Bei einer Amputation werden Gliedmaßen oder Teile davon entfernt, beispielsweise wenn ein Arm oder Bein unheilbar geschädigt wurde oder wenn eine gefährliche, unheilbare Infektion sich auf andere Körperteile auszubreiten droht.

Dieser Mann ist am rechten Bein amputiert, dennoch nimmt er an Skiwettkämpfen teil.

Können die Ärzte abgetrennte Gliedmaßen wieder annähen?

Manchmal kann man Teile von Gliedmaßen wieder annähen, wenn sie nur wenige Stunden abgetrennt waren und mit Eis gekühlt wurden. Bei dieser schwierigen Operation verwendet man ein Mikroskop und winzige chirurgische Instrumente. Nervenfasern, Venen und Arterien müssen wieder verbunden werden. Das Annähen einer Hand kann bis zu 19 Stunden dauern, und bis der Betroffene die Hand wieder einigermaßen normal gebrauchen kann, vergeht über ein Jahr.

Was macht der Laser in der Chirurgie?

Seit Mitte der sechziger Jahre setzt man Laser ein, um Gewebe möglichst schadlos zu entfernen. Dabei werden gleichzeitig die Blutgefäße abgedichtet, so daß keine Blutung auftritt. Laserstrahlen enthalten viel Energie und lassen sich durch das Glasfaserbündel eines Endoskops leiten. Man verwendet sie bei manchen Augenoperationen, zum Ausbrennen von Tumoren, zur Heilung von Magengeschwüren und zum Entfernen von Muttermalen.

Wann muß jemand auf die Intensivstation?

Nach einer größeren Operation oder bei einer lebensbedrohlichen Erkrankung muß der Patient auf die Intensivstation, um wieder gesund zu werden. Solche Patienten sind oft bewußtlos und werden über den „Tropf" ernährt – Nährstoffe und Wasser tropfen durch einen Schlauch in den Körper. Der Puls wird sorgfältig überwacht; manchmal muß ein Beatmungsgerät die Atmung unterstützen.

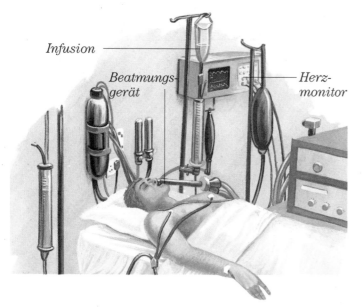

Infusion

Beatmungsgerät

Herzmonitor

Was ist eine Transplantation?

Bei einer Transplantationsoperation wird ein erkranktes Organ entfernt und durch ein gesundes Spenderorgan ersetzt.

Welche Körperteile kann man transplantieren?

Als erstes wurden Nieren, die Hornhaut im Auge und Knochenmark transplantiert. Der südafrikanische Chirurg Christiaan Barnard führte 1967 die erste erfolgreiche Herztransplantation durch. Heute können auch Leber, Lunge, Bauchspeicheldrüse und Darmabschnitte transplantiert werden; am häufigsten werden Nieren verpflanzt.

Welche Körperteile kann man durch Prothesen ersetzen?

Man kann heute eine ganze Reihe erkrankter Gewebe durch künstliche Teile ersetzen. Es gibt elektronische Herzschrittmacher, künstliche Herzklappen, Blutgefäße und verschiedene Gelenke wie Hüfte und Knie.

Wie wird Krebs mit Strahlung behandelt?

Manche Arten von Krebs kann man mit Röntgen- oder Gammastrahlen behandeln. Zellen reagieren während der Zellteilung besonders empfindlich auf Strahlung, und da Krebszellen sich ständig vermehren, werden sie von den Strahlen stärker angegriffen als das umgebende Gewebe. Trotz sorgfältiger Dosierung können aber Nebenwirkungen wie Haarausfall und Übelkeit auftreten. Diese Art der Krebsbekämpfung nennt man Chemotherapie.

Was ist Gentechnik?

In der Gentechnik werden einzelne Gene übertragen, hinzugefügt oder entfernt. Meist verwendet man dazu Bakterien oder Viren, denn diese Lebewesen lassen sich einfacher untersuchen; außerdem kann man sich leichter einzelne Gene verschaffen als beim Menschen. Man hat aber auch menschliche Gene in Mikroorganismen gebracht, die dann eine bestimmte, nützliche Substanz produzieren. Auf diese Weise erzeugt man zum Beispiel das Insulin zur Behandlung der Zuckerkrankheit.

Auf der Intensivstation wird der Zustand des Patienten nach einer schweren Operation überwacht.

Medikamente und Drogen

Was sind Medikamente und Drogen?

Medikamente und Drogen sind Substanzen, die in körperliche oder geistige Vorgänge eingreifen. Medikamente werden mit oder ohne Rezept in der Apotheke verkauft. Drogen sind schädlich, und manche, zum Beispiel LSD und Heroin haben eine bewußtseinserweiternde Wirkung. Ihr Genuß ist verboten.

Medikamente gibt es in unterschiedlichen Formen.

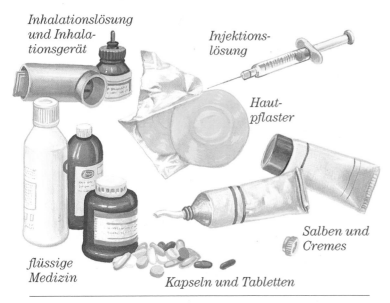

Inhalationslösung und Inhalationsgerät

Injektionslösung

Hautpflaster

Salben und Cremes

flüssige Medizin

Kapseln und Tabletten

Was sind Aufputschmittel?

Aufputschmittel beschleunigen die Tätigkeit mancher Teile des Nervensystems, so daß man sich besonders munter fühlt. Sie haben eine ähnliche Wirkung wie das Hormon Adrenalin. Die Einnahme von Aufputschmitteln kann zur Gewohnheit werden; manche, wie Amphetamine oder Kokain, sind gefährlich und deshalb verboten. Sie können Wahnvorstellungen hervorrufen und sogar tödlich sein. Sie fallen unter das Betäubungsmittelgesetz.

Wie wirken Beruhigungsmittel?

Beruhigungsmittel verlangsamen die Tätigkeit des Nervensystems. Manche dieser Mittel beseitigen Angst und erzeugen ein entspanntes Gefühl. Viele von ihnen, beispielsweise die Barbiturate, werden als Schlafmittel verwendet. Wenn man einmal angefangen hat, sie zu nehmen, kann man später nur noch schwer darauf verzichten. Der Körper gewöhnt sich an eine Steuerung durch Schlafmittel und verliert seinen natürlichen Schlaf-Wach-Rhythmus.

Wie werden Medikamente gewonnen?

Die meisten Medikamente werden künstlich in Labors hergestellt. Manche stammen aus Heilpflanzen und Kräutern, wie zum Beispiel das Digitalis aus den Blättern des Fingerhuts, das den Puls verlangsamt und zur Behandlung von Herzkrankheiten verwendet wird. Einige, wie das Penicillin, werden von Pilzen erzeugt, andere stellt man mit gentechnischen Methoden her.

Was für eine Droge enthalten Tabak und Zigaretten?

Nikotin, das in Tabak und Zigaretten vorkommt, ist ein Aufputschmittel. In geringer Dosis wirkt es entspannend. Es läßt den Puls und den Blutdruck ansteigen. Eigentlich ist es ein Gift, das süchtig macht und zu Herz- und Atemwegserkrankungen führen kann.

Wie werden neue Medikamente entdeckt?

Jedes Jahr werden neue Arzneistoffe in Pflanzen entdeckt. In ihrer Mehrzahl werden sie aber künstlich in den Labors der Pharmafirmen entwickelt. Dort analysieren die Forscher mit neuesten chemischen Methoden und Computern die Medikamente. Sie stellen Hunderte von ähnlichen Verbindungen her, in der Hoffnung, daß einige davon besser gegen eine Krankheit wirken oder weniger Nebenwirkungen erzeugen.

Die Entwicklung neuer Medikamente erfolgt unter strengsten Laborbedingungen. Diese Wissenschaftlerin arbeitet mit Metallen, um neue Arzneimittelverbindungen herzustellen.

Auf welche Weise werden Medikamente erprobt?

Medikamente werden an Zellkulturen in Glasschalen und an lebenden Tieren sorgfältig erprobt. Wenn sie geeignet erscheinen, probiert man sie auch an menschlichen Zellkulturen aus. Man versucht heute, Tierversuche zu vermeiden, aber das ist nicht immer möglich.

Was ist „klinische Erprobung"?

In der klinischen Erprobung stellt man fest, ob ein Medikament für den Menschen nützlich und ungefährlich ist, das heißt, ob es keine schädlichen Nebenwirkungen hervorruft. Nachdem es zunächst an Zellkulturen und in Tierversuchen erprobt wurde, verwendet man es an gesunden, freiwilligen Testpersonen und dann an freiwilligen Patienten, die an der Krankheit, gegen die das neue Präparat wirken soll, leiden.

Ein Mädchen mit Asthma erprobt ein neues Medikament zur Behandlung von Atemwegserkrankungen.

Was ist Medikamenten- und Drogenmißbrauch?

Wer Medikamente mißbraucht, nimmt sie zu einem Zweck, für den sie nicht gedacht sind, oder in gefährlichen Mengen. Meist dient das Medikament dann dazu, eine angenehme Stimmung zu erzeugen oder die Flucht vor den Problemen des Alltags zu ermöglichen. In vielen Fällen wird der Betreffende süchtig: Der Körper gewöhnt sich an den Wirkstoff, und wenn er die Substanz nicht mehr bekommt, stellen sich Entzugserscheinungen wie Muskelzittern und Kopfschmerzen ein. Eine besonders starke Sucht erzeugen illegale Drogen wie zum Beispiel Heroin.

Enthält Tee eine Droge?

Ja: Tee, Kaffee und Colalimonaden enthalten die Droge Koffein, ein schwaches Aufputschmittel, das Spannungen abbaut und die geistige Wachheit steigert. Wie andere Aufputschmittel kann es zur Gewohnheit werden. Regelmäßig und in großen Mengen genossen, ruft es unter Umständen Herz- und Kreislauferkrankungen hervor.

Ist Alkohol eine Droge?

Ja: Er wirkt als Beruhigungsmittel. In geringer Menge erzeugt er ein Gefühl des Wohlbefindens, in höherer Dosierung beeinträchtigt er Urteilsvermögen, Koordination und Verhalten. Alkohol hat mehrere schädliche Wirkungen: Er tötet Gehirnzellen und reizt die Darmschleimhaut. In größeren Mengen und über längere Zeit genossen, führt er zu Leberschäden und zu einem größeren Risiko von Herzerkrankungen, beides mit möglicherweise tödlichen Folgen.

Warum gibt es Dopingkontrollen im Sport?

Die Sportverbände verbieten viele Medikamente, weil sie die Leistung in unfairer Weise steigern. Wirkstoffe aus der Gruppe der Anabolika vergrößern zum Beispiel die Muskeln. Amphetamine steigern die Wachheit, regen den ganzen Körper zu mehr Leistung an und zögern die Erschöpfung hinaus. Beide Arten von Medikamenten sind im Sport verboten. Ein Sportler, der sie nimmt, ist ein Betrüger und schädigt außerdem unter Umständen seine Gesundheit.

Was ist Aspirin?

Aspirin ist ein leichtes Schmerzmittel, das bei Kopfweh und Fieber genommen wird. Es vermindert darüber hinaus Schwellungen und Entzündungen. Bei unsachgemäßem Gebrauch kann Aspirin gefährlich sein.

Was ist Chinin?

Chinin, eine Substanz aus dem Chinarindenbaum, war das erste wirksame Medikament gegen den Malariaparasiten. Chinin gilt außerdem als der erste Wirkstoff, der sich gegen die Ursache einer Krankheit und nicht nur gegen ihre Symptome richtet.

Was ist Morphium?

Morphium wird in der Medizin als Mittel gegen starke Schmerzen eingesetzt. Es hat eine beruhigende Wirkung. Die Gefahr dieser Droge liegt darin, daß sie zu körperlicher Abhängigkeit führen kann, wenn sie über einen längeren Zeitraum eingenommen wird.

Alternative Medizin

Was ist alternative Medizin?

Die alternative Medizin umfaßt Behandlungsmethoden, die der Hausarzt meist nicht anwendet. Eine alternative Behandlung richtet sich oft nicht gegen eine bestimmte Krankheit oder ihre Symptome, sondern auf den Menschen als Ganzes.

Was ist Homöopathie?

Die Homöopathie verwendet zur Behandlung meist chemische und pflanzliche Wirkstoffe. Sie gründet sich auf das Prinzip, daß Symptome nicht von der Krankheit ausgelöst werden, sondern von der Reaktion des Körpers, der die Krankheit bekämpft.

Was ist Akupunktur?

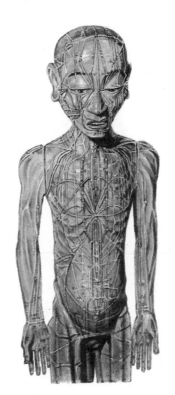

Die Akupunktur ist eine alte chinesische Behandlungsmethode. Sie gründet sich auf die Vorstellung, daß die Energie in bestimmten Kanälen, den Meridianen, durch den Körper fließt. Krankheit entsteht, wenn dieser Energiefluß blockiert ist. Um die Blockade zu beseitigen, werden bei der klassischen Akupunktur silberne oder goldene Nadeln an bestimmten Stellen in den Körper gestochen. Das tut nicht weh und bringt in vielen Fällen Linderung.

Die Akupunkturmeridiane in einer chinesischen Darstellung aus dem 17. Jahrhundert.

Wozu wird die Akupunktur außerdem verwendet?

In China dient die Akupunktur vielfach als Narkosemethode. In den letzten 30 Jahren wurden über eine Million Operationen mit Nadeln anstelle chemischer Betäubungsmittel erfolgreich ausgeführt.

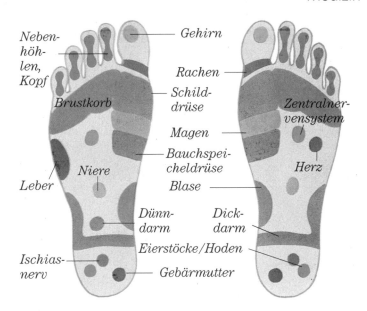

Die Reflexzonenmassage gründet sich wie die Akupunktur auf die Annahme, daß Krankheit durch blockierte Energiebahnen entsteht. Um diese Bahnen freizumachen, massiert man Bereiche der Fußsohle, die einzelnen Organen zugeordnet werden.

Wozu dient Hypnose?

Mit Hypnose kann man Gefühlsstörungen, schädliche Gewohnheiten oder auch körperliche Erkrankungen behandeln. Besonders nützlich ist sie zum Streßabbau und zur Behandlung mancher Suchtkrankheiten. Der Therapeut befragt zunächst den Patienten, um eine Diagnose zu stellen. In späteren Sitzungen wendet er die Hypnose an, um das Unterbewußtsein des Patienten zu erreichen und Wege zu finden, auf denen sich das Problem lösen läßt.

Was ist Chiropraktik?

Die Chiropraktik behandelt verschiedene Krankheiten, meist solche von Muskeln und Knochen, mit Handgriffen, Massagen und Übungen. Viele Menschen suchen einen Chiropraktiker auf, wenn sie sich den Rücken „verrenkt" haben; er wird dann mit einem einfachen Handgriff wieder „eingerichtet".

Wie nützt Massage der Gesundheit?

Bei der Massage wird der Körper gerieben oder geknetet. Dies trägt zum Abbau körperlicher und seelischer Spannungen bei und hilft bei Kopfweh, Rückenschmerzen und Gelenkentzündung. Auch zur Erholung von schwereren Erkrankungen trägt Massage bei, zum Beispiel nach einer Herzoperation.

Wer?

Wer war Sigmund Freud?

Sigmund Freud war ein österreichischer Arzt, der Ende des 19. Jahrhunderts die Psychoanalyse begründete. Die Psychoanalyse dient zur Behandlung seelischer Störungen: Der Arzt stellt dem Patienten Fragen und hilft ihm damit, allmählich seinen seelischen Zustand zu verstehen.

Wer war Elizabeth Blackwell?

Elizabeth Blackwell wurde 1849 in den USA als erste Frau zum Arztberuf zugelassen.

Wer blickte als erster mit Hilfe der Röntgenstrahlen ins Körperinnere?

Wilhelm Röntgen machte 1895 die ersten Aufnahmen von den Handknochen seiner Frau.

Wer war Alexis St. Martin?

Alexis St. Martin wurde um 1820 mit 18 Jahren durch einen Gewehrschuß verletzt. Als die Wunde heilte, blieb ein Loch im Magen, das nur durch einen Hautlappen bedeckt war. Deshalb konnte ein Arzt leicht den Mageninhalt untersuchen und so die Verdauung studieren.

Wer war die älteste Frau, die ein Kind bekam?

Ruth Kisler aus Oregon in den USA soll 1956 mit 57 Jahren eine Tochter zur Welt gebracht haben.

Wer hatte die meisten Kinder?

Eine russische Bäuerin soll im 18. Jahrhundert insgesamt 69 Kinder gehabt haben: 16mal Zwillinge, siebenmal Drillinge und viermal Vierlinge.

Wer war Gregor Mendel?

Der österreichische Augustinermönch Gregor Mendel machte zwischen 1850 und 1870 Kreuzungsexperimente mit Erbsenpflanzen in seinem Klostergarten; er studierte die Vererbung ihrer Eigenschaften und begründete damit die Wissenschaft der Genetik.

Wer benutzte als erster ein Mikroskop?

Das Mikroskop wurde Ende des 16. Jahrhunderts von dem holländischen Optiker Hans Jansen und seinem Sohn Zacharias erfunden.

Wer benutzte als erster Desinfektionsmittel in der Chirurgie?

Joseph Lister, Chirurgieprofessor im schottischen Glasgow, verwendete 1865 Karbolsäure als Desinfektionsmittel bei Operationen. Sie wurde auf die Wunde des Patienten, die Hände des Chirurgen, die Operationsinstrumente und in die umgebende Luft gesprüht, um sie keimfrei zu machen.

Wer entdeckte die Viren?

Die Viren wurden 1892 von dem russischen Forscher Dimitrij Iwanowskij entdeckt.

Wer war Äskulap?

Äskulap oder Asklepios war der griechischen Sage nach ein begabter Arzt, der von dem eifersüchtigen Gott Zeus getötet wurde. Später verehrte man ihn als Gott der Heilkunst und baute Tempel, die ihm geweiht und als Krankenhäuser benutzt wurden.

Wer war Ferdinand Sauerbruch?

Der deutsche Chirurg Ferdinand Sauerbruch entwickelte neue Operationstechniken, besonders bei Amputationen, und führte Neuerungen in der Brustkorbchirurgie ein. Außerdem erfand er eine bewegliche Handprothese.

Wer entdeckte die Zellen?

Mit den ersten Mikroskopen hatte man bereits Zellen gesehen, aber man hatte sie zunächst nicht als solche erkannt. Benannt wurden sie von dem Briten Robert Hooke.

Wer war Hildegard von Bingen?

Die Benediktinerin Hildegard von Bingen verfaßte im 12. Jahrhundert eine heilkundliche Schrift über Volksheilmittel und Behandlungsmethoden.

Wer war Herophilus?

Herophilus war ein Arzt im alten Griechenland; er gründete um 300 v. Chr. die erste Schule für Anatomie.

Wer war Alderotti?

Taddeo Alderotti war ein Arzt im Italien des 13. Jahrhunderts. Er forderte andere Mediziner auf, die Schriften der alten Griechen (z.B. Hippokrates) zu studieren und daraus zu lernen.

Wer war Chen Ch'uan?

Chen Ch'uan war ein chinesischer Arzt, der 643 n. Chr. starb. Er beschrieb als erster die Symptome der Zuckerkrankheit.

Wer erfand das Stethoskop?

Das Stethoskop wurde 1814 von dem französischen Arzt René Laennec erfunden. Anfangs war es einfach ein zusammengerolltes Blatt Papier, danach entwickelte man ein Holzrohr mit zwei trichterförmigen Enden.

Wer waren Banting und Best?

Die kanadischen Wissenschaftler Frederick Banting und Charles Best entdeckten 1921 das Insulin, das den Blutzuckerspiegel steuert. Mit Hilfe des Chemikers J.B. Collip isolierten sie es und verwendeten es zur Behandlung von zuckerkranken Patienten.

Wer entwickelte die Impfung gegen Kinderlähmung?

Den ersten Impfstoff gegen Kinderlähmung entwickelte 1954 Jonas Salk. Seine Arbeiten hatten zur Folge, daß diese Krankheit in den Industrieländern praktisch ausgerottet wurde.

Wer leidet am „jet lag"?

Wenn man weite Strecken mit dem Flugzeug zurücklegt, ergeben sich unter Umständen Probleme mit der Zeitumstellung, die zu Schlafstörungen führen können. Wer zum Beispiel von Europa nach Amerika fliegt, wo es acht Stunden früher ist, möchte dort vielleicht zu Bett gehen, obwohl es nach der Ortszeit erst Nachmittag ist.

Wer bekommt die Taucherkrankheit?

Die Taucherkrankheit bekommen Taucher, die zu schnell aus großer Tiefe an die Oberfläche kommen. Im Blut bilden sich Stickstoff- oder Heliumbläschen, die zu schmerzhaften Gelenk- und Gewebeschäden führen können.

Wer stellt eine Prognose?

Die Prognose stellt der Arzt – sie ist seine Ansicht über den weiteren Verlauf einer Krankheit.

Wer praktiziert Ayurveda?

Ayurveda, eine Form der Medizin, wird in Indien praktiziert. Schon 500 v. Chr. nahmen die Ärzte dort erfolgreich Amputationen und andere Operationen vor. Ayurvedamedizin ist noch heute in indischen Krankenhäusern allgemein gebräuchlich.

Wer bekommt den Golfarm?

Der Golfarm kann entstehen, wenn die Muskeln von Handgelenk und Fingern überstrapaziert werden. Dann stellen sich Schmerzen auf der Innenseite von Ellenbogen und Unterarm ein.

Wer war Maria Montessori?

Die italienische Ärztin Maria Montessori beschäftigte sich mit Kindererziehung. Sie glaubte, daß Kinder am besten lernen, wenn sie die Möglichkeit haben, selbständig ihren Interessen nachzugehen.

Wer bekommt einen Mutterpaß?

Schwangere Frauen erhalten regelmäßig Schwangerschaftsvorsorge, bei der die Gesundheit von Mutter und Kind überwacht wird. Das Ergebnis wird in den Mutterpaß eingetragen.

Wer war Ambroise Paré?

Ambroise Paré war ein französischer Militärarzt im 16. Jahrhundert. Er behandelte schwere Verletzungen erstmals durch Stillen der Blutung statt durch Ausbrennen und verwendete nicht heißes Öl, sondern lindernde Lösungen zum Reinigen der Wunden.

Wer bekommt SAD?

An SAD (Saisonabhängiger Depression) leiden Menschen, die im Winter sehr traurig werden. Ursache ist wahrscheinlich der Lichtmangel.

Wer war Alexander Fleming?

Alexander Fleming war der schottische Wissenschaftler, der 1928 das Penicillin entdeckte, als er durch Zufall bemerkte, daß Schimmel Bakterien abtötet.

Was?

Was ist ein Lebewesen?

Menschen, Tiere und Pflanzen sind Lebewesen, aber auch die Mikroorganismen, die man nur im Mikroskop sehen kann, gehören dazu.

Was ist eine Art?

Eine biologische Art umfaßt gleichartige Lebewesen. Alle Menschen gehören zu einer Art mit dem wissenschaftlichen Namen *Homo sapiens*.

Was haben alle Lebewesen gemeinsam?

Alle Lebewesen haben zwei grundlegende Eigenschaften: Sie beziehen Energie aus Nahrung, wobei Abfallstoffe ausgeschieden werden, und sie pflanzen sich fort, das heißt, sie bringen Nachkommen hervor, die den Eltern gleichen und den Fortbestand der Art sichern.

Was sind die Ursachen von Mutationen?

Mutationen entstehen durch Fehler bei der Zellteilung. Sie kommen von Natur aus nur selten vor, aber sie werden durch verschiedene Einflüsse häufiger, zum Beispiel durch manche Chemikalien oder Röntgenstrahlen.

Was ist Karotin?

Karotin ist eine orangefarbene Verbindung, die unter anderem in Möhren vorkommt. Der Körper macht daraus Vitamin A, das für gutes Nachtsehen und für gesunde Haut gebraucht wird.

Was ist Anamnese?

Anamnese nennt man das Erfragen der Lebensgeschichte oder Vorgeschichte einer Krankheit durch den Arzt.

Was ist ein Muttermal?

Ein Muttermal ist eine verfärbte Hautstelle, die von Geburt an vorhanden ist. Ursachen sind besonders viele Blutgefäße oder Pigmentansammlungen.

Was ist die Ursache des Rülpsens?

Im Magen befindet sich oft Luft, die man verschluckt oder mit sprudelnden Getränken aufgenommen hat. Die Gase werden manchmal frei, wenn der Mageneingang sich plötzlich öffnet. Durch die Bewegung der Speiseröhre entsteht dabei das Rülpsgeräusch.

Was ist ein Leimohr?

Das Leimohr ist ein Verschluß des Ohrs, der durch häufige Mittelohrentzündungen entsteht. Eine klebrige Flüssigkeit verhindert, daß das Trommelfell und die drei Gehörknöchelchen schwingen können. Die Folge kann Schwerhörigkeit sein.

Was ist übersinnliche Wahrnehmung?

Übersinnliche Wahrnehmung bedient sich nicht der fünf Sinne Sehen, Hören, Riechen, Schmecken und Tasten, sondern liefert Informationen durch einen „sechsten Sinn".

Was ist ein Raucherbein?

Starkes Rauchen über lange Jahre hinweg führt oft zu Durchblutungsstörungen in den Beinen. Die Blutgefäße verengen sich, das Gewebe stirbt ab, und manchmal hilft nur noch die Amputation.

Was ist ein Hörsturz?

Hörsturz nennt man eine plötzlich einsetzende Hörminderung oder Ertaubung, meist auf einem Ohr und oft durch Streß bedingt. Abhilfe schaffen Bettruhe und Medikamente.

Was ist eine Gehirnerschütterung?

Wenn man einen Schlag auf den Kopf bekommt, kann eine Gehirnerschütterung, unter anderem auch mit Bewußtlosigkeit, eintreten: Durch die Erschütterung gerät die elektrische Tätigkeit des Gehirns vorübergehend durcheinander.

Was ist Mund-zu-Mund-Beatmung?

Mund-zu-Mund-Beatmung ist eine unter Umständen lebensrettende Erste-Hilfe-Maßnahme: Bei Atemstillstand bläst der Helfer Luft in die Lunge des Verletzten und drückt in regelmäßigen Abständen auf den Brustkorb.

Was ist die Ursache von Heuschnupfen?

Heuschnupfen entsteht, wenn Staub oder Pollen die Nasenschleimhaut reizt. Bei manchen Menschen erzeugt diese Reizung eine allergische Reaktion: Histamin wird freigesetzt: die Folgen sind eine laufende Nase, Niesen und tränende Augen.

Was ist ein Ekzem?

Ein Ekzem ist ein Hautausschlag. Es gibt mehrere Arten von Ekzemen; bei allen juckt die Haut. Sie ist rot, bildet Schuppen und manchmal Blasen.

Was ist Hirnhautentzündung?

Hirnhautentzündung ist eine Infektion der Hirnhäute, die Gehirn und Rückenmark einhüllen.

Was ist Gehirnwäsche?

Bei der Gehirnwäsche werden einem Menschen mit Gewalt neue Ideen und Einstellungen vermittelt: alte Überzeugungen werden beseitigt. Zu den Methoden gehören Schlafentzug und verschiedene Arten der körperlichen und seelischen Folter.

Was ist die Ursache von Mundgeruch?

Mundgeruch kann verschiedene Ursachen haben, zum Beispiel Karies oder Nebenhöhlenerkrankungen.

Was ist Senilität?

Senilität ist das Nachlassen der geistigen Fähigkeiten bei alten Menschen. Ursachen sind häufig organische Leiden wie die Alzheimer-Krankheit (Zerfall von Gehirngewebe) und der Schlaganfall.

Was sind Lebensmittelzusätze?

Lebensmittelzusätze sind Farbstoffe, Konservierungsmittel und Substanzen, die Konsistenz oder Geschmack der Lebensmittel verändern.

Was ist Magersucht?

Magersucht ist eine Eßstörung, an der vor allem junge Frauen leiden. Sie verweigern – meist aus seelischen Gründen – die Nahrung und nehmen deshalb oft so stark ab, daß der Organismus nicht mehr richtig funktioniert.

Was ist Bulimie?

Bulimie ist eine ähnliche Eßstörung wie die Magersucht: Personen mit Bulimie bekommen „Eßanfälle", bei denen sie zuviel Nahrung aufnehmen und hinterher erbrechen, um nicht zuzunehmen.

Was ist ein eingeklemmter Weisheitszahn?

Ein eingeklemmter Weisheitszahn drückt gegen den Nachbarzahn, weil der Kiefer so eng ist, daß der Weisheitszahn nicht richtig durchbrechen kann. Ein eingeklemmter Weisheitszahn verursacht oft Schmerzen und muß entfernt werden.

Was ist das Material der dritten Zähne?

Künstliche Zähne, auch Gebiß genannt, bestehen heute meist aus Kunststoff oder Porzellan. In früheren Jahren verwandte man Elfenbein oder gar Gold dazu.

Was verursacht Lebensmittelvergiftungen?

Die häufigste Form der Lebensmittelvergiftung entsteht durch Bakterien der Gattung *Salmonella*. Sie vermehren sich in den Lebensmitteln und erzeugen Giftsubstanzen (Toxine), die zu Krankheiten führen. Die wichtigsten Symptome sind Bauchschmerzen, Erbrechen, Durchfall.

Was ist der Zweck einer Urinuntersuchung?

Die häufigste Urinuntersuchung ist der Zuckertest zum Nachweis der Zuckerkrankheit. Am Urin kann man auch eine Schwangerschaft feststellen.

Was ist Anatomie?

Anatomie ist die Wissenschaft vom Aufbau des Körpers.

Was ist Physiologie?

Physiologie ist die Wissenschaft von der Funktionsweise des Körpers und seiner Organe.

Was ist ein Gerinnungshemmer?

Ein Gerinnungshemmer ist ein Medikament, das die Blutgerinnung verhindert. Blutkonserven, die zur Transfusion dienen, setzt man zum Beispiel Zitronensäure als Gerinnungshemmer zu.

Was ist eine Allergie?

Eine Allergie ist eine Überempfindlichkeitsreaktion des Körpers gegen einen Gegenstand oder eine Substanz. Der Organismus produziert Antikörper, und die betroffenen Zellen setzen Histamin frei, das die Symptome der Allergie hervorruft. Allergische Reaktionen reichen von Hautausschlägen bis zu Atemnot.

Was ist der Unterschied zwischen Prickeln und Juckreiz?

Beides sind Reizreaktionen der Haut; wenn die Empfindung wandert, nennt man sie Prickeln, bleibt sie an einer Stelle, spricht man von Juckreiz.

Was ist die Aufgabe der Mandeln?

Die Mandeln schützen den Racheneingang gegen schädliche Bakterien. Sie gehören zum Lymphsystem und enthalten weiße Blutzellen, welche die Bakterien angreifen.

Was ist Mandelentzündung?

Mandelentzündung entsteht, wenn die Mandeln immer wieder von Bakterien infiziert werden. Tritt sie zu häufig auf, kann man die Mandeln herausnehmen.

Was sind siamesische Zwillinge?

Siamesische Zwillinge sind bei der Geburt zusammengewachsen. Manchmal kann man sie durch eine Operation trennen, das gelingt aber nur, wenn jeder Zwilling über alle notwendigen Organe verfügt.

Was ist Unterkühlung?

Unterkühlung ist ein gefährliches Absinken der Körpertemperatur. Sie kann zu Müdigkeit, Muskelversteifung, Verwirrung und schließlich zum Tod führen.

Was ist plastische Chirurgie?

Die plastische Chirurgie hat die Aufgabe, die Haut oder das darunterliegende Gewebe wiederherzustellen, beispielsweise bei Unfallopfern.

Was ist ein Parasit?

Ein Parasit ist ein Lebewesen, das auf oder in einem anderen Organismus lebt und ihm schadet, wenn auch manchmal nur geringfügig.

Was bedeutet die Abkürzung AIDS?

AIDS steht für den englischen Begriff „Acquired Immune Deficiency Syndrome" (erworbene Immunschwäche). Ursache dieser tödlichen Erkrankung ist das Virus HIV, das die Immunabwehr gegen andere Krankheiten untergräbt.

Was ist Interferon?

Interferon ist eine Substanz, die der Körper zur Abwehr von Viren produziert.

Was ist eine Erektion?

Bei sexueller Erregung richtet sich bei Jungen und Männern der Penis auf und versteift sich, der Penis erigiert. Nun kann er in die Scheide eingeführt werden. Auslöser für eine Erektion können ein schöner Anblick oder eine Berührung, aber auch Träume oder Wünsche sein.

Was tut ein Physiotherapeut?

Der Physiotherapeut oder die Krankengymnastin hilft einem Patienten, Muskeln und Gelenke beweglich zu machen, zum Beispiel nach Operationen oder bei manchen Krankheiten. Dazu dienen Gymnastik, Massagen und andere Behandlungsmethoden.

Was tut ein Arbeitstherapeut?

Der Arbeitstherapeut hilft Patienten, die lange wegen einer Krankheit arbeitsunfähig waren oder an einer Behinderung leiden bei der Rehabilitation, das heißt der Wiedereingliederung ins Berufsleben.

Was ist ein Orthopäde?

Der Orthopäde ist ein Arzt, der sich mit dem Knochenbau und dem Bewegungsablauf beschäftigt.

Was ist kosmetische Chirurgie?

Kosmetische Chirurgie ist das Operieren gesunder Menschen zur Verschönerung des Aussehens. Man nennt sie deshalb auch Schönheitschirurgie.

Was ist die Ursache von Kopfschmerzen?

Kopfschmerzen entstehen meist durch Spannungen oder Druck in Kopf oder Nacken. Dafür gibt es viele Ursachen, von Haltungsschäden bis zu Müdigkeit, Angst oder Infektionen.

Was ist Migräne?

Migräne besteht aus starken Kopfschmerzen in Verbindung mit Sehstörungen und manchmal auch mit Magenbeschwerden. Migräne kommt oft familiär gehäuft vor; eine einzelne Ursache gibt es nicht.

Was ist ein Tennisarm?

Ein Tennisarm zeigt sich durch Schmerzen, Versteifung und Schwellungen am Ellenbogen. Er kann durch jede starke Belastung des Ellenbogens entstehen.

Was ist eine Prothese?

Eine Prothese ist ein künstlicher Körperteil, wie zum Beispiel ein künstliches Bein, ein Glasauge oder eine künstliche Herzklappe.

Was ist Krebs?

Krebs ist die ungezügelte Vermehrung und Ausbreitung entarteter Zellen, die den Organismus zerstören kann. Es gibt viele Formen von Krebs; manche sind heilbar.

Was ist Amalgam?

Amalgam ist ein Material für Zahnfüllungen. Es handelt sich um eine sehr widerstandsfähige Legierung aus Quecksilber und anderen Metallen.

Was ist ein Gegengift?

Ein Gegengift ist eine Substanz, die einem Gift entgegenwirkt oder es neutralisiert.

Was ist ein Adstringens?

Ein Adstringens läßt Gewebe und vor allem Haut austrocknen. Es wird zur Hautbehandlung und gegen Schweißbildung verwendet.

Was ist Psychologie?

Psychologen beschäftigen sich mit dem Geist, also mit Denken, Fühlen, Verhalten und Lernen.

Was ist Joule?

Joule ist die Einheit, in der man den Energiegehalt von Lebensmitteln mißt, den man früher in Kalorien ausgedrückt hat. Ein Joule hat etwa 0,24 Kalorien.

Was ist ein schnellender Finger?

Ein schnellender Finger ist in gebeugter Position blokkiert, weil die Sehnen sich wegen einer Entzündung nicht mehr leicht bewegen lassen.

Was heißt „déjà vu"?

Das französische „déjà vu" („schon einmal gesehen") bezeichnet das Gefühl, man habe etwas, das in Wirklichkeit neu ist, schon einmal erlebt.

Was ist ein Sceno-Test?

Bei diesem Test stellen Kinder und Jugendliche mit Spielmaterial Szenen nach, die Aufschluß geben über ihr Seelenleben.

Was sind Plattfüße?

Plattfüße entstehen, wenn das Fußgewölbe zusammenbricht, weil die Muskeln und Sehnen im Fuß geschwächt sind.

Was ist ein blaues Baby?

Bei einem blauen Baby ist die Sauerstoffversorgung des Gewebes wegen eines Herzfehlers gestört. Die Färbung entsteht durch das sauerstoffarme Blut.

Was ist ein Überbein?

Ein Überbein ist eine mit Flüssigkeit gefüllte Verdickung nahe der Gelenke, z.B. am Handrücken.

Was ist das Jungfernhäutchen?

Das Jungfernhäutchen ist eine dünne, durchlöcherte Schleimhautfalte am Scheidenausgang. Es wird beim ersten Geschlechtsverkehr durchstoßen. Diesen Vorgang nennt man Entjungferung.

Was ist ein Schleudertrauma?

Ein Schleudertrauma entsteht zum Beispiel bei Autounfällen, wenn der Kopf heftig hin- und hergeschleudert wird. Dabei wird das Rückenmark in der Wirbelsäule durch den Aufprall geschädigt.

Was ist ein Leistenbruch?

Bei einem Leistenbruch tritt ein Teil des Darms über der Leistenbeuge durch die Bauchwand nach außen. Durch ein Bruchband, das der Betreffende trägt, wird die Ausstülpung zurückgehalten.

Wo?

Wo lebten die ersten Menschen?

Heute wird allgemein davon ausgegangen, daß der Mensch sich vor mehr als 1,5 Millionen Jahren in Ostafrika entwickelt hat, und zwar aus einem affenähnlichen Vorfahren namens Australopithecus. Vor 500 000 Jahren lebten Menschen überall in der Alten Welt.

Wo liegt das „dritte Auge"?

Das „dritte Auge" ist die Zirbeldrüse im Gehirn. Sie erhält Informationen von den Augen und wird in ihrer Aktivität vom Tageslicht beeinflußt.

Wo liegt der Steigbügel?

Der Steigbügel ist ein nach seiner Form benanntes Gehörknöchelchen im Innenohr. Es nimmt die Schwingungen des Trommelfells auf und leitet sie weiter.

Wo entstehen Wachstumsschmerzen?

Wachstumsschmerzen entstehen häufig in den Gliedmaßen, vor allem bei Kindern im Alter zwischen sechs und zwölf Jahren.

Wo liegt der Leerdarm?

Der Leerdarm ist der mittlere der drei Abschnitte des Dünndarms. Er liegt zwischen dem Zwölffingerdarm und dem Krummdarm.

Wo befinden sich Lagerezeptoren?

Lagerezeptoren liegen in Muskeln, Sehnen und Bändern. Es sind Nervenzellen, die dem Gehirn mitteilen, ob Gelenke gebogen und Muskeln angespannt sind. Deshalb kennt man immer die Lage von Armen und Beinen, ohne daß man hinsehen muß.

Wo liegen die Gaumenmandeln?

Die Gaumenmandeln sind Gewebelappen, die im hinteren Teil der Nase über dem Gaumen liegen. Wie die Rachenmandeln wehren sie Infektionen ab.

Wo entstehen Hornschwielen?

Die dicken, schützenden Hornschwielen entstehen vor allen an Händen und Füßen, aber auch an jeder anderen Stelle, die ständigem Druck ausgesetzt ist.

Wo liegt die „innere Uhr"?

Es gibt mehrere „innere Uhren"; die wichtigste befindet sich in der Zirbeldrüse im Gehirn. Sie regelt den Tagesrhythmus mit Schlafen und Wachen. Eine andere „innere Uhr" regelt die ausreichende Zufuhr von Nahrung und Wasser.

Woher kommt der Ausdruck „zahnloser Greis"?

In höherem Alter geht das Zahnfleisch oftmals zurück, so daß die Zähne ausfallen. Da es früher noch keine Zahnprothesen gab, hatten ältere Menschen oft kaum noch Zähne im Mund.

Wo liegt das Labyrinth?

Das Labyrinth aus drei gebogenen Gängen liegt im Innenohr; es nimmt die Lage des Kopfes wahr und dient dem Gleichgewicht.

Wo liegen die Langerhansschen Inseln?

Als Langerhanssche Inseln bezeichnet man ein Hormondrüsengewebe innerhalb der Bauchspeicheldrüse, das Insulin produziert.

Wo liegen die Halsschlagadern?

Die Halsschlagadern laufen durch den Hals und versorgen den Kopf mit Blut.

Wo liegen Sehnen?

Sehnen sind die elastischen Verbindungsstränge zwischen Muskeln und Knochen.

Wo liegen die Herzkranzgefäße?

Die Herzkranzgefäße sind ein Netz von Blutgefäßen auf der Oberfläche des Herzens. Sie versorgen den Herzmuskel mit Nährstoffen und Sauerstoff.

Wo liegen die Eckzähne?

Die Eckzähne sind die spitzen Zähne zwischen Schneide- und Backenzähnen. Sie haben die gleiche Funktion wie die Reißzähne im Tiergebiß.

Woher kommt der Name der Legionärskrankheit?

Die Legionärskrankheit, eine besondere Form der Lungenentzündung, wurde zum erstenmal 1976 bei einem Treffen amerikanischer Veteranen in Philadelphia eindeutig nachgewiesen – daher der Name.

Wo befindet sich der Glaskörper?

Der Glaskörper ist die geleeartige Substanz im Inneren des Augapfels. Davor befindet sich das dünnflüssigere Kammerwasser.

Wo liegt die Achillessehne?

Die Achillessehne verbindet die Wadenmuskeln mit dem Fuß. Sie ist nach dem griechischen Sagenhelden Achilles benannt, von dem es hieß, er sei nur an der Ferse verletzbar gewesen. Verletzungen dieser Sehne kommen bei Sportlern recht häufig vor.

Wo liegen die Halsvenen?

Die drei Halsvenen liegen tief im Hals und tragen das Blut vom Kopf zum Herzen.

Woher stammt der Ausdruck „Quarantäne"?

Quarantäne bedeutet „befristete Absonderung" und leitet sich her von dem französischen Wort für „vierzig" (Tage), *quarante*.

Wo wächst das Wollhaar?

Das Wollhaar wächst einem ungeborenen Kind in der zweiten Schwangerschaftshälfte. Es wird bis zur Pubertät durch die Behaarung des Erwachsenen ersetzt.

Wo liegt das Zäpfchen?

Das Zäpfchen ist ein weiches Gewebestück, das in der Mitte des Rachens herunterhängt. Wozu es dient, weiß man nicht.

Wo findet man Lumen?

Als Lumen bezeichnet man den Innenraum eines röhrenförmigen Körpers, beispielsweise den Hohlraum in einem Blutgefäß oder im Darm.

Wo ist der Meniskus?

Meniskus (griech. *Halbmond)* heißt die sichelförmige Knorpelscheibe im Kniegelenk.

Wo liegt der Schrittmacher?

Der Schrittmacher liegt in der Wand der rechten Herzvorkammer und regelt den Herzschlag. Ist er defekt, kann man einen künstlichen einsetzen.

Wo liegen die Basalganglien?

Die Basalganglien sind paarweise angeordnete Ansammlungen von Nervenzellen an der Gehirnunterseite. Sie tragen dazu bei, daß man Bewegungen koordinieren kann.

Wo liegt der Pharynx?

Pharynx ist der Fachausdruck für den Rachen, der die Rückseite von Mund und Nase mit der Luft- und Speiseröhre verbindet.

Wo findet man Fruchtschmiere?

Fruchtschmiere ist die weiße, käseartige Substanz auf der Haut eines neugeborenen Babys.

Wo findet man im Körper Steine?

Steine kommen in den Nieren sowie in der Gallen- und Harnblase vor. Sie bestehen aus harten Ablagerungen und können starke Schmerzen verursachen.

Wo liegt das Steißbein?

Das Steißbein liegt am unteren Ende der Wirbelsäule. Es besteht aus vier kleinen, verwachsenen Wirbeln und hat keine Funktion mehr. Es ist das Rudiment eines Schwanzskeletts.

Wo ist die Dorsalseite?

Die Dorsalseite ist der Rücken, oder genauer die Oberseite, wenn man auf dem Bauch liegt. Die Bauchseite nennt man auch Ventralseite.

Wo liegt der Tarsus?

Der Tarsus ist das Fußgelenk. Es besteht aus insgesamt sieben Knochen.

Wo findet eine Ligatur statt?

Ligatur nennt man in der Chirurgie die Unterbindung von Blutgefäßen, um zu verhindern, daß nach einer Verletzung oder Operation Blut austritt.

Wo findet man das Gekröse?

Als Gekröse bezeichnet man die Häute, mit denen mehrere innere Organe an der Innenseite der Bauchhöhle befestigt sind. Das Gekröse verhindert, daß die „Innereien" herumwandern.

Wo verläuft der Trigeminus?

Der Trigeminus oder Drillingsnerv ist ein Hirnnerv, der in drei Ästen im Gesichtsbereich verläuft. Er ist unter anderem für die Kaumuskulatur zuständig. Eine Entzündung des Trigeminus ist sehr schmerzhaft.

Wo liegt der Gaumen?

Der Gaumen ist die Begrenzung zwischen Mund- und Nasenhöhle. Er ist vorn hart und weiter hinten weich.

Wo liegt die Milz?

Die Milz ist ein längliches Organ oben links im Bauch. Sie beseitigt verbrauchte rote Blutzellen und stellt weiße Blutzellen zur Infektionsabwehr her.

Wo trat zum erstenmal Grippe auf?

Über die ersten Grippeerkrankungen wurde 1414 in Paris berichtet, aber wahrscheinlich gab es die Krankheit schon früher.

Wo leben Bandwürmer?

Bandwürmer leben im Darm eines Wirtsorganismus (der auch ein Mensch sein kann) und nehmen dort Nährstoffe auf. Einen Bandwurm kann man sich zuziehen, wenn man ungenügend gekochtes Fleisch ißt.

Wo liegen die Lieberkühn-Drüsen?

Die Lieberkühn-Drüsen sind winzige Verdauungsdrüsen in der Wand des Dünndarms. Sie stellen Verdauungsenzyme her, die in den Darm ausgeschieden werden und dort die Nahrung abbauen.

Wo liegt die Mittelhand?

Als Mittelhand bezeichnet man die Knochen in der Mitte der Hand zwischen Handgelenk und Fingern.

Wo liegt der Venusberg?

Venusberg nennt man die hügelartige Erhebung über den äußeren Geschlechtsorganen der Frau. Nach der Pubertät ist er mit Haaren bedeckt.

Wo gab es die ersten künstlichen Zähne?

Die Etrusker in Italien trugen schon um 700 v. Chr. künstliche Zähne aus Knochen oder Elfenbein.

Wo fanden die ersten Anatomen die Leichen für ihre Studien?

Bis zum 17. Jahrhundert war es in Europa verboten, Leichen zu wissenschaftlichen Zwecken zu sezieren. Die ersten Anatomen mußten deshalb heimlich Gräber öffnen und sich illegal Zugang zu Leichen verschaffen.

Wo wurde die erste Staroperation durchgeführt?

Ein Arzt namens Susrata nahm um 500 v. Chr. in Indien die erste Staroperation vor und gab dem Patienten die Sehfähigkeit wieder.

Wo liegt der Magenpförtner?

Der Magenpförtner liegt zwischen Magen und Dünndarm. Er ist ein Muskel, der als Ventil wirkt: Wenn er sich entspannt, gelangt die Nahrung aus dem Magen in den Dünndarm.

Wo bildet sich ein Kropf?

Ein Kropf ist eine große Schwellung am Hals. Er entsteht, wenn sich die Schilddrüse infolge Jodmangels vergrößert. Der Kropf kommt häufiger in Gebirgsgegenden vor, wo das Trinkwasser kein natürliches Jod enthält.

Wo wurde das Rote Kreuz gegründet?

Das Internationale Rote Kreuz gründete Henri Dunant 1863 in Genf in der Schweiz.

Wann?

Wann wurden die Mikroorganismen entdeckt?

Die Mikroorganismen entdeckte Antonie van Leeuwenhoek im 17. Jahrhundert mit Hilfe von selbstkonstruierten Mikroskopen. Die meisten heute bekannten Arten wurden im 19. Jahrhundert erstmals beschrieben.

Wann fand die erste Bluttransfusion statt?

Im 17. Jahrhundert versuchte man erfolglos, Blut von Tieren auf Menschen zu übertragen. Die erste Transfusion mit menschlichem Blut fand 1818 statt.

Wann wurde erstmals ein Kunstherz eingesetzt?

Das erste künstliche Herz wurde 1982 eingepflanzt. Kurzfristig, aber ohne große Erfolge, verwendete man künstliche Herzen bei solchen Patienten, die auf eine Herztransplantation warteten.

Wann wurde der erste künstliche Herzschrittmacher eingesetzt?

Den ersten künstlichen Herzschrittmacher entwickelte Dr. Ake Senning 1958. Die ersten Modelle, die richtig funktionierten, wurden Anfang der sechziger Jahre eingesetzt.

Wann waren Staubsauger lebensrettend?

Philip Drinken von der Harvard-Universität entwickelte 1927 die eiserne Lunge. In das erste Modell waren zwei Staubsauger eingebaut. Mit späteren Ausführungen konnte man Patienten am Leben erhalten, deren Atemmuskeln durch Kinderlähmung nicht mehr funktionierten.

Wann behandelte man Patienten, indem man ihnen ein Loch in den Kopf bohrte?

Das Anbringen von Löchern im Schädel, Trepanation genannt, war in der Steinzeit (5000 bis 2500 v. Chr.) üblich. Einige Menschen überlebten die Prozedur – die Schädel zeigen Anzeichen von Heilung.

Wann muß man Barium essen?

Bariumsulfat muß man schlucken, wenn der Arzt eine Störung des Darms vermutet. Bariumsulfat läßt nämlich Röntgenstrahlen nicht durch, und deshalb zeigt sich der Darm, der damit gefüllt ist, deutlich in der Röntgenaufnahme. Solch ein Mittel nennt man Röntgenkontrastmittel.

Wann wurden erstmals Knochenbrüche behandelt?

Etwa 3000 v. Chr. empfahl Athotis im alten Ägypten, man solle gebrochene Knochen mit Tüchern schienen, die mit Schlamm getränkt und dann getrocknet wurden.

Wann gab es die ersten Krankenwagen?

Die ersten Krankenwagen wurden von Pferden gezogen und dienten 1487 bei der Schlacht von Malaga dazu, verwundete spanische Soldaten abzutransportieren. Die ersten zivilen Krankenwagen wurden 1869 in New York eingeführt.

Wann wurde die Erstversorgung eingeführt?

Die Erstversorung wurde in den sechziger Jahren in den USA eingeführt. Dabei wird der Patient schon vor dem Eintreffen im Krankenhaus von hochqualifiziertem Personal mit lebensrettenden Maßnahmen behandelt.

Wann diente der Aderlaß zur Behandlung von Krankheiten?

Der Aderlaß, bei dem man den Patienten bluten ließ oder ihm Blutegel ansetzte, galt bis zum 18. Jahrhundert als geeignete Behandlung für fast alle Krankheiten.

Wann wurde die Brille erfunden?

Wann die ersten Brillen auftauchten, weiß man nicht genau; im 13. Jahrhundert gab es sie in Europa bereits. Der italienische Entdecker Marco Polo berichtet, er habe 1275 Brillenträger in China gesehen.

Wann wird eine Eizelle zur Zygote?

Zur Zygote wird die Eizelle bei der Befruchtung durch die Samenzelle. Aus ihr geht dann durch viele Zellteilungen das Baby hervor.

Wann gab es die erste erfolgreiche Blinddarmoperation?

Überraschenderweise schon 1735; damals gelang es dem Militärarzt Claudius Aymand, einem Patienten den Blinddarm herauszunehmen.

Wann setzt man bei Operationen sehr niedrige Temperaturen ein?

Temperaturen von -160 Grad benutzt man bei manchen Augenoperationen sowie zur Entfernung von Krebs und Muttermalen, denn auf diese Weise entstehen kaum Narben. Die Metallinstrumente werden dabei in flüssigem Stickstoff gekühlt.

Wann schluckt man eine Kugel?

Eine Kugel schluckt man jedesmal, wenn man ißt. Zunge und Zähne formen die Nahrung zu einem Ball, der leichter durch die Kehle gleitet.

Wann spricht man von „intravenös"?

„Intravenös" bedeutet „in einer Vene". Bei einer intravenösen Injektion wird die Kanüle einer Spritze oder eines Tropfes in eine Vene eingeführt.

Wann spricht man von „in vivo"?

„In vivo" heißt „im lebenden Organismus". Krankheitserreger kann man zum Beispiel in vivo, also im Körper des Patienten untersuchen oder aber „in vitro" (wörtlich „im Glas"), das heißt in Glas- oder Kunststoffgefäßen im Labor.

Wann wird ein Knie unbeweglich?

Ein Knie wird unbeweglich, wenn der Knorpel reißt, so daß sich die Bruchstücke im Gelenk verteilen. Das Knie läßt sich dann nicht mehr beugen.

Wann wurde der erste Zahn gefüllt?

Nach alten Berichten wurden im Reich der Sumerer (dem heutigen Irak) etwa 3000 v. Chr. die ersten Zahnfüllungen angefertigt.

Wann wurde die Berliner Charité gegründet?

Die Berliner Charité, ursprünglich ein Armenkrankenhaus, wurde im Jahre 1710 gegründet.

Wann wurde die erste medizinische Fakultät gegründet?

Die erste medizinische Fakultät wurde im 10. Jahrhundert in Salerno (Italien) eröffnet. Sie war 200 Jahre lang das wichtigste europäische Zentrum für die Arztausbildung.

Wann benutzte man Tabak als Arznei?

Als Christoph Kolumbus 1492 nach Amerika kam, benutzten die Indianer den Tabak als Heilmittel. Als die Pflanze später in Europa angebaut wurde, diente der Tabak als Entspannungsmittel.

Wann wurden die Kontaktlinsen eingeführt?

Die ersten Kontaktlinsen gab es 1958.

Wann wurden die ersten Glasaugen hergestellt?

Die ersten Glasaugen gab es etwa 1579.

Wann bekommt man Schüttelfrost?

Schüttelfrost kann bei plötzlichem Fieber auftreten. Der Wärmeanstieg im Körper reizt die Haut und führt zu Muskelzittern und starkem Frösteln.

Wann bekommt man Kiefersperre?

Die Kiefersperre kommt bei Tetanus vor. Die Kaumuskeln verkrampfen sich schmerzhaft, so daß der Patient den Mund nicht mehr öffnen kann.

Wann sieht man einen Gegenstand besser, wenn man ihn aus den Augenwinkeln betrachtet?

Bei schwachem Licht erkennt man Gegenstände aus den Augenwinkeln besser, weil die Sinneszellen (Stäbchen) seitlich im Auge empfindlicher auf die Lichtmenge reagieren als die Zellen (Zapfen), die sich mehr in der Augenmitte befinden. Die Stäbchen dienen der Hell-Dunkel-Unterscheidung, die Zapfen dem Farbensehen.

Wann wurde die erste Transplantation vorgenommen?

Im 17. Jahrhundert nahm die Familie Boiani in Italien die ersten Hauttransplantationen vor. Ihre Methode ist noch heute in Gebrauch.

Warum?

Warum wird einem manchmal übel?

Wenn man zuviel gegessen hat oder wenn Nahrung und Getränke die Magenschleimhaut reizen, stellt sich Übelkeit ein – ein nützlicher Mechanismus, der Erkrankungen durch die unkontrollierte, übermäßige Aufnahme unbekömmlicher Nahrung verhindert.

Warum benutzt der Arzt einen Hammer?

Mit einem Gummihammer prüft der Arzt die Reflexe: Der Patient schlägt die Beine übereinander, und der Arzt klopft mit dem Hammer leicht auf den Bereich unter der Kniescheibe. Wenn der Reflex in Ordnung ist, zuckt das Bein dabei nach oben.

Warum sind die Menschen so unterschiedlich?

Unsere Eigenschaften beruhen auf mindestens 50 000 Genen. Nach den Berechnungen der Wissenschaftler besitzen praktisch nie zwei Menschen genau die gleiche Erbinformation – natürlich mit Ausnahme eineiiger Zwillinge.

Warum ist das erste Lebensjahr so wichtig?

Im ersten Lebensjahr machen Wachstum und Entwicklung einen großen Schritt nach vorn. Unter anderem bilden sich in dieser Zeit zahlreiche neue Verknüpfungen zwischen den Gehirnzellen. Geeignete Pflege und Betreuung sind für die Entwicklung des Babys unverzichtbar.

Warum ist Spielen für Kinder wichtig?

Kinder lernen durch das Spielen, ihre Bewegungen zu koordinieren, ihre Umwelt zu entdecken und mit anderen Menschen zurechtzukommen.

Warum bekommen manche Menschen plötzlich graue Haare?

Nach Krankheiten oder einem gefühlsmäßigen Schock fallen manchmal die Haare zum Teil aus. Dabei gehen dunkle Haare leichter verloren als graue, und deshalb sind die verbleibenden Haare heller. Das Ganze dauert oft nur wenige Tage oder Wochen.

Warum wird einem manchmal schwarz vor Augen?

Manchmal wird einem schwarz vor Augen, man verliert das Bewußtsein und wacht nach kurzer Zeit wieder auf. Das passiert, wenn das Gehirn nicht genügend durchblutet wird, zum Beispiel nach langem Stehen oder einem Schock.

Warum durften Piloten im Zweiten Weltkrieg keine Bohnen essen?

Die Piloten sollten keine Bohnen essen, weil dadurch Gase im Verdauungstrakt entstehen können. Man fürchtete, diese Gase würden sich in großer Höhe ausdehnen und Schmerzen verursachen, die den Piloten vom Fliegen ablenkten.

Warum sind die Lippen rot?

Die Haut ist an den Lippen sehr dünn, darunter liegen zahlreiche Blutgefäße. Durch die rote Färbung ist der Mund deutlich abgegrenzt, Veränderungen des Gesichtsausdrucks sind leicht zu erkennen.

Warum lindert Kratzen den Juckreiz?

Beim Kratzen wird der schwächere Juckreiz durch ein stärkeres Gefühl überlagert. Außerdem führt Kratzen zur Freisetzung der Endorphine, die als natürliche Schmerzmittel wirken.

Warum kann man die Augen nach innen verdrehen, aber nicht nach außen?

Die Augen müssen sich nach innen drehen können, damit man Gegenstände auf kurze Entfernung scharf sehen kann. Die Drehung nach außen ist nicht erforderlich – dabei würde man zwei unterschiedliche Abbildungen der Umwelt wahrnehmen.

Warum klopft der Arzt auf den Brustkorb?

An dem Klang, den das Klopfen in der Brust erzeugt, kann der Arzt manche Lungenerkrankungen erkennen. Die weitere Untersuchung erfolgt meist durch Abhören mit dem Stethoskop.

Warum ist regelmäßiges Training wichtig?

Wenn man dreimal in der Woche 20 Minuten trainiert, wird man fitter als durch einmaliges einstündiges Training.

Warum haben Männer Brustwarzen?

Das weiß niemand. Die Brustwarzen entstehen beim Ungeborenen in einem frühen Stadium. Bei der Frau gehören sie zu den Brustdrüsen, die Milch für die Kinder produzieren. Bei Männern haben sie offenbar keine Funktion.

Warum hat man manchmal einen Kloß im Hals?

Es fühlt sich wie ein Kloß an, aber in Wirklichkeit ist es eine Verspannung der Rachenmuskeln. Vermutlich ist es eine Nebenwirkung des Hormons Adrenalin, das bei Angst oder Traurigkeit ausgeschüttet wird.

Warum werden Lebensmittelzusätze benutzt?

Die Zusätze sollen Aussehen, Geschmack und Konsistenz der Lebensmittel verbessern oder für längere Haltbarkeit sorgen.

Warum hat man Ringe unter den Augen, wenn man müde ist?

Die Haut um die Augen ist dünn und stark durchblutet. Wenn man müde oder krank ist, steigt die Blutzufuhr, und das führt zu Ringen oder verquollenem Aussehen.

Warum werden Kinder so oft krank?

Kinder bekommen viele Krankheiten, weil sie dagegen noch nicht immun sind. Erwachsene haben schon viele Krankheiten durchgemacht und Abwehrkräfte entwickelt, deshalb erkranken sie nicht noch einmal.

Warum lispeln manche Menschen?

Beim Lispeln stößt die Zunge an die Zähne, wenn der Betreffende ein s spricht. In vielen Fällen liegt das an einer leichten Fehlstellung der Zähne, die sich einfach korrigieren läßt. Kinder lispeln zum Beispiel oft nach Verlust der vorderen Milchzähne. Vielfach ist das Lispeln durch Üben der richtigen Aussprache zu beseitigen. Fachleute für Sprecherziehung heißen Logopäden.

Warum hat jeder Mensch einen Bauchnabel?

Der Nabel ist eine Narbe an der Stelle, wo vor der Geburt die Nabelschnur angewachsen war.

Warum bekommt man nach einem Unfall eine Tetanusspritze?

Tetanusbakterien können durch offene Wunden eindringen. Die Tetanusspritze enthält Antikörper, die den sogenannten Wundstarrkrampf verhüten.

Warum bekommt man eingewachsene Zehennägel?

Eingewachsene Zehenägel entstehen durch zu enge Schuhe, schlechte Körperpflege oder falsches Nägelschneiden. Zehennägel schneidet man nicht rund, sondern gerade ab. Der Nagel wächst sonst auf beiden Seiten in den Zeh ein, was sehr schmerzhaft ist.

Was haben Schlangen mit Medizin zu tun?

In mehreren frühen Hochkulturen schrieb man den Schlangen magische Heilkräfte zu. Priester reisten mit einem Käfig voller ungefährlicher Schlangen durchs Land; man ließ sie an den Wunden der Kranken lecken, weil man glaubte, das werde die Heilung begünstigen.

Warum zuckt man manchmal beim Einschlafen?

Wenn man in Tiefschlaf fällt, nimmt die Gehirnaktivität vorübergehend zu. Dabei werden Signale zu den Muskeln geschickt, die zu plötzlichen Zuckungen führen.

Warum kann Kochen den Nährwert zerstören?

Manche Vitamine zerfallen beim Kochen. Das Vitamin C im Gemüse zersetzt sich zum Beispiel bei längerem Kochen und geht mit dem Wasser verloren.

Warum sind Astronauten im Weltall größer als auf der Erde?

In der Schwerelosigkeit des Weltraums können sich die Knochen an den Gelenken ein wenig auseinanderbewegen, so daß die Größe um bis zu einen Zentimeter zunimmt.

Warum werden manche Medikamente gespritzt?

Manche Medikamente werden von den Enzymen im Darm nicht abgebaut, oder sie können die Darmwand nicht durchqueren. Deshalb muß man sie unmittelbar in ein Organ injizieren. Auch ins Blut gelangt der Wirkstoff viel schneller, wenn er in eine Vene gespritzt wird.

Wie?

Wie schnell kann ein Mensch laufen?

Die schnellsten Läufer erreichen über kurze Entfernungen eine Geschwindigkeit von 43 km/h.

Wie lange lebt ein Mensch?

In Ländern mit guter medizinischer Versorgung liegt die Lebenserwartung für Männer etwa bei 70 und für Frauen bei 75 Jahren. Es ist allerdings mehr als wahrscheinlich, daß die durchschnittliche Lebenserwartung weiter zunimmt.

Wie viele Schweißdrüsen hat ein Mensch?

In der Haut liegen etwa drei Millionen Schweißdrüsen. Ausgestreckt hintereinandergelegt ergäbe das eine Strecke von 50 Kilometer.

Wieviel wiegt die Leber?

Die Leber ist mit etwa zwei Kilogramm nach der Haut das schwerste Körperorgan.

Wie viele Muskeln braucht man zum Gehen?

Beim Gehen sind über 200 Muskeln in Bewegung. In den Beinen liegen einige der kräftigsten Muskeln, die wir besitzen.

Wie viele Rippen hat ein Mensch?

Die meisten Menschen haben 24 Rippen.

Wie viele rote Blutzellen sterben pro Sekunde ab?

Pro Sekunde sterben etwa 2,5 Millionen rote Blutzellen und werden ebenso schnell ersetzt.

Wie viele Knochen hat ein Neugeborenes?

Ein neugeborenes Baby hat 305 Knochen, etwa 100 mehr als ein Erwachsener. Manche davon wachsen im Laufe der Zeit zusammen.

Wie lang ist das Rückenmark?

Das Rückenmark eines Erwachsenen ist durchschnittlich 43 Zentimeter lang.

Wie viele Eizellen produziert eine Frau in ihrem Leben?

Die meisten Frauen produzieren über etwa 35 Jahre hinweg jeden Monat eine Eizelle, insgesamt also über 400. Tausende von unreifen Eizellen in den Eierstöcken entwickeln sich nie zu Ende.

Wieviel Speichel produziert ein Mensch am Tag?

Täglich bildet man etwa 1,5 Liter Speichel.

Wie stellt man einen Knochenbruch fest?

Wenn der Knochen nicht gerade einen unnatürlichen Winkel bildet, ist ein Bruch mit bloßem Auge schwer zu erkennen. Schmerzen, Schwellungen und Blutergüsse entstehen auch bei einer Verstauchung.

Wie kommt es, daß man den eigenen Namen auch in einem lärmerfüllten Raum versteht?

Den eigenen Namen versteht man auch vor dem Hintergrundgeräusch, weil das Gehirn selektiv aufmerksam ist: Es achtet auf Wichtiges und blendet andere Eindrücke aus. Nur so erklärt sich unsere Reaktionsgeschwindigkeit.

Wie entsteht die Benommenheit eines Boxers?

Ein Schlag auf den Kopf kann zur Gehirnerschütterung führen und Nervenzellen töten. Nach vielen Schlägen können Boxer oft nicht mehr schnell denken, ihre Sprache wird undeutlich.

Wie bekommt man einen Hexenschuß?

Menschen mit Bandscheibenschäden spüren manchmal einen heftigen Kreuzschmerz, wenn sich sich ungeschickt bewegen oder zu schwer heben. Oft ist der Schmerz nur gebückt zu ertragen.

Wie entstand der Name des Atlaswirbels?

Der Atlas, der oberste Wirbel der Wirbelsäule, trägt die Last des Kopfes. Sein Name erinnert an die griechische Sagengestalt Atlas: Er hatte die Götter erzürnt und mußte zur Strafe die Säulen tragen, die den Himmel von der Erde trennen.

Wie groß ist der Anteil des Wassers im Gehirn?

Das Gehirn besteht zu etwa 80 Prozent aus Wasser.

Wie meditiert man?

Beim Meditieren wird der Geist ruhig und frei von alltäglichen Gedanken. Um das zu erreichen, kann man zum Beispiel die Atmung kontrollieren oder immer wieder einen einfachen Satz sprechen.

Wieviel Wasser verliert man täglich?

Ein Erwachsener verliert etwa 1,5 bis 2 Liter Wasser am Tag. Ungefähr die Hälfte davon ist Urin, der Rest verteilt sich auf ausgeatmete Luft und Schweiß.

Wie wird AIDS übertragen?

HIV, das AIDS-Virus, wird durch Geschlechtsverkehr mit einer infizierten Person übertragen, aber auch durch gemeinsam benutzte Injektionsnadeln und durch Blut. Wenn eine Mutter infiziert ist, trägt das Neugeborene meist ebenfalls den Erreger.

Wie stellt der Arzt fest, ob jemand wirklich tot ist?

Der Arzt achtet auf die Lebenszeichen: Puls, Atmung und die Verengung der Pupillen bei hellem Licht. Fehlen diese Zeichen, wird der Betreffende für tot erklärt.

Wie stark vergrößert ein Mikroskop?

Ein normales Lichtmikroskop vergrößert bis zu 1500fach. Mit Elektronenmikroskopen läßt sich eine 500 000fache Vergrößerung erreichen.

Wieviel Eisen enthält der Körper?

Im Körper eines Erwachsenen befindet sich im Durchschnitt soviel Eisen, daß man daraus einen 7,5 Zentimeter langen Nagel machen könnte.

Wie setzt der Arzt das Bronchoskop ein?

Das Bronchoskop, eine besondere Form des Endoskops, wird durch den Mund geschoben und dient dazu, die zu den Lungen führenden Luftwege zu betrachten.

Wie gefährlich sind Warzen?

Die meisten Warzen sind völlig ungefährlich und verschwinden nach einiger Zeit von selbst.

Wie schnell vermehren sich Nervenzellen?

Im Gehirn eines Ungeborenen bilden sich in jeder Minute etwa 250 000 Nervenzellen. Nach der Geburt entstehen kaum noch neue Gehirnzellen.

Wie schnell sterben Nervenzellen?

Ungefähr vom 20. Lebensjahr an sterben täglich etwa 10 000 Nervenzellen; sie werden nicht ersetzt.

Wie beeinflußte die Höhe die Olympiade von 1968?

Die Olympischen Spiele von 1968 fanden in Mexico City statt, etwa 2000 Meter über dem Meer. Deshalb gingen viele Medaillen an Sportler, die sich mit ihrem Training auf die große Höhe eingestellt hatten.

Wie viele Menschen gibt es auf der Erde?

Auf der Erde leben über 5 Milliarden Menschen. Das Land mit den derzeit meisten Einwohnern ist China.

Wie schnell wächst die Weltbevölkerung?

Die Weltbevölkerung wächst jeden Tag um etwa 200 000 Menschen. Wenn das so bleibt, verdoppelt sich die Weltbevölkerung alle 70 Jahre.

Wie oft schlägt das Herz im Leben?

Bei einem Durchschnitt von 75 Schlägen pro Minute schlägt das Herz in 70 Jahren über 2,75 Milliarden mal.

Wie gefährlich sind Erfrierungen?

Erfrierungen können sehr gefährlich werden: Durch die starke Kälte stirbt Gewebe ab, so daß es unter Umständen entfernt werden muß.

Kursive Zahlen verweisen auf
  Abbildungen.

Abfallstoffe 18, 25, 28, 29, 42-
  43, *42-43*, 71
Abwasser 102
Achillessehne 117
Adamsapfel 23
Aderhaut 58
Adrenalin 51, 107, 122
Adstringentien 115
Aerobes Training 24
AIDS 100, 114, 124
Akupunktur 109, *109*
Albino 47
Alderotti, Taddeo 111
Alkohol 40, 41, 72, 108
Allergie 113, 114
Altern 78
alternative Medizin 109, *109*
Amalgam 115
Amboßknochen 60, *60*
Aminosäuren 34, 40
Amputation 67, 105-106, *105*
Anamnese 112
Anaerobes Training 24, *24*
Anämie 32, 35
Anatomie 113
Angina pectoris 33
Angst 95
Anregungsmittel 107, 108
Antibiotika 32, 104, 111
Antikörper 28, 29, 30, 75, 78,
  101, 114, 122
Aorta 30
Arbeitsmedizin 114
Arme 7, 9, 10, 14, 15, 16, 76,
  116
Art 112
Arterien *6*, 25, 26, *26*, 27, 30,
  33, 78, 116
Arthritis 13, 78
Arzt 102, 110-111
Äskulap 110
Aspirin 108
Asthma 22, 97, *108*
Astronauten 9, *9*, 21, 122
Atlaswirbel 11, *11*, *12*, 123
Atmung 6, 18-24, *19*, 50, *64*,
  83, 92, 97, 106, 112, 119
Aufmerksamkeit, selektive 123
Augen 6, 8, 15, 53-59, *54-59*,
  78, 80, *80*, 94, 116, 117,
  120-122
Augenbrauen 49, *49*, 72
Augenfarbe 54, 80, *80*
Ausscheidung 42-43, *42*
Ausscheidungssystem *6*, *6*, 42-
  43, *42-43*
Ausschlag 99, *99*, 110
außersinnliche Wahrnehmung
  112
Australopithecus 116

Avicenna 102
Axone 52, *52*, 53, *53*

B
Baby 58, 61, 71-76, *71-76*, 82,
  87, *87*, 90, 92, *92*, 97, 105,
  115, 117, 121, 123
Backenzähne 37, *37*, 38
Bakterien 28, *28*, 41, 82, 87,
  87, 98, 99, *99*, 100, 103,
  104, 106, 113, 114
Ballaststoffe 34, 35, 97
Bänder *6*, 12, 13, *13*, 15
Bandscheiben 13
Bandwurm 118
Banting, Frederick 111
Barium 119
Barnard, Christiaan 106
Bart 49, *49*, *77*
Bauch 16, 17, 115, 118
Bauchspeicheldrüse *6*, *34*, 41,
  50, *50*, 51, *51*, 106
Becken *8*, 12
bedingter Reflex 87
Befruchtung 68, *69*, 71, 81
Beine 7, 9, 16, *35*, 76, 116,
  117
Beruhigungsmittel 107, 108
Best, Charles 111
Bevölkerung 124
Bindegewebe 6, 16, 77
Bindehautentzündung 59
Bizeps 14, *14*, 15
Blackwell, Elizabeth 110
Blase 42, *42*, 68, 69
blaues Baby 115
Blinddarm 41, 104, 120
Blinddarmentzündung 41, 110
Blindenschrift 66
blinder Fleck 58, *58*
Blindheit 59, 66
Blinzeln 56
Blut 6, 25-33, *25-30*, 36, 40,
  42, 43, *43*, 46, *46*, 51, 80,
  84, *103*
Blutdruck 32
Bluterguß 46, *46*
Bluterkrankheit 32, *32*, 80, 81
Blutgefäße 7, 9, 17, 18, 45, 47,
  106; siehe auch Arterien,
  Kapillaren, Venen
Blutgerinnung 30, *30*, 32, 33,
  46, 80, 101, 113
Blutgruppen 30-31, 80
Blutplättchen 28-30, *28*, *30*
Blutspender 31, *31*
Bluttransfusion 31, *31*, 119
Blutungen 33, 78
Blutvergiftung 32
Blutzellen 5, 8, 9, 25, 28, *28*,
  29, 30, *30*, 32, 35, 40, 49,
  101, *101*, 114, 118, 123
Bowmansche Kapsel 43

Bräunung (Haut) 46
Brille 57, 59, 78, 119
Bronchien 18, *18*, 22
Bronchiolen *18*, 19
Bronchitis 22, 23
Bronchoskop 124
Brüche 10, *10*, 119, 123
Brust 75, 77, 87, 122
Brustbein 8
Brustwarzen 122
Bulimie 113

C
Calzium 10, 43, 105
Charité 120
Chen Ch'uan 111
Chinin 108
Chiropraktik 109
Chirurgie 104, *104*, 106, 110
  114, 118, 121
Cholesterin 33
Chromosomen 4, 79, 80, 81,
  81
Collip, J. B. 111
Computertomographie 105
Cytoplasma 4, *4*

D
Darm 6, 7, 15, *27*, 34, *34*, 35,
  41, 42, 101, 115, 116, 118,
  119
Darmausgang 41
Daumen 11, *12*, 13
Davy, Humphry 103
Déjà vu 115
Depression 95, 115
Desinfektionsmittel 104, 110
Diagnose 99
Diät 97
Dickdarm 39, 41
DNA 79, *79*, 81, *100*
dominante Gene 80
Down-Syndrom 81, *81*, 95
Dreherwirbel 11, *11*, 12
drittes Auge 116
Drogen 108
Druckrezeptoren 116
Drüsen 1, 38, 45, 50, *50*, 56,
  75, 77
Dunant, Henri 118
Durst 36

E
Eckzähne 37, *37*
EEG (Elektroenzephalo-
  gramm) 85, *85*, 93
Eierstöcke 50, 68, *68*, 70, 73,
  77, 123
Eileiter 68, *68*, 69, 70, 71, 73
Eisen 28, 32, 35, 40, 75, 124
eiserne Lunge 22, *22*, 119
Eizelle 5, 68-74, *70*, *74*, 79,
  81, 119, 123
Ekzem 113
Elle *8*, 10, *14*
Ellenbogen 11-14, 111, 115
Embryo 71-72, *71-72*, 74
Empfängnisverhütung 70
Endoskop 104, 106, 124
Energie 7, *7*, 18, 20, 24, 35,
  36, 40, 84
Engelsknochen 11
Enzyme 7, 34, 38, 39, 41, 118

Erektion 114
Erfrierung 124
Erkältung 61, 64, 100
Ernährung 34-36, *35*, 97-98
Erröten 47
Eustachische Röhre *60*, 61
extrovertiert 89

F
falsche Zähne 113, 118
Farbenblindheit 55, *55*, 81
Farbensehen 55
Fett 34-36, 39, 40, 44, 75, 77,
  97
Fetus 11, 72, 73, 124
Finger 11, 13, 15, 16, 67, 111,
  115
Fingerabdrücke 47, *47*, 72
Fingerknochen *8*, 11
Fingernägel 47, *47*, 72
Fitness 17, 96-97
Fleming, Alexander 111
Flimmerhärchen 20, *21*, 22
Flüchten oder Kämpfen 51
Fluor 98
Flüssigkeiten 6
Fortpflanzung 6, *6*, 68-75, *68-
  75*
Freud, Sigmund 93, 110
Frühgeburt 73
Füllungen (Zähne) 120
Füße 7-9, 46, *109*, 115, 116
Fußwurzelknochen 8

G
Gähnen 23, 61
Galen 102
Galle 40, *40*, 42
Gallenblase *34*, 40, *40*, 117
Gänsehaut 46
Gaumen 118
Gaumenmandeln 116
Gebärmutter 14, 68, *68*, 69,
  70, *70*, 71-73, *74*
Gebirge 21
Geburt 72-73, *73*
Gedächtnis 86-87, *86-87*
Gedächtnisverlust 86
Gefühle 89
Gegengift 115
Gehirn *6*, 20, 33, *36*, 50-60,
  52, 75, 82-86, *82-85*, 88-90,
  90, 92, *93*, 94, 113, 117,
  123, 124
Gehirnerschütterung 112
Gehirnströme 85, *85*, 93
Gehirnwäsche 113
Gehör 60-62, *60-62*, 112
Geist 86, 115
geistige Behinderung 95
geistige Fähigkeiten 88
Gekröse 118
gelber Fleck 58
Gelbsucht 40, 41
Gelenke 12-13, *12*, 78, 83, 87
Gelenkflüssigkeit 12, *12*, 13
Gene 78-81, 96, 106, 121
Genetik 79-81, *79-81*, 110
Gentechnik 106
Geräusche 60, 61, *90*, 105,
  110
Gerinnungshemmer 113
Gerstenkorn 59

Register

Bildnachweis

Der Verlag dankt folgenden Personen und Institutionen:

1) Illustrationen
Craig Austin; Marion Appleton; Kuo Kang Chen; Richard Coombes; Mark Franklin; Matthew Gore; Ray Grinaway; Ron Jobson (Kathy Jakeman); Roger Kent (Garden Studios); Mike Lacey (Simon Girling Associates); Mainline Design; Maltings Partnership; Janos Marffy (Kathy Jakeman); The McRae Agency; Paul Richardson; Bernard Robinson; Eric Robson (Garden studios); Mike Saunders (Kathy Jakeman); Rob Shone; Mark Stacey; Roger Steward; Lucy Su; Linda Thursby; Kevin Toy (Garden Studios); Phil Weare.

2) Photographien
Seite 7 Science Photo Library (S.P.L.); 13 Rex Features; 21 S.P.L.; 24 Mark Shearman; 31 S.P.L.; 32 Popperfoto; 35 National Medical Slide Bank; 45 John Walmsley; 59 S.P.L.; 63 Institute of Laryngology and Otology; 71 S.P.L.; 77 ZEFA; 79 Rex Features; 81 S.P.L.; 85 S.P.L.; 91 David Simson; 96 ZEFA; 103 Mansell Collection; 105 Allsport; 108 S.P.L.

Bildredaktion: Elaine Willis